VINETA

Sagen und Märchen vom Ostseestrand

VINETA

Sagen und Märchen vom Ostseestrand

Herausgegeben von
Albert Burkhardt

HINSTORFF

Die Deutsche Bibliothek - CIP-Einheitsaufnahme

Vineta: Sagen und Märchen vom Ostseestrand /
hrsg. von Albert Burkhardt.
- 5. Aufl. - Rostock : Hinstorff, 2001
ISBN 3-356-00908-7

5. Auflage 2001
Druck und Bindung: Wiener Verlag Ges.m.b.H.
Printed in Austria
ISBN 3-356-00908-7

S. 200

Vineta, die Stadt auf dem Meeresgrund

An einem Ostermorgen hütete ein Schäferjunge seine Herde nahe dem Strande von Koserow, und wie er so über die weite See blickte, die, in der Sonne schimmernd, ruhig dalag, stieg mit einem Male eine alte, ehrwürdige Stadt aus dem Wasser empor. Gerade vor ihm tat sich das hohe, reich verzierte Tor in der Mauer auf. Erstaunt und wie von einem Trugbild geblendet saß er da. Dann aber sprang er auf und lief neugierig hinein.

Die Wächter, bärtige Männer mit Spießen und Hellebarden, ließen ihn ungehindert hindurch, und gleich sah er sich mitten unter Menschen, die sonderbar altertümlich, aber prächtig gekleidet waren. Die Männer trugen lange pelzbesetzte Mäntel und federgeschmückte Barette. Die Frauen gingen kostbar in Samt und Seide gekleidet, und vom Hals hingen ihnen schwere, mit Edelsteinen eingelegte Goldketten herab. Von den Häusern war eines immer prunkvoller gebaut als das andere, mit Fenstern aus buntem Glas, mit Säulen von weißem Marmor und Alabaster, mit reich verzierten Giebeln, und die vergoldeten Ziegel ihrer Fassaden tauchten die Straßen in hellen Glanz und Schein.

Eilig lief der Junge auf und ab, ihm wurde unheimlich zumute, denn alles in dieser seltsamen Stadt geschah ohne den geringsten Laut. Stumm bewegten sich die Menschen auf den Straßen, stumm drängten sie sich auch um die Tische auf dem Markt, wo Kaufleute ihre Waren ausbreiteten und stumm ihre Stoffballen entrollten: schimmernden Samt, glänzenden Brokat, leuchtende Seiden, hauchdünne Spitzen, dazu weiche Decken und schwere Teppiche. Vor Staunen blieb der Junge stehen. Da winkte ihm einer der Kaufleute zu, und als er weiterlaufen wollte, winkte er wieder und lachte freundlich, breitete dabei herrlichen Stoff aus und bot ihn dem Jungen an, doch der schüttelte den Kopf. Woher sollte er, ein armer Schäferjunge, denn Geld haben, um etwas zu kaufen? Jetzt aber begannen auch die anderen Kaufleute ihm zuzuwinken, ihre schönsten Sachen holten sie hervor, um sie ihm anzubieten. Was sollte er nur tun?

Seine beiden leeren Hände streckte er ihnen hin, nun mußten sie doch verstehen, daß er nichts hatte. Der Kaufmann zeigte ihm ein kleines Geldstück und wies auf seinen ganzen Tisch voll Ware, und der Junge suchte in allen Taschen seines alten Anzugs, allein, er wußte, daß er nicht einen Pfennig besaß. Traurig und enttäuscht sahen ihm alle zu.

Da lief er eilig durch die Straßen und durch das hohe Tor zurück zum Strande und zu seinen Schafen, und als er sich umwandte, schimmerte vor ihm in der Sonne nur wieder die See, und nichts war mehr zu sehen von der schönen alten Stadt, von Pracht und Glanz. Lautlos, wie sie emporgestiegen, war sie wieder in den Fluten versunken.

Betrübt und nachdenklich saß der Junge noch am Strand, als ein alter Fischer vorbeikam, sich zu ihm setzte und ihn ansprach: »Höre, wenn du ein Sonntagskind bist, so kannst du heute, am Ostermorgen, die Stadt Vineta aus dem Meer steigen sehen, die hier vor vielen, vielen Jahren untergegangen ist.«

»Oh, ich hab sie gesehen!« rief der Junge und berichtete dem alten Mann, was er erlebt hatte und daß die Stadt dann gleich wieder verschwunden war.

Der Fischer nickte bedächtig und begann nun zu erzählen, was ihm von Vineta bekannt geworden war: »Siehst du, hättest du auch nur einen Pfennig gehabt und damit bezahlen können, so wäre Vineta erlöst und die ganze Stadt mit allem, was darin ist, an der Oberfläche geblieben.

Diese Stadt Vineta ist einst größer gewesen als irgendeine andere Stadt in Europa, größer selbst als die gewiß sehr große und schöne Stadt Konstantinopel, und ihre Bewohner waren

über alle Maßen reich, da sie mit allen Völkern der Erde Handel trieben und ihre Schiffe aus allen Teilen der Welt die schönsten und kostbarsten Waren brachten. Ihre Stadttore waren aus Erz und die Glocken aus Silber, welches überhaupt für so gewöhnlich galt, daß man die einfachsten Dinge daraus herstellte und die Kinder auf der Straße sogar mit Silbertalern Klingpenning spielten.

Je mehr Reichtum in Vineta Einzug hielt, desto mehr verfielen die Bewohner aber auch dem Hochmut und der Verschwendung. Bei den Mahlzeiten aßen sie nur die auserlesensten Speisen, und Wein tranken sie aus Bechern von purem Silber oder Gold. Ebenso beschlugen sie die Hufe ihrer Pferde nur mit Silber oder Gold anstatt mit Eisen und ließen selbst die Schweine aus goldenen Trögen fressen. Löcher in den Häuserwänden verstopften sie mit Brot und Semmeln.

Drei Monate, drei Wochen und drei Tage vor dem Untergang der Stadt erschien sie über dem Meer mit allen Häusern, Türmen und Mauern als ein deutliches, farbiges Luftgebilde, Darauf rieten alte, erfahrene Einwohner allen Leuten, die Stadt zu verlassen, denn sehe man Städte, Schiffe oder Menschen doppelt, so bedeute das immer deren sicheren Untergang. Aber man gab nichts auf diese Warnungen und verlachte sie nur. Einige Wochen danach tauchte eine Wasserfrau dicht vor der Stadt aus dem Meer und rief dreimal mit hoher, schauerlicher Stimme, daß es laut in den Straßen widerhallte:

›Vineta, Vineta, du rieke Stadt,
Vineta sall unnergahn,
wieldeß se het väl Böses dahn!‹

Auch darum kümmerte sich keiner, alle lebten weiter in Saus und Braus, bis sie das Strafgericht ereilte. In einer stürmischen Novembernacht brach eine furchtbare Sturmflut über die Stadt herein. Im Nu durcheilte der riesige Wogenschwall die Straßen und Gassen, und das Wasser stieg und stieg, bis es alle Häuser und Menschen unter sich begrub.

Daß man Vineta erlösen kann, wenn es alle hundert Jahre am Ostermorgen auftaucht aus dem Meer, hast du ja schon erfahren und erlebt, wenn es dir auch nicht glückte. Wisse nun noch, daß die silbernen Glocken der versunkenen Stadt am Johannistag in der Mittagsstunde aus der Tiefe heraufklingen, daß aber jeder, der ihren dumpfen, traurigen Tönen lauscht, eilends davongehen muß, er wird sonst unwiderstehlich angelockt von ihrem Klang und folgt ihm nach, bis er selbst da drunten ruht."

Der Golm

Wo sich heute auf der Insel Usedom unfern vom Haff der Golm erhebt, eine weithin sichtbare, mit alten Buchen bestandene Anhöhe, soll vor vielen Jahren ein prächtiges Schloß gestanden haben, in dem ein Fürst mit seiner Tochter lebte.

Unermeßlich war der Reichtum, den er sein eigen nannte, und sein ganzes Herz hing nur an den Schätzen, die viele Truhen bis zum Rande füllten. Oft stieg er hinab in die Kammern und Gewölbe, bisweilen sogar des Nachts. Dann ließ er funkelndes, glitzerndes Gold- und Silbergeschmeide durch seine vor Gier und Glück zitternden Hände gleiten, und es gab Stunden, in denen er sich immer aufs neue daran ergötzte und berauschte. Doch kamen auch wieder Stunden, da ihn die Furcht bedrückte, er könnte etwas von den ihm lieb und teuer gewordenen Schätzen verlieren.

So sehr war er seit Jahr und Tag seinem Besitz verfallen, daß er für seine Tochter, die schon als Kind eine überaus liebliche Schönheit war, kaum noch einen Blick übrig hatte, geschweige denn ein gutes Wort, und als sie in die Jahre kam, in denen sich die ersten Freier einstellten, wies er jeden barsch ab, und mochte es der stattlichste Ritter sein, der in wohlgesetzten Worten um die Hand der Prinzessin anhielt. »Meine Tochter, so sagt Ihr, aber meine Schätze meint Ihr!« brummte er dann böse. »Daraus wird nichts, gebt Euch keine Mühe! Solange ich lebe, fragt Ihr vergeblich."

Gekränkt und zornig zog ein Freier nach dem anderen wieder davon, während die schöne Prinzessin einsam in ihrem Turmstübchen saß und nichts von alldem erfuhr.

An einem strahlenden Sommermorgen ließ sie ihr Pferd satteln und ritt in den Wald – das einzige Vergnügen, das der

Vater ihr erlaubte. Nach einer Weile erreichte sie die zur See steil abfallende Küste und schaute versonnen über die noch im Morgennebel liegende weite Wasserfläche.

Plötzlich raschelte es in den Büschen, und ein Wolf fiel mit heiserem Geheul das Pferd an. Ehe die Prinzessin ihr Pferd zurückreißen konnte, drängte das erschrockene Tier so nahe an den Abhang, daß es mit seiner Reiterin hinabstürzte. Die Prinzessin stieß einen angstvollen Hilfeschrei aus, dann schwanden ihr die Sinne.

Als sie wieder erwachte, lag sie im Dünensand, sorgsam gestützt von den Armen eines jungen Fischers. Verwundert richtete sie sich auf und fragte: »Wer seid Ihr?«

»Ich wohne nicht weit von hier«, gab der Fremde zur Antwort und fuhr fort: »Es mag nun drei Stunden her sein, als ich einen Hilferuf hörte, und da stürzte auch schon das Pferd mit Euch den Abhang herab. Es sah furchtbar aus. Das gute Tier mühte sich, einen Halt zu finden, da sprang ich hinzu und fing Euch in meinen Armen auf. Wie glücklich bin ich, daß ich Euch beistehen konnte! Auch das Pferd hat keinen Schaden erlitten.«

Noch atemlos vor Angst und Schrecken, blickte die Prinzessin ihren Retter an, der ergriffen war von ihrer Anmut und Schönheit.

Seit diesem Morgen trafen sich die beiden jungen Menschenkinder öfter an dieser Stelle, und die Prinzessin war nicht mehr einsam. Sehnsüchtig eilte sie zu ihrem Geliebten, der sie in seine Arme schloß und ausrief: »Und wäre dein Vater auch der mächtige reiche Fürst, der dort drüben in dem Schloß wohnt, ich würde um dich werben! Freie Seesassen sind wir, und das Haus meines Vaters steht an der Mündung der Swine.«

Ängstlich schmiegte sie sich an ihn und seufzte: »Ach, er will, daß ich mich nie vermähle.«

Der Fürst saß in seinem reich ausgestatteten Rittersaale, vor ihm stand stolz erhobenen Hauptes der junge Fischer und sprach seine Werbung aus. Er hatte kaum geendet, da sprang der Fürst, schäumend vor Wut, auf und schrie: »Du niedriger Knecht wagst es, um die Hand meiner Tochter anzuhalten?« Er winkte seinen bewaffneten Söldnern. »Packt ihn, bindet ihm die Hände, und dann hinaus mit ihm auf die Klippe, stürzt den Frechling hinab ins Meer!«

Behende sprang der Fischer zur Tür, doch schon wurde er ergriffen und zu Boden geworfen. Von der Übermacht bezwungen, wurde er auf geheimen Wegen aus der Burg gebracht und von der steilen Höhe hinuntergestoßen.

Die Prinzessin ahnte nichts von dieser Schreckenstat. Jeden Morgen wartete sie am Ufer auf ihren Geliebten. Traurig saß sie immer wieder Stunde um Stunde auf einem großen Stein und starrte auf das Meer. Einmal sah sie, wie die Wogen eine menschliche Gestalt ans Ufer spülten. Zitternd ging sie zu der Stelle. Ein Schrei entrang sich ihr – sie hatte den jungen Fischer, ihren Retter, erkannt. Tot lag er vor ihr, die Hände gebunden. Lange stand sie wie erstarrt. Sie wußte nun, was geschehen war, und sprach leise vor sich hin: »Du hast um mich geworben und mußtest dafür sterben ...«

Jahre kamen, Jahre gingen. Die schöne Prinzessin alterte schnell in ihrem Herzeleid. Schon lange wagte kein Freier mehr, den Fürsten um die Hand seiner Tochter zu bitten.

Da erschien eines Tages ein Ritter. Schwarz war sein Roß, schwarz seine Rüstung, schwarz seine Augen und Haare. Stolz und trotzig begehrte er Einlaß. Scheu verkrochen sich die Hunde im Schloßhof, die Pferde wieherten laut im Stall. Am Himmel stand eine dunkle Wolkenwand. Unheil lag in der Luft.

Der schwarze Ritter war als Freier erschienen, doch auch er wurde abgewiesen, und der Fürst sagte nur: »Niemals erhältst du meine Tochter zum Weib!«

Im gleichen Augenblick erschütterte ein furchtbarer Donnerschlag das Schloß. Die Mauern wankten, Schwefeldämpfe stiegen auf, und vor den Augen des Fürsten wuchs die Gestalt des schwarzen Ritters ins Riesenhafte. Nun holte der Fremde aus und schlug gewaltig an seinen Schild. Während sich die schwarze Wolke herniedersenkte, döhnte seine Stimme: »Weil du deine Schätze mehr liebtest als alles andere, sei dein Schloß mit allem, was darin ist, zur Strafe verbannt in einen Berg. Deine Tochter, die durch dich unschuldig leidet, kann erlöst werden, du aber seist auf ewig verdammt!« – Der schwarze Ritter war ein großer Zauberer und eigens aus dem Norden hierher gekommen, um den Fürsten für seinen Frevel zu bestrafen.

Nunmehr erhob sich an der Stelle, wo das Schloß gestanden hatte, ein hoher Berg, der Golm, und viele Wanderer haben, von dem weiten Ausblick entzückt, dort oben verweilt. Alle Jahre am Johannistag soll aber die Prinzessin erschienen sein, und es wurde berichtet, daß mancher sie gesehen habe. So kam einmal am Johannistag ein junger Fischer am Golm vorbei. Es fing schon an zu dämmern, und der Weg wurde ihm beschwerlich. Fortwährend blieben seine Füße in Ranken und Wurzelwerk hängen, auch kam ihm alles ganz anders vor als sonst, wenn er diesen Weg gegangen war.

Auf einmal stand er vor einer riesigen Eiche, die in der Mitte gespalten war. Ein Grauen beschlich ihn, denn diesen seltsamen Baum hatte er hier noch nie gesehen. Da fiel ihm ein, daß es Johannistag war und daher auf dem Golm nicht recht geheuer, die Golmprinzessin ... Weiter kam er nicht mit seinen Gedanken, denn aus dem Spalt der großen Eiche stieg eine dunkle Gestalt, und wie sah sie aus: ihr Gesicht wie mit Borke überwachsen, dazu lange grüne Haare und ihr Kopf mit Moos bedeckt!

Traurig bittend, fing sie zu sprechen an: »Höre, du kannst mich erlösen, alle Schätze im Berg sind dein, meine schöne Gestalt erlange ich zurück – werde du mein Ehegemahl!« Entsetzen ergriff den jungen Fischer vor der häßlichen Erscheinung. Er konnte sich nicht vorstellen, daß sie jemals wieder jung und schön sein könnte.

»Nur ein reines Herz voll mitleidiger Liebe kann mich erlösen«, sprach die Golmprinzessin und hob flehend und beschwörend die Hände zu ihm empor. »Sieh, meine Hände sind schon ganz weiß und schön, nur weil du gekommen bist. Aber du zauderst? Ach, nun muß ich wieder warten, viele Jahre lang ...« Seufzend und weinend verschwand die Gestalt.

Ein Sturmwind fuhr durch den Wald und wirbelte Blätter und Zweige vor sich her. Schützend hielt der Fischer seinen Arm vors Gesicht, da wurde er plötzlich zu Boden gerissen und blieb wie betäubt liegen.

Am anderen Morgen erst erwachte er im Gesträuch und machte sich mit schmerzenden Gliedern auf den Heimweg. Noch öfter soll die Golmprinzessin dann in dieser absonderlichen Gestalt erschienen sein, doch brachte niemand den Mut auf, sie zu erlösen.

Der Name Usedom

In alter Zeit war die Insel Usedom, obwohl schon längst von Menschen bewohnt, noch immer ohne Namen. Darum versammelten sich eines Tages alle Bewohner an einem Ort, und jeder konnte einen Vorschlag machen. Es ging viel Gerede hin und her, nur einen Namen für die Insel wußte niemand zu nennen. Endlich waren alle still, denn ein jeder wartete gespannt, daß der andere einen Namen sagen würde, aber keinem wollte ein treffendes Wort dafür einfallen.

Da sprach ein grauhaariger Alter: »Hört, liebe Leute, ich will euch einen Rat geben, sonst sitzen wir noch lange hier. Das nächste Wort, das einer spricht, soll der Name unserer Insel sein.«

Jetzt schwiegen alle noch viel ängstlicher als vorher. Wie leicht konnte ein unbedachtes Wort für alle Zeit den Namen bestimmen.

Wohl eine gute Stunde saßen sie und sannen angestrengt, bis einer aufsprang und ungeduldig rief: »Oh, so dumm, daß wir keinen Namen finden!«

Nun war's geschehen. Hatten sie aber gehofft, einen besonders hübschen Namen zu bekommen, es war nichts damit, denn sie mußten sich nun »Osodummer« nennen lassen. Doch mit lachender Miene fanden sie sich drein; schließlich war das immer noch besser als gar kein Name, und im Laufe vieler Jahre ist dann »Usedom« daraus geworden.

Die beiden Störe

Einst lag auf der Insel Usedom vor den Toren der Stadt gleichen Namens ein Kloster, Grabow oder auch Grobe genannt. Als einmal Hungersnot im Lande herrschte und den Mönchen die Lebensmittel ausgingen, da kamen eines Tages zwei große Störe aus dem Haff bis an das Kloster geschwommen und trieben sich so lange davor herum, bis die Mönche einen gefangen hatten.

Der Fisch war groß und gewaltig schwer. Sie meinten, eine ganze Zeit davon leben zu können. Darum ließen sie den andern ziehen und riefen ihm nach, er solle nur übers Jahr wiederkommen. Richtig erschien er nach einem Jahre auch, zur gleichen Stunde, doch nicht allein, er brachte wieder einen Gefährten mit, und wieder nahmen die Mönche nur den einen, zu dem andern sprachen sie wie zuvor und ließen ihn davonschwimmen.

So ging es lange Zeit. Jahr für Jahr stellten sich zwei Störe vor dem Kloster ein, und den Mönchen war es ein leichtes, jedesmal einen guten Fang zu tun, bis sie einmal aus allzu großer Gier gleich beide Störe fingen. Da war es vorbei mit dem Fischsegen, und seitdem ist kein Stör mehr nach Grobe gekommen.

Die Seejungfer im Haff

Nach altem Seemannsglauben hielten sich die Seejungfern meist in der offenen See auf. Bei Sonnenschein und Windstille kamen sie aus dem Wasser und sangen mit zarten, glokkenreinen Stimmen herrliche Lieder. Doch sie waren sehr scheu, und nahte ein Schiff oder ein Boot, tauchten sie geschwind hinab in die Tiefe. Daher haben die Menschen sie kaum jemals gesehen und nur selten ihre lieblichen Weisen gehört.

Auch im Haff vor der Insel Usedom soll einmal eine Seejungfer gewohnt haben, die jedem Fischer, dem sie erschien, zu einem guten Fang verhalf.

Einst hatte ein furchtbarer Sturm das Wasser dem Haffstrand zugedrängt, so daß die dort ansässigen Fischer lange Zeit nicht hinausfahren konnten und in den armseligen Katen bittere Not herrschte.

In der letzten Fischerhütte nahe am Strande wohnte eine arme Witwe mit ihrem einzigen Sohn. Der war redlich und fleißig und arbeitete unermüdlich. Aber er hatte das kleinste Boot, und seine Netze waren schon alt und mürbe. Das Geld, um neue zu kaufen, konnte er beim besten Willen nicht zusammenbringen, denn seine Mutter lag seit Wochen krank danieder und brauchte einen Arzt und teure Medizin. Trotz Sturm und Wellengang beschloß der junge Fischer hinauszufahren. Er dachte an die Seejungfer, die sich schon manchem Fischer in der Weihnachtszeit gezeigt und ihm Glück gebracht hatte. Er kämpfte sich mit seinem Boot durch die Wellen und versuchte das Netz auszuwerfen. Dabei war es ihm, als winkte eine Gestalt. Er lenkte sein Boot dorthin, und siehe, das Wasser beruhigte sich ringsum.

Da taucht ein Weib dicht vor ihm auf, mit langen hellen Haaren und grünen Augen, ihr langer Fischschwanz schlägt das Wasser. Freundlich lacht ihn die Seejungfer an und klatscht in die Hände, als er das Netz auswirft. Als er es dann herauszieht, ist es voller Fische. Er leert es, und wieder klatscht sie in die Hände, und er wirft das Netz zum zweiten Male aus, und ebenso reichlich ist der Fang.

Nun ist sein kleines Boot so voll, daß er umkehren muß. Die Seejungfer ruft ihm noch zu: »Prahl nicht, prahl nicht!« Sie spritzt ihm neckisch Wasser nach und verschwindet in den Fluten.

Glücklich lenkte der Fischer sein Boot mit starken Armen heimwärts. Er brachte als einziger Fische zum Markt und erzielte einen hohen Preis. Die Leute staunten nicht wenig über seinen guten Fang, und als ihn jemand fragte, ob ihm etwa die Seejungfer erschienen sei, lächelte er nur vielsagend. Von dem Tage an war das Glück bei ihm eingekehrt, und nun konnte er daran denken, sein Mädchen zu heiraten. Doch da war noch sein Nebenbuhler, der, von Neid geplagt, auch gern das Glück versuchen wollte. Er machte sich mit seinem viel größeren Boot ebenfalls zum Fischfang auf. Die Seejungfer erschien wieder auf spiegelglattem Wasser und brachte ihm einen reichen Fang. Als sie ihm aber nachrief: »Prahl nicht, prahl nicht!«, ließ er ein lautes, höhnisches Gelächter erschallen. Dann mußte er sich gewaltig in die Ruder legen, bis er sein volles, schweres Boot endlich auf dem Strand hatte.

Schon bald erzählte er allen Leuten von dem guten Fang, den er der Seejungfer zu verdanken hatte, und nun sei er ein gemachter Mann, denn wem sie erscheine, der habe das Glück an sein Haus gebannt. Aber wer beschreibt sein Entsetzen, als er bei der Rückkehr zum Boot alle Fische tot und halb verwest im Fischkasten liegen sah!

Hochzeit feierte bald darauf der andere junge Fischer, der nicht geprahlt hatte und auch nicht neidisch gewesen war.

Der Riesenstein bei Pudagla

Am Ostufer des Achterwassers, zwischen Neppermin und Pudagla, liegt ein gewaltig großer Findling. Hören wir, was eine alte Sage von ihm erzählt:

In ollen Tiden, as noch de Riesen hier tau Lann west sin, dor is ok mal een west, de hett, as dat Kloster tau Pudagla bugt was, eenen groten Steen namen un den, man weet nich, vun Lassan oder vun'n Höfter Barg bi Loddin, na't Kloster dal smeten.

Averst de Steen is em ut de Fingers utglipt un is up den Konker Barg bi Pudagla dal fallen un is denn vun baben runner trünnelt un in't Water liggen blewen, wur hei noch tau seihn is. Wil denn awerst de Steen noch wassen deden, is de Steen so week west, dat de fif Fingers vun den Riesen sick indrückt hebben, un dat is ok hüdigendags noch tau seihn.

Der Ritter mit der goldenen Kette

Es war vor sechshundert Jahren, als noch im Kloster Pudagla Tag für Tag das Betglöcklein erklang. Von weit und breit kamen Menschen herbei, alte, kranke und gebrechliche, und alle hofften sie, hier Genesung zu finden. Von Mund zu Mund war im Lande die verheißungsvolle Kunde gewandert, das Heiligenbild der Mechthild zu Pudagla besitze eine wundersame Heilkraft.

Unter den eifrigsten Besuchern war der Ritter mit der goldenen Kette aus dem benachbarten Mellenthin. Eigentlich hieß er Neuenkirchen, doch nannte man ihn überall nur nach seiner schweren Halskette aus purem Gold, auf die er große Stücke hielt und von der er sich nie trennte.

Was führte aber den Ritter, der sich einer blühenden Gesundheit erfreute, immer wieder hierher?

Nun, er kam freilich nicht um des frommen Bildes willen, ihn bewegten andere Gedanken. Sein Herz verzehrte sich in Sehnsucht nach einer jungen, hübschen Nonne, die er über alles liebte. Bald spürte er ein so heftiges Verlangen, daß er glaubte, er könne ohne sie nicht länger leben. Er faßte den Entschluß, sie aus den Klostermauern zu befreien. Doch wie sollte das geschehen?

Nach langem Sinnen verfiel er darauf, unter der Erde einen Gang zu graben, von seinem Schloß in Mellenthin bis zum Kloster Pudagla.

Als er nach sieben Wochen das schwere Werk vollendet hatte – der Gang war über eine Meile lang –, entführte er die Nonne und heiratete sie in aller Stille und Heimlichkeit. Eine Weile lebte er glücklich mit ihr. Niemand im Kloster wußte, wo die Nonne geblieben war. Und doch wurde es eines Tages ruchbar, und mit vielsagenden Blicken flüsterte in Mellenthin einer dem anderen zu: »Wißt Ihr schon, Nachbar, daß sie eine entlaufene Nonne ist?«

Auch im Kloster erfuhr man nun davon und ließ dem Herzog in Stettin Nachricht zukommen, der den Ritter mit der goldenen Kette sogleich in Acht und Bann tat. Er durfte nicht mehr aus Mellenthin fort, und eines Tages erschien der Bruder der Nonne, ebenfalls ein Ritter, mit einer Handvoll Kriegsknechte vor seinem Schloß und drohte mit Gewalt. Aber er gab die Gemahlin nicht heraus und hielt ein ganzes Jahr der Belagerung stand.

Da zeigte sich der Herzog so beeindruckt von der großen Liebe des Ritters mit der goldenen Kette, daß er Acht und Bann aufhob und das Ende der Belagerung gebot.

Noch viele Jahre verbrachte der Ritter mit seiner schönen Frau in glücklicher Liebe. Als sie beide in hohem Alter starben, setzte man sie in der Kirche zu Mellenthin bei, und der Ritter wurde, wie er es bestimmt hatte, mit seiner goldenen Kette begraben.

Die Zwerge bei Pudagla

Lange Zeit nachdem das Kloster Pudagla aufgelöst worden war, stieß man beim Abbruch der Mauern auf den unterirdischen Gang und begann zu untersuchen, ob er tatsächlich, wie alte Leute zu berichten wußten, bis nach Mellenthin führte, wo ihn der Ritter mit der goldenen Kette einstmals angelegt haben sollte. Alle, die es versuchten, kehrten jedoch bald wieder um; es war zu unheimlich in dem verfallenen unterirdischen Gang, als daß sich auch nur einer so weit vorgewagt hätte.

Zu jener Zeit wurde eine Frau zum Tode verurteilt. Sie war unschuldig, konnte es aber nicht beweisen. Da auch die Richter nicht völlig von ihrer Schuld überzeugt waren, schlugen sie ihr vor, sie solle in den unterirdischen Gang hinabsteigen und ihn bis ans Ende verfolgen. Bringe sie ein Beweisstück mit herauf, daß sie wirklich das Ende erreicht habe, dann solle ihr das Leben geschenkt sein.

In ihrer Todesangst willigte die Frau auch ein und stieg hinunter. Als sie mit ihrer Laterne schon eine lange Strecke gegangen war, kam sie an eine schwere Tür, die sich vor ihr von selber auftat.

Die Frau betrat einen weiten Saal, und an einem langen Tisch saßen viele Zwerge, alle mit grauen, zottigen Bärten. Unwillig fragte sie einer von ihnen, was sie denn hier unten suche. Da erzählte die Frau von dem harten Urteil und von ihrer Todesnot und daß sie nur noch diese eine Möglichkeit habe, ihr Leben zu retten.

»Wenn das so ist, dann sollst du ungestraft wieder hinauf gelangen. Aber sage denen da oben, sie sollen uns hier nicht noch einmal stören!« sprach der Zwerg mit ernster Miene. Eilig wandte sich die Frau zum Gehen, als ihr zum Glück das Beweisstück einfiel. Sie bat noch um ein Zeichen, damit man ihr auch Glauben schenke.

Da reichte ihr der Zwerg eine lange Erbsranke. Nun machte sie sich auf den Rückweg und kam auch glücklich wieder hinauf ans Tageslicht.

Sie berichtete von allem, was sie gesehen hatte, und als sie die Erbsranke vorwies, verwandelte sich diese zum Erstaunen aller in eine schwere, eiserne Kette, die daraufhin am Brunnen befestigt wurde. Damit künftig niemand mehr die Unterirdischen störte, wurde der Eingang des langen unterirdischen Ganges in Pudagla alsbald zugemauert.

Die Wilde Jagd im Thurbruch

Trieb einst die Wilde Jagd auch überall ihr Wesen, so tobte sie doch an der Küste mit besonderer Heftigkeit. Plötzlich stürmte sie heran, die wilde Schar, fuhr rasend und tobend über Land und See, laut pfeifend und johlend der Troß der finsteren Gesellen, geführt vom Wilden Jäger im weiten Mantel. Zuweilen bäumte sich sein Roß auf und stieß Blitze durch die Nüstern. Schon waren sie vorübergeeilt, und der Lärm verhallte in der Ferne.

Im Thurbruch auf Usedom, zwischen Gothensee und Kachliner See, hatte sich ein später Wanderer verirrt. Menschen waren fern, bläuliche Irrlichter zuckten, er fand nicht mehr Weg noch Steg. Da schrillte ein Pfiff, heftiger Wind brauste auf, zerrte ihn hierhin und dorthin. Mit Peitschengeknall und lautem Hallo und Hoiho sauste die Wilde Jagd dahin, gespenstische Reiter in dichter, gedrängter Schar.

Mittendrin – der Mann riß seine Augen weit auf – ein Mönchlein aus Pudagla, laut lärmend aus voller Kehle. Das fuhr, wie es schien, lieber mit Hussaklang durch die Lüfte, als daß es hinter Klostermauern fromme Lieder sang. Gleich hinter ihm flog ein finsterer Edelmann auf schwarzem Roß vorbei, Hunde umkläfften ihn und sprangen an ihm hoch, Hörnerruf erscholl.

Wie zerschlagen lag der Wanderer da. Ihm war, als quälte ihn ein böser Traum. Aber nein, er war hellwach! Erst als der wüste Zug vorüber war, sank er in tiefen Schlaf.

Im Walde bei Ulrichshorst, am Rande des Thurbruchs, waren einmal zwei Männer bei vorgeschrittener Dämmerung noch unterwegs, ein Bauer und ein Matrose, der in einem fort von

dem harten Leben auf See und von stürmischen Nächten an Bord erzählte.

Ein starker Wind fegte heran, und bald vernahmen sie ein fernes Sausen, ein immer näher kommendes Brausen. Der Bauer warnte: »Die Wilde Jagd, vom Thurbruch fährt sie heran. Kommt auf den Mittelweg, da ist keine Gefahr!«

Der Seemann winkte ab. Er hatte auf dem Schiff vielen Stürmen getrotzt, hier, auf dem Lande, sollte er zaghaft sein? »Ach was, auf dem Schiff, da mußt du in der Mitte bleiben, weil dich sonst die Sturzseen über Bord reißen. Aber hier ist ja alles fest.«

Ratsch – ein Zweig, vom Baum losgesplittert, schlug ihm die Mütze vom Kopf. Hei, wie es in den Lüften heulte, wild die Bäume rüttelte und niederbog! Bliff, blaff – die Hundemeute, voller Jagdlust und Beutegier. Ein heiserer Ruf von oben: »Haltet den Mittelweg!«

Wieder sauste etwas dicht vor dem Matrosen auf den Boden, ein schwerer Ast diesmal. Der Seemann griff ihn sich und rief: »Der Knubben da ist mir gerade recht, der soll im Herde knacken, daß ich morgen einen guten Braten bekomme.«

Im Nu war die Wilde Jagd vorüber. Da zeigte es sich, daß der Bauer unverletzt, der Seemann an seiner Seite aber arg zugerichtet und zerschunden war, Gesicht und Hände voller Schrammen und Wunden. Als sie im Dorf anlangten und sich den schweren Ast bei Licht besahen, da war's ein langer Knochen von riesigem Wild. Entsetzt schleuderte ihn der Matrose von sich. Nein, da fuhr er doch lieber zur See! Von nun an mied er zu später Stunde den Weg am Thurbruch.

Eine Bauersfrau aus Reetzow war einmal auf dem einsamen Wege zwischen Prätenow und Katschow. Sie trug einen großen Kupferkessel, den ihr ein Klempner in der Stadt Usedom ausgebessert hatte.

Gerade hatte sie den Sandberg vor Katschow erreicht und wollte ein wenig verschnaufen, da hörte sie vom Kachliner See her lautes Getöse in der Luft und gleich darauf Kettengeklirr und Hundegebell. Die Wilde Jagd war es, die sich ihr vom Thurbruch her beängstigend schnell näherte.

Was tun? Nach dem ersten Schrecken setzte sie sich nieder und stülpte geschwind den großen Kessel über sich, daß sie ganz und gar darunter verschwand. So, nun war sie wohl sicher.

Unterdessen war die Wilde Jagd heran. Dröhnend wurde an den Kessel geklopft, und eine tiefe Stimme sprach: »Ein fetter Braten, aber fest versiegelt.« Dann zog die wilde Meute weiter, und die Frau kam mit dem Schrecken davon.

Die Bernsteinfee

Ein großes Schiff verließ mit geblähten Segeln den Hafen an der Ostsee. Zum Abschied winkend, standen am Ufer die Seemannsfrauen mit ihren Kindern. Unter ihnen war ein junges, blondes Mädchen, Marie, die Tochter des Lotsen. Sie schwenkte ein Tuch in der Hand, denn ihre Abschiedsgrüße galten dem jungen Steuermann, dessen Braut sie seit einer Woche war. Guter Wind führte das Schiff bald auf die offene, weite See, bis es, immer kleiner werdend, verschwand.

Da erst kamen dem jungen Mädchen die Tränen, und es lief vom Weg ab in die Dünen, um allein zu sein. Das Abschiedsweh um ihren Bräutigam überkam sie so sehr, wie sie es vorher kaum vermutet hätte. In der einen Woche waren die beiden so recht von Herzen glücklich gewesen. Jetzt aber erfüllten das Mädchen Angst und Zweifel, ob sie ihn jemals wiedersehen werde, und das Geschwätz der Leute, daß ihr Verlobter wohl ein stattlicher, aber leichtfertiger junger Seemann sei, bedrückte sie.

Wie lange Marie dort so allein in den Dünen gesessen, wußte sie nicht, sie hatte sich wohl wie ein Kind in leichten Schlaf geweint. Sie erwachte erst, als am nachtdunklen Himmel schon Sterne funkelten. Leise fuhr der Wind durchs Dünengras.

Plötzlich wird Marie hellwach, eine Hand hat ihre Schulter berührt, und eine schöne Frauengestalt neigt sich zu ihr nieder. Ihr silbernes Kleid ist wie aus Mondstrahlen gewebt. Auf dem blonden Haar trägt sie eine Krone aus den goldenen Steinen des Meeres, die man Bernstein nennt. Von ihrem Hals löst sie eine Kette mit schönsten Perlen des golden schimmernden Bernsteins und reicht sie dem Mädchen mit den Worten: »Weine nicht mehr, du junges Menschenkind, aus tiefem Herzeleid wird dir am Ende doch dein Lebensglück erblühen. Nimm diese Kette aus meinen Händen und wisse, ich bin die Bernsteinfee.«

Marie glaubte zu träumen, aber sie fühlte die Kette in ihren Händen, und innige Freude stieg in ihr auf, als sie die wunderbaren Perlen durch ihre Finger gleiten ließ. Als sie danken wollte, war die schöne Fee verschwunden. Das Mädchen stand auf und ging, ruhiger geworden, nach Hause. Ihre Eltern atmeten auf, als sie Marie endlich in die Stube treten sahen, denn sie hatten sie schon bei den Nachbarn gesucht.

Der junge Steuermann nahm den Abschied nicht schwer. Manchmal kam ein Brief von ihm, aber er schrieb immer vergnügt, und nie stand auch nur ein Wort von Sehnsucht nach seiner Braut darin. Dann verging ein Monat nach dem andern, ohne daß Marie eine Nachricht von ihm erhielt. Von heimkehrenden Seeleuten hörte der Lotse eines Tages, der junge Steuermann sei in einem Hafen bei einem Vergnügen ums Leben gekommen. Er hatte mit den Eingeborenen Streit angefangen, den er mit dem Leben büßte.

Marie betrauerte ihren Verlobten aufrichtig. Still tat sie jeden Tag ihre Arbeit im Hause ihrer Eltern.

Einmal kam ein neuer Lotse in das Haus, zur Unterstützung ihres Vaters. Er war jung und stark, und wenn es galt, Menschenleben aus Sturmesnot zu retten, setzte er sich mutig ein. Die jungen Mädchen putzten sich sonntags ordentlich heraus, um ihm zu gefallen, wenn es zum Tanze ging. Nur Marie blieb immer daheim. Ihr Vater schätzte aber seinen jungen, tüchtigen Kameraden sehr, so wie diesen hatte er sich immer einen Sohn gewünscht.

Der Winter hatte viel Eis und Schnee gebracht, und nun kündete sich der Frühling an mit Eisgang und mit Sturm. In diesem Jahre schien es schlimm zu werden. In mancher dunklen Nacht erscholl das Horn des Strandwächters und trieb die Menschen heraus.

Eines Nachts stieg die Flut so weit, daß sie die Fischerkaten nahe am Strande unterspülte. Die meisten Häuser standen höher, aber auch bis dahin stieg die Flut unter fortwährendem Heulen des Sturmes.

Marie war mit der Magd ständig draußen, um den Männern zu helfen, wenn sie mit Booten Frauen und Kinder, auch Hausrat und Vieh in Sicherheit brachten. Aber plötzlich merkten sie, daß das Wasser noch immer stieg und sie selbst nun auch gefährdet waren. Im Schein von Fackeln und Laternen versuchten sie, mit dem Nötigsten bis zur Kirche zu gelangen. Diese bot noch Schutz, weil sie am höchsten gelegen war und starke Mauern hatte.

In der Kirche suchte Marie nach der Mutter und der Großmutter, denn sie glaubte die beiden Frauen dort geborgen. Da hieß es auf einmal, vom Hause des Lotsen höre man noch Hilferufe von Frauen. Marie war wie gelähmt vor Entsetzen. Die ganze Nacht hatte sie den anderen mit allen Kräften geholfen. Wer hilft mir nun? dachte sie verzweifelt. Aber alle Menschen waren ermüdet und zermürbt und glaubten, das Rettungswerk sei vollendet. Maries Vater wollte allein noch einmal das Boot ins dunkle, wogende Wasser bringen. Doch die andern hielten ihn wortlos zurück, indem sie auf ein Boot wiesen, das mitten auf der Flut bereits seinem Hause zufuhr. Ohne ein Wort zu verlieren, hatte Knut, der junge Lotse, auf den Hilferuf der Frauen sein Boot sofort zu Wasser gebracht. Gewaltig schwankten die beiden Sturmlaternen auf und nieder, aber in letzter Minute gelang ihm die Rettung. Kaum hatte er die beiden Frauen im Boot, da riß das tosende Wasser Türen und Treppen ein und spülte alles fort.

So schlimm wie in diesem Jahr hatte die grausige Sturmflut lange nicht am Strande der Ostsee gewütet. Groß waren Schaden und Not.

Aber sobald sich die Fluten verlaufen hatten, begannen die Menschen wieder aufzubauen.

Übers Jahr zu Pfingsten, als sich die Natur mit frischem Grün geschmückt hatte, sah das Fischerdorf ein junges, glückliches Paar, Knut und Marie. Der schönste Schmuck der

Braut war eine Bernsteinkette aus herrlich glänzenden Perlen, das Geschenk der Bernsteinfee.

Am Abend führte Marie ihren Mann zu der Stelle in den Dünen, wo ihr die Fee erschienen war. Wieder war ihr, als hörte sie es im hohen Dünengras leise rauschen und flüstern:

»Wer ihn trägt, des Meeres goldnen Stein,
wird nimmermehr vom Glück verlassen sein.«

Der Wunsch der Bernsteinfee war in Erfüllung gegangen, aus Not und tiefem Herzeleid war doch noch ihr Lebensglück erblüht.

Das Männlein in der Futtermoll

Wenn am Außenstrande Sturm aufkam und die Wellen weiße Schaumkronen herantrugen, soll früher von Zeit zu Zeit das Männlein in der Futtermoll auf dem Wasser erschienen sein. Von der Peenemünder Schanze aus hatte es so mancher Fischer schon gesehen: ein Boot, kaum größer als eine Futtermulde, darin hockte ein Männlein und ruderte hurtig mit zwei Küchenkellen, die ihm als Riemen dienten. Vor ihm brannte ein großes Licht, dessen heller Schein das kleine, arg schwankende Fahrzeug weithin sichtbar machte. Das Männlein kam vom Freesendorfer Haken angerudert und verschwand nach Norden zu in Richtung auf den Ruden und die Greifswalder Oie. Ob es dort landete? Oder ob es weiter hinaus trieb auf die hohe See? Niemand wußte das zu sagen. Aber oft noch, wenn es heftig stürmte, kam das Männlein in der Futtermoll.

Von dem Fischer un siener Fru

Dor wöör mal eens een Fischer un siene Fru, de wahnden tosamen in'n Pißputt, dicht an de See, un de Fischer güng alle Dag hen un angeld, un he angeld un angeld.

So seet he ook eens bi de Angel un seeg jümmer in dat blanke Water, un he seet un seet.

Dor güng de Angel to Grund, deep ünner, un as he se heruphaald, so haald he eenen grooten Butt herut. Dor säd de Butt to em: »Hör mal, Fischer, ick bidd di, laat mi lewen! Ick bün keen rechten Butt, ick bün'n verwünschten Prinz. Wat helpt di dat, dat du mi doot maakst? Ick würr di doch nich smecken. Sett mit man wedder in't Water un laat mi swemmen.«

»Nu«, säd de Mann, »du bruukst nich so veel Wörd to maken. Eenen Butt, de spreken kann, hadd ick doch woll swemmen laten.« Mit des sett't he em wedder in dat blanke Water. Dor güng de Butt to Grund un leet eenen langen Striepen Bloot achter sick. Dor stünn de Fischer up un güng na siene Fru in'n Pißputt.

»Mann«, säd de Fru, »hest du hüüt nicks fungen?« – »Nee«, säd de Mann, »ick füng eenen Butt, de säd, he wöör een verwünschten Prinz, dor heb ick em wedder swemmen laten.« – »Hest du di denn nicks wünscht?« säd de Fru. – »Nee«, säd de Mann, »wat schull ick mi wünschen?« – »Ach«, säd de Fru, »dat is doch äwel, hier man jümmer in'n Piputt to wahnen, dat stinkt un is so eeklig, un du haddst uns doch eene lüttje Hütt wünschen kunnt. Gah doch hen un roop em. Segg em, wi wöllt ne lüttje Hütt hebben, he deit dat gewiß.« »Ach«, säd de Mann, »wat schull ick dor noch hengahn?« – »I«, säd de Fru, »du haddst em doch fungen un hest em wedder swemmen laten. He deit dat gewiß. Gah gliek hen!« De Mann wull noch nich recht, wull awerst sien Fru ook nich to weddern sien un güng hen na de See.

As he dor kööm, wöör de See ganz gröön un geel un goor nich mehr so blank. So güng he stahn un säd:

»Manntje, Manntje, Timpe Te,
Buttje, Buttje in de See,
miene Fru, de Ilsebill,
will nich so, as ick woll will.«

Dor kööm de Butt answemmen un säd: »Na, wat will se denn?« – »Ach«, säd de Mann, »ick hebb di doch fungen hatt, un nu säd mien Fru, ick hadd mi doch wat wünschen schullt. Se mag nich mehr in'n Pißputt wahnen, se wull geern 'ne Hütt.« – »Gah man hen«, säd de Butt, »se hett se all.«

Dor güng de Mann hen, un siene Fru seet nich mehr in'n Pißputt, dor stünn awerst eene lütje Hütt, un siene Fru seet vör de Döör up eene Bank. Dor nöhm siene Fru em bi de Hand un säd to em: »Kumm man rin, süh, nu is dat doch veel beter.«

Dor seeg he, in de Hütt was een lüttjen Vörplatz un eene lüttje herrliche Stuw un Kamer, wo jem ehr Bett stünn, un Kääk un Spieskamer, allens up dat beste, mit Gerädschoppen, un up dat schönste upgefleit, Tinntüüg un Missing, wat sick darin hört. Un achter was ook een lüttjen Hof mit Höhner un Aanten, un een lüttjen Goren mit Grönigkeiten un Obst.

»Süh«, säd de Fru, »is dat nich nett?« – »Ja«, säd de Mann, »so schall't bliewen, nu wöll wi recht vergnöögt lewen.« – »Dat wöll wi uns bedenken«, säd de Fru. Mit des eeten se wat un güngen to Bett.

So güng dat woll acht oder veertein Dag, dor säd de Fru: »Hör, Mann, de Hütt is goor tau eng, un de Hof un de Goren is ook so kleen. Mi dücht, de Butt hadd uns woll een grötter Huus schenken kunnt. Ick much woll geern in eenen grooten steenern Slott wahnen. Gah hen tom Butt, he schall uns een Slott schenken!«

»Ach Fru«, säd de Mann, »de Hütt is jo good noog, wat

wöll wi in'n Slott wahnen!« »I wat«, säd de Fru, »gah du man hen, de Butt kann dat jümmer doon.« – »Nee, Fru«, säd de Mann, »de Butt hett uns erst de Hütt gewen. Ick mag nu nich all wedder kamen, den Butt machd et verdreeten.« – »Gah doch«, säd de Fru, »he kann dat recht good un deit dat geern, gah du man hen!« Dem Mann wöör sien Hart so swoor, un he wull nich. He säd bi sick sülwen: »Dat is nich recht!« Denn güng he awerst doch hen.

As he an de See kööm, wöör dat Water ganz vigelett un dunkelblau un grau un dick, un goor nich mehr so gröön un geel, doch wöör't noch still. Dor güng he stahn un säd:

»Manntje, Manntje, Timpe Te,
Buttje, Buttje in de See,
miene Fru, de Ilsebill,
will nich so, as ick woll will.«

»Na, wat will se denn?« säd de Butt. – »Ach«, säd de Mann bedrööft, »se will in'n groot steenern Slott wahnen.« – »Gah man hen«, säd de Butt, »se steiht vör de Döör.«

Dor güng de Mann hen un dachd, he wull na Hus gahn. As he awerst dor kööm, so stünn dor'n grooten steenern Pallast, un sien Fru stünn ewen up de Trepp un wull rin gahn, dor nöhm se em bi de Hand un säd: »Kumm man rin!« Mit des güng he mit ehr, un in dem Slott wöör eene groote Deel ganz ut Marmelsteen, un dor wöören so veel Bedeenters, de reetem de grooten Döören up, de Wände wöören all blank un mit Tapeten, un in de Zimmers luter gollne Stöhl un Dischen, un kristallen Kroonlüchters hüngen an dem Böhn, un so wöör dat in all de Stuwen un Kamers, mit Footdecken, un dat Aeten un de allerbeste Wien stünn up de Dischen, as wenn se breken wullen. Un achter dem Hus wöör ook 'n grooten Hof, mit Peerd- un Kohställ un Kutschwagens up dat allerbeste, ook was dor een grooten herrlichen Goren, mit de schönsten Blomen un fiene Obstbömer, un een Lustholt, woll ne halwe Miel lang, dor wöören Hirschen un Reh' und Hasen in un allens, wat man sick jümmer wünschen mag.

»Na«, säd de Fru, »is dat nu nich schön?« – »Ach ja«, säd de Mann, »so schall't ook bliewen. Nu wöll wi in dat schöne Slott wahnen un tofreden sien.« – »Dat wöll wi uns bedenken«, säd de Fru, »un wöllen't beslapen.« Mit des güngen se to Bett.

Den annern Morgen waakd de Fru toerst up, dat was jüst Dag, un seeg ut ehr Bett dat herrliche Land vör sick liggen. De Mann reckd sick noch, dor stött se em mit dem Ellbagen in de Siet und reep: »Mann, stah up un kiek mal ut'n Fenster! Süh, kunnen wi nich König warden öwer all dat Land? Gah hen tom Butt, wi wöll König sien!« – »Ach Fru«, säd de Mann, »wat wöll wi König sien? Ick mag nich König sien.« – »Na«, säd de Fru, »wullt du nich König sien, so will ick König sien. Gah hen tom Butt, ick will König sien!« – »Ach Fru«, säd de Mann, »wat wullt du König sien, dat mag ick em nich seggen.« – »Worüm nich?« säd de Fru. »Gah stracks hen, ick mutt König sien!«

Dor güng de Mann hen un wöör so bedrööft, dat siene Fru König warden wull. He säd bi sick sülwen: »Dat is nich recht un is nich recht.« He wull nich hengahn, güng awerst doch hen.

As he an de See kööm, dor wöör dat Water ganz swartgrau un swart un dick un geerd so von ünnen up un stünk ook ganz fuul. Dor güng he stahn un säd

»Manntje, Manntje, Timpe Te,
Buttje, Buttje in de See,
miene Fru, de Ilsebill,
will nich so, as ick woll will.«

»Na, wat will se denn?« säd de Butt. – »Ach«, säd de Mann, »se will König warden.« – »Gah man hen, se is't all«, säd de Butt.

Dor güng de Mann hen, un as he na den Palast kööm, wöör dat Slott noch veel grötter worden, mit eenen grooten Toorn un herrlichen Zieraat doran, un de Schildwacht stünn vör de Döör, un dor wöören so veele Soldaten mit Pauken un

Trumpeten. As he in dat Hus kööm, wöör allens von puren Marmelsteen mit Gold, un samtne Deeken un groote gollne Quasten. Dor güngen de Döören von den Saal up: De ganze Hofstaat wöör dorin, un siene Fru seet up eenen hoogen Troon von Gold un Demant un hadd eene groote gollne Kroon up un den Zepter in de Hand von puren Gold un Eddelsteen, un up beide Sieden bi ehr stünnen söss Jumfern in eene Reeg, jümmer eene eenen Kopp lüttjer as de annere. Dor güng he stahn un säd: »Ach Fru, büst du nu König?« – »Ja«, säd de Fru, »nu bün ick König.« Dor stünn he un seeg se an, un as he se dor ne Wiel so ansehn hadd, säd he: »Ach Fru, wat lett dat schön, wenn du König büst! Nu wöll wi ook nicks mehr wünschen.« – »Nee, Mann«, säd de Fru un wöör ganz unruhig, »mir ward de Tiet all lang, ick kann dat nich mehr uthollen. Gah hen tom Butt, König bün ick, nu mutt ick ook Kaiser warden.« – »Ach Fru«, säd de Mann, »wat wullt du Kaiser sien? Kasier kann he nich maken, un ick mag dem Butt dat nich seggen. Kaiser is man eenmal in'n Reich, un dat kann de Butt jo nich maken, nee, dat kann un kann he nich.« – »Wat?« säd de Fru, »ick bün König, un du büst man mien Mann, wullt du gliek hengahn! Gliek gah hen! Kann he König maken, kann he ook Kaiser maken. Ick will un will Kaiser sien, gliek gah hen!« Dor müßt he hengahn. Em wöör awerst ganz bang, un as he so güng, dachd he bi sick: »Dat geiht un geiht nich good. Kaiser is to utverschaamt, un de Butt ward am Ende mööd.«

Mit des kööm he an de See. Dor wöör dat Water noch ganz swart un dick un fing all so von ünnen up an to geeren, dat et Blasen smeet, un et güng een dullen Wind äwer hen, dat et sick so upwöhld, un den Mann kööm een Grugel an. Dor güng he stahn und säd:

»Manntje, Manntje, Timpe Te,
Buttje, Buttje in de See,
miene Fru, de Ilsebill,
will nich so, as ick woll will.«

»Na, wat will se denn?« säd de Butt. – »Ach«, säd de Mann, »mien Fru will Kaiser warden.« – »Gah man hen«, säd de Butt, »se is't all.«

Dor güng de Mann hen, un as he dor kööm, so wöör dat ganze Slott von poleerten Marmelsteen mit alabastern Figuren un gollnen Zieraaten. Vör de Döör marscheerden de Soldaten, un se blösen Trumpeten un slögen Pauken un Trummeln. Awerst in dem Huse, dor güngen de Baronen un Grawen un Herzogen man so as Bedeenters herüm un maakden em de Döören up, de wöören von luter Gold.

As he herinkööm, dor seet siene Fru up eenen Troon, de wöör von een Stück Gold un woll twee Miel hoog, un se hadd eene gollne Kroon up, de wöör dree Ellen hoog un mit Brilljanten un Karfunkelsteen besett't. In de eene Hand hadd se den Zepter un in de annere Hand den Reichsappel, un up beiden Sieden bi ehr stünnen de Trabanten so in twee Reegen, jümmer een lüttjer as de annere, von den allergröttsten Riesen, de wöör twee Miel hoog, bet to den allerlüttjesten Dwarg, de wöör man so groot as mien lüttje Finger, un vör ehr stünnen so veele Fürsten un Herzogen.

Dor güng de Mann twüschen stahn un säd: »Fru, büst du nu Kaiser?« – »Ja«, säd se, »ick bün Kaiser.« Dor güng he stahn un beseeg se sick so recht, un as he se 'ne Wiel ansehn hadd, so säd he: »Ach Fru, wat lett dat schön, wenn du Kaiser büst.« – »Mann«, säd se, »wat, steihst du dor? Ick bün nu Kaiser, nu will ick awerst ook Papst warden, gah hen tom Butt.« – »Ach Fru«, säd de Mann, »wat wullst du man nich? Papst kannst du nich warden, Papst is man eenmal in de Christenheit, dat kann he doch nich maken.« – »Mann«, säd se, »ick will Papst warden, gah gliek hen, ick mutt hüt noch Papst warden!« – »Nee, Fru«, säd de Mann, »dat mag ick em nich seggen, dat geiht nich good, dat is to groff, tom Papst kann de Butt nich maken.« – »Mann, wat Snack!« säd de Fru. »Kann he Kaiser maken, kann he ook Papst maken. Gah fuurts hen! Ick bün Kaiser, un du büst mien Mann, wullt du woll hengahn!«

Dor wurr he bang un güng hen, em wöör awerst ganz flau, un he zitterd un beewd, un de Knee un de Waden slackerden em, un dor streek so'n Wind öwer dat Land, un de Wolken flöögen, as dat düster wurr gegen Abend, die Bläder weihden von de Bömen, un dat Water güng un bruusd, as kaakd dat, und platschd an dat Oewer, un von fern seeg he de Schepen, de schöten in de Noot un dansden un sprüngen up den Bülgen, doch wöör de Himmel noch so'n bäten blau in de Midd, awerst an den Sieden, dor toog dat so recht rood up as een swor Gewitter.

Dor güng he stahn un säd ganz bang:

»Manntje, Manntje, Timpe Te,
Buttje, Buttje in de See,
miene Fru, de Ilsebill,
will nich so, as ick woll will.«

»Na, wat will se denn?« säd de Butt. – »Ach«, säd de Mann, »se will Papst warden.« – »Geh man hen«, säd de Butt, »se is't all.«

Dor güng he hen, un as he dor kööm, so wöör dor as een groote Kirch mit luter Pallasten ümgewen, un he drängd sick dorch dat Volk. Inwendig was awerst allens mit dusend un dusend Lichtern erlücht, un siene Fru wöör in luter Gold gekleedet un seet up eenen noch veel högeren Troon un hadd dree grote gollne Kroonen up, un üm ehr wöör so veel von geistliken Staat, un up beiden Sieden bi ehr stünnen twee Reegen Lichter, dat gröttste so dick un groot as de allergröttste Toorn, bet to den allerkleensten Käkenlicht, un all de Kaisers un Königen, de legen vör ehr up de Knee un küßden ehr den Tüffel.

»Fru«, säd de Mann un seeg se so recht an, »büst du nu Papst?« – »Ja«, säd se, »ick bün Papst.« – Dor güng he stahn un seeg se recht an, un dat wöör, as wenn he in de helle Sünn seeg. As he se so 'ne Wiel ansehn hadd, säd he: »Ach Fru, wat lett dat schön, wenn du Papst büst!«

Se seet awerst ganz stief as een Boom un rüppeld un röhrd sick nich. Dor säd he: »Fru, nu sie tofreden, nu du Papst büst, nu kannst du doch nicks mehr warden.« – »Dat will ick mi bedenken«, säd de Fru. Mit des güngen se beide to Bett. Awerst se wöör nich tofreden, un de Gierichkeit leet se nich slapen; se dachd jümmer, wat se noch warden wull. De Mann sleep recht good un fast, he hadd den ganzen Dag veel loopen. De Fru awerst kunn gor nich inslapen un smeet sick von een Sied to de annern de ganze Nacht un dachd man jümmer, wat se noch woll warden kunn, un kunn sick doch up nicks mehr besinnen.

Mit des wull de Sünn upgahn, un as de Fru dat Morgenrot seeg, richt' se sick öwer im Bett un seeg dor hen, un as se ut den Fenster de Sünn so herupkamen seeg – »ha!« dachd se, »kunn ick nich ook de Sünn un den Maan upgahn laten?«

»Mann«, säd se un stödd em mit dem Ellbagen in de Ribben, »wak up, gah hen tom Butt, ick will warden as de lewe Gott!«

De Mann was noch meist in'n Slaap, awerst he verschröck sick so, dat he ut den Bett füll. He meend, he hadd sick verhörd, un reef sick de Oogen ut un säd: »Ach Fru, wat sädst du?« – »Mann«, säd se, »wenn ick nich de Sünn un de Maan kann upgahn laten un mutt dat so ansehn, dat de Sünn un de Maan upgahn, ick kann dat nich uthollen un hebb keene geruhige Stunn mehr, dat ick se nich sülwst kann upgahn laten. Gliek gah hen, ick will warden as de lewe Gott!« Dorbi seeg se em so recht gräsig an, dat em so'n Schudder öwerleep.

»Ach Fru«, säd he un füll vör ehr up de Knee, »dat kann de Butt nich. Kaiser un Papst kann he maken, ick bidd di, slah in di un blief Papst!«

Dor kööm se in de Bosheit. De Hoor flögen ehr so wild üm den Kopp, se reet sick dat Liefken up un geef em eens mit'n Foot un schreed: »Ick holl dat nich ut un holl dat nich ut, wullt du woll hengahn!«

Dor slööpd he sick de Büxen an un leep wech as unsinnig. Buten awerst güng de Storm un bruusde, dat de Mann kuum up de Föten stahn kunn. De Hüser un de Böömer weihden üm, un de Barge beewden, un de Felsenstücken rullden in de

See, un de Himmel wöör ganz pickswart, un dat dunnerd un blitzd, un de See güng in so hooge, swarte Bülgen as Kirchentörn un as Barge, un de hadden bawen all eene witte Kroon von Schuum up.

Dor schree he un kunn sien eegen Word nich hören:

»Manntje, Manntje, Timpe Te,
Buttje, Buttje in de See,
miene Fru, de Ilsebill,
will nich so, as ick woll will.«

»Na, wat will se denn?« säd de Butt. – »Ach«, säd de Mann, »se will warden as de lewe Gott.« – »Gah man hen«, säd de Butt, »se sitt all wedder in'n Pißputt.«

Un dor hebben se noch lang in wahnd.

Der überlistete Teufel

Es waren einmal ein Schuhmacher, ein Schneider und ein Seefahrer, die klagten sich ihre Not. Alle drei waren sie arme Schlucker und arg heruntergekommen. Zu beißen hatten sie nichts mehr und bekamen auch nichts, wo immer sie anklopften, nicht einmal Arbeit für einen Tag oder Herberge für eine Nacht.

Da erschien der Teufel und bot ihnen an, all ihre Wünsche zu erfüllen, wenn sie sich ihm auf Leben und Tod verschrieben. Was blieb ihnen übrig, als einzuwilligen? Doch hoffte jeder insgeheim, dem Teufel ein Schnippchen zu schlagen, wenn er eines Tages käme, ihr Leben einzufordern.

Sie wünschten sich Geld und Speise und Trank in Hülle und Fülle. Hei, das war ein lustiges Leben, und mit Windeseile verging die Zeit. Als der Teufel wiederkam, hatte jeder gerade noch einen Wunsch frei. Nun dachten sie sich etwas aus, wovon sie glaubten, daß es der Teufel nicht erfüllen könnte, denn dann vermochte er ihnen nichts mehr anzuhaben, und sie kamen mit dem Leben davon.

Als erster verlangte der Schneider, der Teufel solle ihm alle Abfälle von allem Stoff, den er, der Schneider, bisher zu Gewändern verarbeitet hatte, in einem einzigen Stück zusammennähen, ohne daß auch nur eine Naht zu sehen sei. Es dauerte gar nicht lange, da hatte der Teufel den Auftrag mit allem nötigen Geschick ausgeführt, und der arme Schneider mußte dran glauben.

Nicht besser erging es dem Schuhmacher, der von ihm verlangt hatte, daß jeglicher Abfall von allem Leder, aus dem er Schuhe angefertigt hatte, wieder zu einer vollständigen Rinderhaut werde.

Der Seefahrer schließlich gab als letzten Wunsch dem Teufel auf, aus Haffsand ein starkes Seil zu winden, das fest wäre wie ein Ankertau. Aber wie sich der Teufel auch mühte und quälte, damit ist er denn doch nicht zu Rande gekommen, der feine, weiche Sand zerrann ihm immer wieder. So hat von den drei Gesellen als einziger der Seemann sein Leben behalten.

Die Raubritter auf Schloß Vogelsang

Einst saßen auf Schloß Vogelsang am Kleinen Haff die Ritter Bröker, denen die weiten Waldungen zwischen Ueckermünde und Altwarp gehörten. Stets wußten sie sich den Anschein biederer und ehrbarer Leute zu geben, und der Herzog von Pommern weilte oft bei ihnen zur Jagd. Sie waren jedoch keinen Deut besser als viele ihres Schlages, nur richteten sie ihre Raubzüge so schlau ein, daß sie nie zu fassen waren. Mit Vorliebe machten sie die alte Landstraße unsicher, die von Ueckermünde her durch den einsamen Wald führte.

Als sie dort wieder einmal über einen Wagenzug herfielen, wehrten sich Kaufleute und Fuhrleute mit dem Mute der Verzweiflung, denn diesmal führten sie besonders wertvolle Güter mit, die für den Herzog selber bestimmt waren. Allein, die Ritter und ihre Kumpane erwiesen sich als stärker und schlugen sie alle nieder.

An der Wokuhl, einem Torfloch ganz in der Nähe, waren fünf Frauen mit dem Waschen von Schafen beschäftigt, und sie waren heimliche Zeugen der grausigen Tat geworden. Aber der Anführer bemerkte sie noch im Davonreiten und gab nicht eher Ruhe, als bis auch die erschlagen und ihre Leichen in die Wokuhl geworfen waren.

Mit der Zeit kamen diese Gewalttaten dem Herzog doch zu Ohren, so daß er sich genötigt sah, seine Waffenknechte auszuschicken, die das Räubergesindel dingfest machen sollten. Damit hatte es aber noch gute Weile. Als die Knechte in Vogelsang ankamen, suchten die Ritter durch unterirdische Gänge, von denen einer bis nach Ueckermünde führte, das Weite, und das Nest war leer.

Von der Räuberei ließen sie auch jetzt nicht, und um ihre

Verfolger gehörig an der Nase herumzuführen, ließen sie ihren Pferden die Hufeisen verkehrt anschlagen. Waren sie im Schloß, so führten ihre Spuren in den Wald, und waren sie auf Raub aus, dann folgten die Knechte den Spuren bis ins Schloß und fanden es wiederum verlassen. Endlich halfen ihnen alle Schliche nichts mehr, sie wurden nach Stettin gebracht und nahmen ein Ende mit Schrecken: Jeden von ihnen rissen vier Pferde auseinander.

Den schlimmsten der Ritter Bröker glaubten die Leute bei Vogelsang noch lange danach zu nächtlicher Stunde in Gestalt einer Feuersäule zu sehen. Noch im Tod fand er keine Ruhe.

Der Feuerkönig auf dem Ahlbecker See

Immer wenn nächtlicherweile auf dem Ahlbecker See bei Ueckermünde der Feuerkönig erschien, wenn er langsam vom Burgwall herabschwebte und bedächtig über die Wasserfläche schritt, wußten die Fischer, es stand ein Sturm bevor.

Wie flüssiges Gold glühte die Krone des Feuerkönigs, der weite Mantel umwallte gleich einem feurigen Schweif seine Schultern, und in der Hand schwang er sein Schwert, aus dem die Flammen zuckten.

Niemand wagte dann hinauszufahren, und die Fischer wären am liebsten davongelaufen, doch standen sie wie festgebannt und starrten auf die feurige Gestalt.

Einmal tritt ein junger Fischer aus ihrer Mitte hervor und springt in sein Boot, entschlossen, den Wahn zu zerstören. Umsonst sind die Warnungen der Alten, er stößt ab und hält auf den Feuerkönig zu. Der weicht ihm aus und lockt ihn immer weiter bis zur Mitte des Sees.

Schon schlagen Wellen ans Ufer, die Fischer beschleicht Angst und Grauen. Wie ein Pfeil fliegt das Boot nun hierhin und dorthin, vor ihm der Feuerkönig in schnellem, wildem Tanz. Lauter rauscht das Wasser, der Sturm schwillt an zum Orkan, der den See bis zum Grunde aufwühlt, entsetzt weichen die Fischer zurück – da ist die feurige Säule verschwunden, es ist wieder dunkle Nacht.

Am Morgen fanden die Fischer ihren toten Kameraden in seinem Boot, das an derselben Stelle angetrieben war.

Auch als der Ahlbecker See nach dem Jahre 1744 abgelassen wurde, als sich der Seegrund in eine weite Wiesenfläche verwandelte und die Siedlungen Vorsee, Gegensee und Hintersee entstanden, auch dann wollen die Leute noch den Feuerkönig gesehen haben, nur nicht mehr so oft. War sein Flammenschwert in seltsamen Figuren durch die Luft gefahren, geschah es jetzt, daß er sich plötzlich niederwarf, sich auf den nassen Wiesen wälzte und langsam erlosch.

Zuweilen stieg er abermals empor, noch größer und feuriger glühte sein blutroter Schein durch die Nacht, und immer näher kam er den Gehöften, ganz nahe, daß man in hellen Ängsten war und sie schon Feuer fangen sah. Doch verging er wie im Nebel, wie von der Dunkelheit verschluckt, und neues Unheil hat er nirgends angerichtet.

Mark Witt

Auf den Peenewiesen foppte und ärgerte die Menschen einst ein Kobold, Mark Witt genannt. In Anklam, auf der Fähre, in Kamp und auf der Insel Usedom wußte man von seinen losen Streichen zu berichten.

Das übelste war, daß sich Mark Witt unsichtbar machen konnte. Dann spielte er den Leuten bei der Heuernte im Sommer manchen Schabernack. Hatten sie ihr Heu in Haufen gelegt, stieß er alles um und verstreute das Heu über die ganze Wiese. Am Dammgraben, auf dem Weg zur Fähre, bekamen sie es mit ihm zu tun, bei nebligem Wetter oder in dunklen Nächten. Wenn sie glaubten, nahe am Peenestrom zu sein, und ihr »Hool över!« riefen, rannte Mark Witt entgegengesetzt und schrie aus Leibeskräften: »Hier is de Fähr!« Folgten ihm die Leute, und das geschah oft genug, liefen sie zurück bis nach Gnevezin, woher sie gekommen waren, anstatt zu warten, bis jemand von der Fähre kam und sie übersetzte. Oder Mark Witt lockte sie immer hin und her, klatschte hier in die Hände, lachte dort schrill auf, bis es Morgen wurde und die Leute todmüde endlich den richtigen Weg fanden.

Einmal sah der Fährmann im Schummern drüben am Ufer einen Mann stehen, der immerzu winkte. Er fuhr hinüber, um ihn zu holen, doch als er ankam, war niemand zu sehen. Er fuhr dichter ans Ufer heran, stand auf im Boot und hielt ringsum Ausschau. Hoppla, da bekam sein Boot einen Stoß, so heftig, daß er um ein Haar ins Wasser gefallen wäre, und dabei lachte jemand laut meckernd und klatschte in die Hände, daß es schallte. Nun wußte der Fährmann, daß Mark Witt ihn genarrt hatte, und kehrte auf der Stelle um.

Mit der Zeit beschwerten sich in Anklam viele Leute. Schließlich setzte der Stadtkämmerer eine Belohnung aus für den, der Mark Witt fangen würde. Da man den Kobold aber nicht sah, sondern nur hörte, erschien es aussichtslos, seiner je habhaft zu werden.

Eines Tages kam ein Schornsteinfegergeselle des Weges und traf Mark Witt, der wohl vergessen hatte, sich unsichtbar zu machen. Flugs griff ihn der Geselle beim Kragen und steckte ihn in einen Sack. An der Belohnung lag ihm nichts, er wollte ihn kurzerhand im Haff ertränken. Über eine Stunde lang, bis hinter Kamp, schleppte er sich mit seiner Last. Mark Witt machte sich immer schwerer, und am Ende konnte der Schornsteinfeger ihn nicht mehr tragen. Ärgerlich warf er den Sack hinunter, doch der war nicht zugebunden, und im Nu war der Kobold davon.

Seitdem trieb er am Strom bei Kamp sein Unwesen weiter. Besonders hatte er es auf die Knechte abgesehen, die dort Pferde hüteten und in der Mittagshitze gern ein Schläfchen hielten. Dann lagen sie nebeneinander in einer Reihe, und Mark Witt schlich herbei. Den einen zupfte er an den Ohren, den anderen zog er an den Haaren, um sie alle schön auszurichten. Aber als er zu den Füßen ging, murmelte er enttäuscht: »All gliek lang und doch nich graad!« Nun zog er sie eben an den Füßen, um sie so herum auch auszurichten, doch, zu dumm, dann stimmte es wieder bei den Köpfen nicht. Er zog und zerrte nimmermüde als ein rechter Plagegeist stundenlang an den Burschen herum, und als alles nichts half, ritt er wütend auf ihnen hin und her, bald auf den Füßen, bald auf den Köpfen, bis sie mit schmerzenden Gliedern aufwachten und jämmerlich ächzten und stöhnten und nicht wußten, wie ihnen geschehen war. Erst lautes Händeklatschen und meckerndes Gelächter ganz in der Nähe verriet ihnen, wer da wieder einmal seine Hände im Spiel gehabt hatte.

Auch jenseits des Stroms, im Usedomer Winkel, ging der Nichtsnutz um. Dort wußten die Leute von seltsamem Spuk in ihren Häusern zu berichten, von nächtlichem Gepolter und greulichem Lärm. Der Kobold trieb allerlei Unfug, schnitt Würste und Schinken aus dem Wiemen, wo sie zum Trocknen hingen, er drang in die Speisekammer und in die Küche ein, zerschlug Tassen, Teller und Töpfe, alles, was ihm in die Hände kam. Geriet er in den Stall, so band er Pferde und Kühe los und ließ die Schweine aus dem Koben. Immer ärger wurde es mit ihm, bis auch in diese Gegend eines schönen Tages ein Schornsteinfeger kam, der wußte Rat. »Für einen saftigen Schinken und ein paar feste Würste helfe ich euch gern, liebe Leute!«
Er holte sich einen Besen und einen Sack, ging in die Kammer, wo Mark Witt noch in der letzten Nacht ohrenbetäubend gepoltert hatte, schloß ab, verstopfte sorgfältig das Schlüsselloch und alle Dielen- und Fensterritzen und begann auszufegen, Strich für Strich, zuletzt alles in den Sack hinein. Als er ihn schnell zuband und auf die Schulter schwang, rappelte und zappelte es darin, aber er ließ sich nicht beirren, sondern trug den Sack ins Moor und warf ihn dort in eine tiefe Torfkuhle.

Das war das Ende von Mark Witt.

Der Hohe Stein

Zu der Zeit, als sich Städte und Burgen noch durch starke Mauern und Türme gegen Angriffe schützen und selbst langen Belagerungen standhalten konnten, spielten unterirdische Gänge eine wichtige Rolle, ermöglichten sie doch den Eingeschlossenen eine geheime Verbindung mit der Außenwelt und so manches Mal ein Entkommen in höchster Not. Kein Wunder, daß in Sagen immer wieder von allen möglichen und unmöglichen Gängen berichtet wird.

Nun steht einige Kilometer vor der Stadt Anklam an der Pasewalker Landstraße noch heute der Hohe Stein, ein fünfhundert Jahre alter Turm mit glatten Wänden, einem Zinnenkranz und einer massiven Pyramide, aber ohne Tür und Fenster. Dieser alte Recke hatte einst den Zugang zur Stadt von Süden her zu bewachen, da Anklam in dauernder Fehde mit Raubrittern lag, besonders mit den Schwerinen, die sich dann bei Nacht zum Überfall sammelten oder auch am helllichten Tage in die Feldmark einfielen, um das Vieh von der Weide zu rauben.

Wenn der Wächter auf dem Hohen Stein ihrer ansichtig wurde oder Waffengeklirr vernahm, zündete er auf der abgestumpften Turmpyramide ein Kienfeuer an oder schmetterte ein Trompetensignal. Schon bald füllten sich die Zinnen des Turms mit bewaffneten Stadtknechten, die den überraschten Feinden mit wohlgezielten Schüssen und Würfen derartig zusetzten, daß sie in heilloser Flucht das Weite suchten.

Wie konnte aber die Stadtmannschaft so schnell zum Hohen Stein gelangen? Das blieb den Angreifern ein Rätsel. Bald erzählte man indessen von einem unterirdischen Gang, der vom Rathaus auf dem Markt unter der Stadt und den Feldern hindurch bis in den Turm führen sollte. Auch viel später noch war in Anklam von diesem langen Gang die Rede, und ängstliche Gemüter vermieden es allen Ernstes, quer über den Markt zu gehen, aus Furcht, das Pflaster könnte brechen.

Auch der Fangelturm der Müggenburg, zwischen Anklam und Friedland, soll früher einmal mit dem Hohen Stein durch einen langen unterirdischen Gang verbunden gewesen sein, in dem ein ganz kleines Männchen hauste, Jochem Abt genannt. Jede Nacht Schlag zwölf Uhr fuhr das Männlein mit einem kleinen Wagen, der mit sechs weißen Mäusen bespannt war, vom Müggenburger Fangelturm ab und brachte Schätze von dort durch den Gang zum Hohen Stein. Einst erfuhr ein Bauer davon, der gerade auf dem zwischen den beiden Türmen gelegenen Landstrich seinen Pflug führte. Wer beschreibt sein Erstaunen, als sich mit einem Male vor seinen Augen das Erdreich öffnete und das Männlein aus der Spalte hervorstieg!

»Höre, Bauer«, begann Jochem Abt mit dünner Stimme, »du kannst mir einen Dienst erweisen. Man hat mir den Gang verschüttet, und ich weiß nicht, wie ich mit meinem Wagen zum Steinturm gelangen soll. Meine weißen Mäuse kann ich nicht übers Feld fahren lassen, und darum mußt du mir helfen, hörst du?«

Der Bauer nickte gutmütig.

»Spanne also deine beiden jungen Ochsen aus und kaufe ein Paar ältere, starke Tiere, die schnurgerade ihren Weg mit dem Pflug nehmen. Geh mit ihnen zum Fangelturm, setze dort deine Pflugschar in den Ackerboden und ziehe eine Furche bis zum Hohen Stein. Dann kehre um und pflüge daneben noch eine Furche bis zum Fangelturm zurück. Du mußt damit aber noch heute bis Schlag zwölf Uhr fertig sein. Gelingt es dir, bekommst du als Belohnung zehnmal mehr Geld von mir, als du für die neu gekauften Ochsen ausgegeben hast.«

Für den Bauerrn gab es da kein Zögern. Bald hatte er ein Paar alte, kräftige Ochsen erstanden, spannte sie ein und fing beim Fangelturm an. Der Acker war dreesch (brachliegend) und nur mit Klee bewachsen, und die Tiere kamen gut voran. In der Mitte zwischen den genau nebeneinander her laufenden Furchen war schließlich das Erdreich so aufgeworfen, daß es wie ein Dach über einem fortlaufenden Gang stand.

Als der Bauer wieder am Fangelturm anlangte, stand Jochem Abt mit seinem winzigen Gefährt schon bereit. Er überreichte dem Bauern mit herzlichen Dankesworten ein Kästchen, das ganz mit Goldstücken gefüllt war. »Höre zu, Bauer: kannst du über all das schweigen, was du heute gesehen und getan hast, so komm in zehn Jahren um dieselbe Stunde, als wir uns auf dem Felde trafen, wieder hierher und pflüge die beiden Furchen noch einmal. Ich glaube, sie werden dann schon zerfallen sein. Reichlicher Lohn soll dir auch wieder zuteil werden.«

In der Ferne begann eine Glocke Mitternacht zu schlagen. Das Männlein trieb sein wunderliches Gefährt kräftig an, sauste in den Gang hinab und fuhr unter dem schützenden Erddach auf den Hohen Stein zu.

Der Bauer kehrte guten Mutes heim und war fürs erste seiner Sorgen ledig. Er hütete sich, über sein Erlebnis auch nur ein Sterbenswörtlein zu verlieren, und da ihm zehn Jahre später die beiden Furchen ebenso glückten, übergab ihm das Männlein noch einmal den gleichen guten Lohn.

Seit dieser Zeit ging aber das Gerücht um, unter dem alten Wartturm sei ein Schatz verborgen, und auch als alle Versuche, ihn zu heben, umsonst waren, wollte es nicht verstummen.

Einmal fuhren ein Mann und eine Frau am Hohen Stein vorbei und sahen dort zwei Hunde sitzen, einen schwarzen und einen braunen. Der Mann hielt an und sagte: »Nehmen wi des swarten mit?« Die Frau nickte. Er steckte das Tier in einen Sack, und sie fuhren weiter. Als sie zu Hause den Sack öffneten, blinkte ihnen etwas Helles entgegen – ein Haufen Gold. Da war die Freude groß. Schnell fuhr der Mann zurück, um auch den braunen Hund zu holen. Der aber war nicht mehr zu finden.

Ein andermal war ein Mann noch spät am Abend auf dem Weg von Kosenow zurück nach Anklam. Als er am Hohen Stein vorbeikam, trat er näher heran, um seine Pfeife anzuzünden. Da sah er zwei große Säcke am alten Gemäuer stehen. Er untersuchte sie und fand grüne Erbsen darin. Das ist ja merkwürdig, dachte er, denn es war in der Weihnachtszeit. Doch eine Handvoll nahm er mit, vielleicht, daß seine Kinder Freude daran hatten.

»Seht einmal, was ich euch mitgebracht habe!« rief er ihnen zu, als er in die Stube trat. Neugierig langten die Kinder in seine Rocktasche – und holten eine Handvoll Dukaten heraus. Welch ein Jubel!

Auf der Stelle ging der Mann noch einmal zum Hohen Stein, um mehr von den guten Erbsen zu holen, doch war von den Säcken nichts mehr zu sehen.

Von den Bergschlangen und den Lindwürmern an der Peene

Im Bauerberg an der Peene, zwischen Wolgast und Lassan, soll in alter Zeit eine riesige Schlange gehaust haben, zum Schrecken der ganzen Gegend, denn ihr Erscheinen hatte Unheil im Gefolge, sei es, daß plötzlich jemand starb, sei es, daß über Nacht eine Sturmflut ins Land drang oder die Ernte durch Dürre oder Hagelschlag vernichtet wurde. Immer brachte die Bergschlange den Menschen dort Not und Elend.

Man glaubte auch, daß es den, der sie erblickt hatte, am schlimmsten traf. So erging es einer Frau, die sie zum letztenmal gesehen haben soll. Am folgenden Tag entstand im Dorf Bauer eine entsetzliche Feuersbrunst, die zweiunddreißig Häuser in Schutt und Asche legte, und jene Frau fand auf qualvolle Weise den Tod in den Flammen.

Noch zwei Ungeheuer, gewaltige große Lindwürmer, auch Hasselwürmer genannt, hielten damals die Anwohner der Peene in Angst und Schrecken. Der eine hatte im Walde bei Lassan seinen Unterschlupf, der andere in der Peenemünder Heide. Zogen sie auf Nahrungssuche aus, so sprühten Feuer und Schwefel aus ihren tiefen Rachen und den langen, starken Schwänzen.

Zuweilen begegneten sie sich auch auf ihren Raubzügen. Dann kam es zu einem erbitterten Kampf. Wütend gingen sie aufeinander los, Flammengarben schossn aus ihren Rachen, und unter den heftigen Schlägen der Schwänze bebte die Erde. Alles ringsumher wurde verwüstet.

Eines Tages nun beschlossen die Lassaner, dem Untier in ihrer Nachbarschaft zu Leibe zu gehen. Die mutigsten Männer rückten aus und zündeten in den Bergen bei Wehrland, wo es gerade schlief, auf allen Seiten das Schilf an.

Das sterbende Ungeheuer machte einen solchen Höllenlärm, daß es der andere Lindwurm bei Peenemünde vernahm und unter lautem Geheul die Flucht ergriff. Er warf sich in die See, bald hörte man sein Klagegeschrei aus größerer Entfernung, und schließlich verstummte es.

Manche Leute nahmen an, das riesige Tier sei bis nach Schweden geschwommen, andere jedoch meinten, es sei weit draußen im tiefen Wasser der Ostsee ertrunken.

Die Glocken im Schwarzen See

Ein See bei Wrangelsburg, gerade auf halber Strecke zwischen Anklam und Greifswald, ist unergründlich tief und hat kohlschwarzes Wasser, und auch die Fische in ihm sind schwarz.

Im Schwarzen See, wie er im Volksmund heißt, soll vor vielen Jahren eine Kirche mit drei Türmen versunken sein. Da es an einem Johannistag geschah, tönten seitdem jedes Jahr an diesem Tage die Glocken der Türme herauf, und alle hundert Jahre schwammen zwei von ihnen im Wasser umher und kamen auch ans Ufer.

Zwei Kinder aus Wrangelsburg wuschen an einem solchen Tage ihre Puppenkleider im See und breiteten sie zum Trocknen auf einer der beiden Glocken aus, die sich dort am Ufer sonnten.

Als die Mittagsstunde vorbei war, begann die andere Glocke zu summen:

»Anne Margarete,
kumm mit in de Deepe!«

Aber die erste konnte sich nicht von der Stelle rühren und antwortete traurig:

»Ach, Anne Marie,
ick bliew leewer hie!«

So ging die andere allein in den See zurück.

Verwundert liefen die Kinder nach Hause und vergaßen die Wäsche auf der Glocke. Mit Windeseile sprach sich die Nachricht von der festgebannten Glocke am Schwarzen See herum, und schon am nächsten Tage fuhren die Gutsbesitzer aus der ganzen Gegend mit ihren Gespannen vor, um sie nach Gützkow zu bringen und sie künftig nur für sie, die Reichen, läuten zu lassen. Aber obgleich sie zehn und zwölf und sogar sechzehn Pferde vorspannten und sich stundenlang mühten, konnten sie die Glocke keinen Meter weit bringen.

Zufällig kam ein armer Bauer aus dem Dorf Zarnekow vorbei. Er spannte seine beiden Ochsen vor und rief:

»För Arm un Riek –
all togliek!«

Nun zogen die Tiere ohne große Mühe die Glocke immer hinter sich her bis ins Dorf, und die reichen Gutsbesitzer gingen leer aus.

In Zarnekow hing die Glocke dann lange Zeit im Turm und zählte ihres vollen Klanges wegen zu den besten im Lande.

Das Dorf Konerow

Im Dreißigjährigen Krieg erlitt wie so viele Orte auch das Dorf Konerow, zwischen Greifswald und Wolgast gelegen, ein trauriges Schicksal. Nachdem alle Häuser niedergebrannt oder zerstört waren, mußten sich die wenigen Menschen, die ihr Leben gerettet hatt, in elenden Strohhütten aufhalten, wo ihnen Ratten und Mäuse hart zusetzten.

Es fehlte an allem, die Not war groß. So beschlossen sie, einen Mann zum Bäcker nach Wolgast zu schicken, um Brot zu erbitten. Dabei klagte der Mann dem Bäcker auch sein Leid mit dem Ungeziefer.

»Da kann ich Euch helfen«, meinte der Bäcker, »hier, seht Euch meinen Kater an, der ist ein rechter Mäusejäger, und da er bei mir schon tüchtig aufgeräumt hat, wird er sich freuen, wenn er bei Euch etwas Ordentliches zu beißen bekommt. Auch sonst wird er Euch sicher von Nutzen sein, lieber Mann. Am besten, Ihr nehmt ihn gleich mit.«

Dankend ging der Bauer davon. Als er mit dem Kater in seine Hütte trat, ließ der sich plötzlich vernehmen: »Was soll ich tun?«

Da befahl ihm der Mann: »Fange uns gleich alle Ratten und Mäuse weg und trage sie auf einem Haufen zusammen!«

Ungestüm fuhr der Kater in der Gegend umher und hatte bald das ganze Dorf von den lästigen Plagegeistern befreit. Dann lief er wieder zu dem Bauern, der ihn geholt hatte, und fragte: »Was soll ich jetzt tun? Ich kann alles!«

Der Mann machte große Augen. »Oho, kannst du alles, so bringe mir Geld!«

Auch das tat der Kater, in kurzer Zeit schleppte er so viel

Geld herbei, daß der Bauer sprach: »Das ist jetzt genug. Lauf zum Nachbarn und verschaffe auch ihm gutes Geld!«

Nun war der Kater unermüdlich unterwegs und brachte Geld heran. Als er reihum war und wieder beim ersten Bauern anlangte, fragte er aber von neuem: »Was soll ich jetzt tun?« Ja, was nun? Der Mann kratzte sich hinter dem Ohr. Ging das denn noch mit rechten Dingen zu? Das viele Geld würde reichen, um jede Wirtschaft neu aufzubauen und einzurichten. Am besten war schon, man würde das Tier wieder los. Aber wie?

Der Bäcker in Wolgast mußte helfen. Also machten sich einige Bauern auf den Weg in die Stadt, um seinen Rat einzuholen. Sie versicherten ihm, der Kater habe getan, was er konnte, aber nun sei es wirklich genug und sie wüßten gern, wie sie ihn loswerden könnten.

Da riet ihnen der Bäcker, einen Korb zu nehmen und zu rufen: »Kater, in die Kiep!« Dann sollten sie ihm das Tier wiederbringen.

Gesagt, getan. Auf der Stelle sprang der Kater hinein und war endlich still, so daß sie ihn zurücktragen konnten.

Dann ist das dorf Konerow neu erstanden, schöner als je zuvor.

Die Ruinen von Eldena

Unter den malerischen Ruinen des Klosters Eldena bei Greifswald sollen noch die schönsten Stücke des kostbaren Altarschmuckes aus der Glanzzeit der Zisterzienser verborgen sein. Bevor die Mönche außer Landes gingen, legten sie alle diese wertvollen Gerätschaften in einen Sarg, den sie in einen unterirdischen Gang trugen und wie zum Begräbnis in die Erde senkten. Die Stätte selbst und den ganzen Gang füllten sie dann mit Erdreich aus, damit niemand den Zugang fände.

Vor etwa zweihundert Jahren erschienen dann aber zwei Kapuziner, die eigens aus Rom hierher gekommen waren, und fragten den Landvogt nach einer verborgenen Tür, um sich Einlaß in die unterirdischen Gänge zu verschaffen. Der Amtmann wußte keinen Rat, doch da sie ihm den Ort genau beschrieben, hatte er nichts einzuwenden und gab ihnen noch einen Reitknecht mit.

Bald kam unter dem Schutt, den der Knecht beiseite räumte, wirklich eine Tür zum Vorschein. Kaum hatten die Mönche sie angerührt, so tat sie sich von selber auf. Gemeinsam mit dem Knecht tasteten sie sich eine Treppe hinunter und dann durch einen dunklen Gang, bis sie in das erste Zimmer traten. Es war gänzlich leer, ebenso das zweite.

Zuletzt erreichten sie einen großen Saal mit vielen Leuten darin, die alle eifrig schrieben. Hier wurden sie freundlich aufgenommen. Bald waren lebhafte Unterhaltungen und Verhandlungen mit den Gästen im Gange, doch verstand der Knecht kein Wort davon.

Drei Stunden mochten damit vergangen sein, als die Gäste aufbrachen und, wieder an die Oberwelt gelangt, sich vom

Reitknecht mit höflichen Dankesworten für seine Dienste verabschiedeten.

Der Knecht meldete sich daraufhin beim Landvogt zurück, aber der starrte ihn entgeistert an. Längst habe er einen neuen Knecht für ihn eingestellt, da er drei volle Jahre fort gewesen sei.

Niemand wußte sich das zu erklären, und auch den Zugang zu den unterirdischen Gemächern hat man nicht wieder auffinden können.

Der Vogel Greif

Wo heute die Stadt Greifswald steht, war in alter Zeit nichts als dichter, unzugänglicher Wald. Nur an der Mündung des Ryckflusses in die Ostsee, nahe dem Kloster Eldena, lag eine kleine Siedlung.

Da beschlossen die Mönche eines Tages die Gründung einer Stadt. Nicht zu weit vom Kloster entfernt sollte sie gebaut werden, wohl aber ein Stück landein, an einem besser geschützten Ort. Als sie eine Weile flußaufwärts gegangen waren, fanden sie einen Platz, der ihnen dafür wie geschaffen schien. Um ihn genau zu bezeichnen, steckten sie ihn im Geviert mit Stangen ab, die sie im Walde schlugen.

Dabei stießen sie auf einen seltsamen Riesenvogel, der ganz ruhig in seinem Nest auf einem abgebrochenen Baumstamm saß und brütete. Es war ein Greif, vierfüßig und doppeltgeschwänzt, mit zwei schweren Flüchten, einem scharfen Raubvogelschnabel und einem Leib wie ein Löwe.

Das große Tier, das friedlich brütete, werde ihnen, so glaubten die Klosterleute, ein gutes Gelingen ihres Unternehmens verheißen. Daher wurde die Stadt an diesem Ort errichtet und Greifswald genannt. Gerade dort, wo sie das Greifennest gefunden hatten, legten sie die erste Straßenzeile an, den Schuhhagen, nachdem der große Vogel, von dem lauten und geschäftigen Treiben erschreckt, davongeflogen war, tiefer in den Wald hinein.

Als die neuen Häuser standen, gab es manchen Schrecken, denn der Greif war plötzlich wieder da. Er packte mit seinen scharfen Krallen ein Kind, schleppte es in den Wald und fraß es auf. Gleich kam er zurück und suchte sich als Futter für seine hungrigen Jungen ein zweites Opfer.

Das war denn doch zu arg. Ergrimmt machten sich die Bürger auf, fällten den Nestbaum des Greifen, erschlugen die Brut und vertrieben den gierigen Räuber.

Er soll es dann im Thurbruch auf der Insel Usedom, zwischen Gothensee und Kachliner See, wo sich damals noch dichter Wald ausbreitete, nicht besser getrieben haben. Bald wurden in den umliegenden Dörfern, als er auch dort die Kinder fortraubte, die Menschen von heilloser Angst ergriffen.

Das nahm erst ein Ende, als ein Kuhhirte den Wald anzündete. Der brannte restlos nieder. Seitdem hat man den Vogel Greif nicht mehr gesehen.

Die Erdgeister in Greifswald

Viele kleine Erdgeister haben sich einst im alten Greifswald aufgehalten. Sie hatten Gewalt über alle Schätze, über Gold und Silber und die in der Erde verborgen liegenden edlen Steine. Der Weg zu ihren unterirdischen Behausungen führte durch das Gußloch des Spülichts oder unter einer Dranktonne hindurch. Tagsüber sah man sie oft nur in Gestalt von Fröschen oder Kröten, bei Nacht aber zeigten sie sich in ihrer wahren, zierlichen Gestalt. Im Mondschein tanzten sie gern und waren lustig und ausgelassen.

Meist waren die kleinen Geister gutartig und hilfsbereit zu den Menschen, doch erzählte man auch anderes von ihnen. So trieb die Schar von Kobolden, die rote Hosen trugen und sich besonders in der Knopfstraße sehen ließen, auf den Böden der Häuser allerlei Schabernack. Sie polterten nach Herzenslust mit alten Sachen herum und warfen am Ende alles durcheinander. Dann guckten sie oben aus den Schornsteinen heraus, neckten die Leute auf der Straße und machten ihnen lange Nasen. Fangen ließen sie sich nie, vielmehr sprangen sie hurtig davon, wenn ein beherzter Mann hinaufstieg. Kam er oben an, leuchteten ihre roten Hosen schon vom dritten Dach herüber.

Mitunter zeigten die Erdgeister ein unwiderstehliches Verlangen nach kleinen Menschenkindern. Eine Frau war mit ihrem Kind auf dem Schoß eingeschlafen. Da schlüpfte eine Schar Zwerge herein, und leise, leise nahmen sie ihr das Kind fort. Im letzten Augenblick erwachte sie und hielt es eben noch an der Ferse fest, so daß sie es ihr nicht entreißen konnten.

Anders war es bei einer Frau, die nicht ertrug, daß ihr Kind spät abends so arg schrie. »Das ist ja die Hölle mit dir, du elender Schreihals! Ich wünschte wahrhaftig, du wärest schon dort, dann hätte ich Ruhe!« rief sie aus, drehte sich auf die andere Seite und hielt sich die Ohren zu.

Unversehens ging die Tür auf, und eine Schar Erdgeister schlich herein. Sie zupften und zerrten, bis sie das Kind in ihrer Gewalt hatten. Mochte es noch so verzweifelt schreien, die Mutter zog sich die Decke über die Ohren und brummte ärgerlich: »Brülle du nur zu!« Aber entsetzt war sie doch, als sie am Morgen das Kind vermißte. Sie hat es nie wiedergesehen.

Einmal hatte sich ein vornehmer Zwerg heftig in ein hübsches Mädchen verliebt und begehrte es zur Frau. Dem Mädchen war das gar nicht recht, sie verspürte einen Widerwillen gegen ihn und entzog sich seinen Werbungen. Ganz verzagt war sie aber, als auch ihr Vater auf sie einzureden begann und zur Heirat drängte; der Zwerg hatte ihm viel Geld und Gut versprochen, wenn er ihm seine Tochter ließe. Das Mädchen sagte schließlich zu, weil sie nicht mehr aus noch ein wußte, doch am nächsten Tag schon reute es sie wieder, und als sich ihr Freier einstellte, vergoß sie bittere Tränen. Da sprach er mit wichtiger Miene: »Sollte es dir in drei Tagen gelingen, meinen Namen zu erfahren, nun gut, dann will ich dir dein Wort zurückgeben, und du bist frei und ledig. Sonst aber wirst du meine Frau!«

In der ganzen Stadt lief nun das arme Ding straßauf, straßab und fragte überall umsonst, denn keiner hatte jemals den Namen des Zwerges gehört. Endlich, am dritten Abend, als sie sich schon traurig mit ihrem Schicksal abfinden wollte, kam ihr der Zufall zu Hilfe.

Ein Fischhändler war in der Nacht zuvor nach Greifswald gekommen und hatte vor der Stadt im Mondschein viele Zwerge tanzen und springen sehen. Verwundert hatte er angehalten und sich ein Weilchen an ihrem munteren Treiben ergötzt. Dabei hatte einer der Zwerge ein über das andere Mal gerufen:

»Wenn meine Braut wüßt,
daß ich Doppeltürk heiß,
sie nähme mich nicht,
oh, sie nähme mich nicht!«

Das gab der Fischhändler am Tag darauf im Wirtshaus zum besten, und am Abend noch erzählte es die Wirtstochter der Braut. Gleich wußte das Mädchen, das konnte nur ihr hartnäckiger Liebhaber gewesen sein. Als er sich dann bei ihr einfand, platzte sie heraus: »Du bist der Doppeltürk!« Da hatte der Zwerg das Nachsehen und seine Liebschaft ein Ende.

Die Schätze in Greifswald

Im Schuhhagen, dem ältesten Teil der Stadt Greifswald, sollen viele Schätze verborgen sein, von denen man sich allerlei erzählte. Einmal erschien bei einer Frau in der Langefuhrstraße drei Nächte hintereinander ein Männlein, ein kleiner Glücksbote, wie die Leute damals sagten. Dieses Männlein forderte die Frau auf, zu einer bestimmten Stelle des Schuhhagens zu gehen. Es beschrieb ihr den Ort ganz genau, denn sie sollte dort einen Schatz finden.

Die Frau hielt zunächst nicht viel davon. Erst als das Männchen auch in der dritten Nacht wiederkam, beschloß sie hinzugehen, um so mehr, als auch ihr Mann, dem sie davon berichtet hatte, ihr dazu riet.

Richtig fand sie die bezeichnete Stelle, doch lag da nur ein großer Kehrichthaufen. Ärgerlich wühlte sie zwischen Hobelspänen, Bohnenranken und anderem Abfall herum. Um nun ihrem Mann zu zeigen, was es mit dem Schatz auf sich hatte, nahm sie eine Bohnenranke und eine Handvoll Hobelspäne mit. Die warf sie, kaum zu Hause angekommen, ihrem Mann vor die Füße und sagte aufgebracht: »Da hast du den Jux!« Aber wie erstaunte die gute Frau, als sie bei genauerem Hinsehen entdeckte, daß die Bohnenranke nun eine schöne goldene Kette war und die Hobelspäne lauter Silberlöffel. Sofort lief sie noch einmal an die Stelle zurück, der Abfallhaufen war aber nicht mehr zu finden.

Ein solcher Glücksbote kam einmal zu einer Frau, die gerade im Wochenbett lag, ihr kleines Kind neben sich. Ihr bezeichnete das Männlein ebenfalls eine Stelle im Schuhhagen, wo ein Schatz liegen sollte, nur eine Handbreit mit Erde bedeckt.

Da die Frau nun nicht selber hingehen konnte, bat sie ihren Mann, das zu tun, und der machte sich sogleich auf den Weg. Nur einen Berg Fischschuppen fand er an der Stelle. Enttäuscht griff er hinein und steckte sich eine Handvoll in die Tasche. Zu Hause legte er sie mit den Worten »Da ist der Schatz!« seiner Frau aufs Bett. Doch groß war seine Verwunderung, denn die Schuppen waren plötzlich alle blanke Taler. Auch er ging gleich wieder zu der Stelle, aber Fischschuppen lagen nun nicht mehr da.

In der Langen Straße zu Greifswald hatte Bäcker Meier sein Haus. Es hieß, in seinem Garten sei ein Schatz vergraben, der alle drei Jahre einmal in einer Vollmondnacht zu sehen sei als ein Haufen brennender Kohlen, und der Teufel selber bewache ihn.

Bei dem Bäcker diente eine Magd, die, sobald sie am Morgen nur um ein weniges die Zeit verschlief, von ihm hart ausgescholten wurde.

Einmal erwachte sie und sah, daß es draußen schon ganz hell war. O Schreck! Hatte sie wieder verschlafen? In fliegender Hast zog sie sich an und lief in die Küche, um Feuer anzumachen.

Da drang ein grellroter Schein durchs Fenster. Mitten im Garten brannte es. Wer mochte dort ein Feuer angezündet haben? Nun, um so besser für sie, nur schnell, ehe der Meister kam, der alte Grobian. Sie ergriff die Schaufel, war mit ein paar Schritten im Garten und schleppte glühende Kohlen in die Küche, doch die brannten auf dem Herd nicht mehr und sanken zusammen zu einem grauen Häuflein Asche.

Nochmals ging sie in den Garten und holte eine Schaufel voll von dem glühenden Haufen, und wieder erloschen die Kohlen. So lief sie noch ein drittes Mal hinaus, da erscholl eine tiefe, grollende Stimme: »Wenn du noch einmal kommst, drehe ich dir den Hals um!«

Da erschrak das Mädchen so sehr, daß es alles fallen ließ und atemlos ins Haus zurückeilte. Die Glocke vom nahen Nikolaiturm schlug eins ... plötzlich war das Feuer verschwunden.

Nun erst, da der Garten still im Vollmondlicht lag, wurde dem Mädchen bewußt, daß es noch lange nicht früher Morgen war. Verwirrt von dem Zauberspuk, legte sie sich wieder ins Bett, aber nach dem ausgestandenen Schrecken konnte sie kein Auge zutun.

Als sie am Morgen in die Küche kam, lagen lauter blanke Taler im Herd, und groß war ihre Freude. Jetzt wußte sie, das Feuer, das sie um Mitternacht genarrt hatte, war nichts anderes als der vom Teufel bewachte Schatz gewesen, und einen guten Teil davon hatte sie gewonnen.

Der breite Stein

Fleischerstraße, Wollweberstraße, Rotgerberstraße und Weißgerberstraße, und wie die alten Namen in Greifswald alle heißen mögen, sie erzählen uns heute noch, wer dort vor langer Zeit gelebt und gearbeitet hat. Einst wohnten in der Lappstraße die Schuhflicker, die mit Lederlappen alte Schuhe wieder zusammenflickten. Wollte einer aber ein Paar neue Schuhe erstehen, fand er bestimmt im Schuhhagen das Rechte, wo die geschickten Schuhmacher am Werke waren. Bei einem von ihnen ging eines Tages die Tür, und herein trat ein junger Mann. Er fragte den Meister bescheiden, ob er einen tüchtigen Gesellen brauchen könne.

Da sei er gern willkommen, sagte der Meister erfreut und schob ihm gleich einen ganzen Berg zugeschnittenes Leder hin.

Bald war der neue Geselle emsig beim Stechen und Nähen, Hämmern und Kleben, daß es nur so eine Art hatte, und das Tag für Tag, von früh bis spät. Wirklich, er hatte nicht zuviel von sich gesagt.

Der Meister schmunzelte. Der würde es zu etwas bringen, ganz gewiß!

Die Zeit verging. Tagaus, tagein gab es alle Hände voll zu tun, und der Geselle war unermüdlich bei der Sache. Der Meister verfiel, wenn er ihn sah, auf allerlei Gedanken. Er war nun in den Jahren, da es zu überlegen galt, in wessen Hand die Werkstatt einmal gelangen sollte.

Ihm war der flinke Bursche da schon recht, aber auch seiner Anne? Die hatte ja nur immer Augen für den Peter, einen Seemann, und war untröstlich, blieb sein Schiff mal ein paar Tage länger draußen ... Ach was, schließlich war sie seine

Tochter, seine einzige, und da wußte er besser, bei wem sie es gut haben würde.

Schade nur, daß man nicht wußte, woher der Neue eigentlich gekommen war. Ließ er sich sonst ganz gern in ein Gespräch ein, merkwürdig, bei solchen Fragen beugte er sich immer schnell wieder über seine Arbeit. Doch sein Handwerk verstand er wie kaum ein zweiter, das mußte man ihm lassen. Er wäre eben doch der richtige Nachfolger.

So gingen dem Meister die Gedanken im Kopfe hin und her, bis er sie beide fragte, erst den Gesellen, dann seine Tochter. Klaus, der Geselle, war gleich dabei. Die Werkstatt übernehmen? Nichts lieber als das! Auf die Anne hatte er längst ein Auge geworfen. Sie war ein blitzsauberes Mädchen, und wer sie bekam, konnte sich glücklich schätzen.

Doch Anne machte dem Vater einen dicken Strich durch die Rechnung. Nie und nimmer nehme sie den fremden Gesellen, von dem niemand wisse, woher er komme und was er bisher getrieben habe. Sie denke nicht daran, von ihrem Peter zu lassen, ja, er könne es ruhig wissen, sie habe sich ihm bereits versprochen.

Zornig polterte der Meister dazwischen, wenn sie nicht binnen vier Wochen dem Schuhmachergesellen ihr Jawort gebe, solle sie sich mit ihrem Seemann, diesem Habenichts, sonstwohin scheren, und seine Tochter sei sie dann nimmermehr. Das arme Ding ging in die Kammer und weinte. Dann raffte sie sich auf und lief geradewegs nach Wieck, wo ihr Liebster wohnte, doch mußte sie hören, Peter sei auf großer Fahrt und komme vor einem Vierteljahr nicht zurück. Das war hart, und Anne liefen die hellen Tränen übers Gesicht, als sie verzweifelt und todtraurig am Strand saß. Was sollte sie bloß tun?

Da hielt sie erschrocken inne. Ein großer Fisch war vor ihr aufgetaucht und fing sogar an zu reden: »Hör zu, Mädchen, ich will dir einen Rat geben. Geh nach Hause und sage deinem Vater, du wollest ihm nun gehorchen. Sage ihm aber weiter, der Geselle habe nur eine kleine Bedingung zu erfüllen: Er soll sich vor der Hochzeit für eine Stunde auf den breiten

Stein auf euerm Marktplatz stellen. Dann wird für dich noch alles zu einem guten Ende kommen, verlaß dich drauf!« Damit verschwand er wieder im Wasser.

Anne schrak auf. Hatte sie geträumt? Nein, das konnte nicht sein, ganz deutlich sah sie den Fisch noch vor sich und hörte seinen seltsamen Rat, und da ihr nichts anderes übrigblieb, beschloß sie, ihm zu folgen.

Der Meister brummte nur, als Anne vor ihn hintrat und von ihrem Entschluß berichtete. Das hätte sie gleich sagen sollen, warum erst die Aufregung! Seinetwegen sollte der Klaus ruhig eine Stunde auf dem breiten Stein stehen, was war denn schon dabei?

Nun, es war etwas dabei. Nicht nur, daß viele Leute den Gesellen umstanden, mit mancherlei anzüglichen Fragen und spöttischem Gelächter, nein, kurz vor Ablauf der Stunde gab es eine Überraschung, als sich eine Frau, die niemand kannte, einen Weg durch die Neugierigen bahnte und einen kleinen Jungen an der Hand mit sich zog.

Mit erhobener Faust schrie sie wütend auf den Gesellen ein: Eine himmelschreiende Schande sei es, jawohl, und alle sollten es hören. Dieser da, das sei ihr angetrauter Mann, der bei Nacht und Nebel davongegangen sei und sie mit dem Kinde habe sitzenlassen!

Schon wurden Flüche und Verwünschungen laut, da zerrte die Frau den Gesellen, der den Kopf gesenkt hielt und kein Wort zu all dem sagte, vom Stein herunter, schob ihn durch die erregte Menge über den Markt, und sie gingen miteinander davon.

Dem Meister fuhr der Schreck in alle Glieder. So ein erbärmlicher Lump, dieser Klaus, täuschen wollte er ihn und seine Tochter ins Unglück stürzen! Nein, da sollte sie schon lieber ihren Seemann heiraten. Nun wurde Anne wieder froh.
Die Stadtväter zogen eine wichtige Lehre aus dem Vorfall und gaben kund und zu wissen, daß sich künftig ein jeder Bräutigam unmittelbar vor der Hochzeit auf den breiten Stein stellen und dort eine Stunde lang ausharren müsse. Einer der

letzten, die da gestanden haben, bevor diese Sitte im Jahre 1551 wieder abgeschafft wurde, war der spätere Bürgermeister von Stralsund, Bartholomäus Sastrow.

In Greifswald lag der mächtige vierkantige Stein an der Nordseite des Marktplatzes vor dem Hause Schuhhagen, Ecke Knopfstraße. In Stralsund gab es auf dem Alten Markt ebenfalls einen »breiten Stein«, auf den sich Verlobte in Festkleidern stellten, um unter Trompetenschall und Paukenschlag ihre Namen ausrufen und jedermann zu Einwand und Einspruch auffordern zu lassen. Doch schon zur Zeit Ernst Moritz Arndts, der dies über Stralsund berichtet, wurde jener Brauch nicht mehr geübt; nur ein Kinderreim beim Pfänderspiel erinnerte noch daran:

»Ich steh, ich steh auf einem breiten Stein,
und wer mich liebhat, holt mich ein.«

Im Rosental

In den Sümpfen des Rosentals nördlich von Greifswald soll es früher nur Kröten mit roten Augen gegeben haben, und auf die Frage, warum das so war, erzählten die Leute diese kleine Geschichte:

Als eines Abends dort eine dicke Kröte langsam ihres Weges kroch, flog der Scharrenweber herbei, der nichtsnutzige Mistkäfer, und redete sie also an:

»Goden Abend, Fru dick un duhn,
wat deist du noch so lat achter'n Tuun?«

Da war die Kröte untröstlich und weinte bittere Tränen, immer mehr, die ganze Nacht.

Am nächsten Abend sprang ihr der grüne Jäger, der Laubfrosch, über den Weg. Der wußte, was sich gehörte, und grüßte freundlich: »Goden Abend, Fru Abendblanken!«

Hocherfreut erwiderte die Kröte seinen Gruß und schüttete ihm gleich ihr Herz aus:

»Schön Dank, du grüner König ut Engelland,
du büst doch noch'n Mann,
de ne Jungfer titulieren kann.
Äwer gistern abend kem de oll Hurrepurrer,
de Bussel in de Ird, de Hundfott,
de schüll mi von dick un duhn.
Gott weit, wo't mi verdrot,
dat mit de Ogen in'n Kopp noch sünd rot!«

Nun bedrückte sie der Kummer nicht mehr gar so sehr, aber ihre Augen, die blieben rot, und ebenso erging es allen Kröten an diesem Ort.

Einst stand im Rosental das Salzwerk der Stadt Greifswald. Der Handel blühte, und viele Hände wurden an den Pfannen gebraucht, wo die Sole zum Sieden kam und Braunsalz, Bittersalz, Nachsalz und vor allem das begehrte Buttersalz gewonnen wurden.

Auch aus dem fernen Hessenland war ein junger Bursch gekommen. Er hatte hier Arbeit als Salzknecht angenommen und eine Witwe geehelicht, um nach dem schweren Tagewerk ein gutes Unterkommen zu haben.

Indessen mußte er bald sehen, daß er nicht die rechte Wahl getroffen hatte. Allzuoft war seine Frau auf Zank und Streit aus, dazu war sie eifersüchtig, und obendrein verstand sie sich auf manche schlimme Zauberei. Auch an der Arbeit in der Hitze der Saline lag ihm nicht mehr viel, und er trug sich mit dem Gedanken, nach Hessen zurückzugehen. Seiner Frau sagte er lediglich, er wolle in der Heimat seine Eltern und Freunde einmal wiedersehen.

Sie ahnte aber gleich, wonach der Sinn ihm stand. Um keinen Preis wollte sie ihren tüchtigen, jungen Mann verlieren, und deshalb murmelte sie, als er auf seiner Wanderung noch nicht weit gekommen war, einen alten Zauberspruch.

Zur gleichen Zeit erblickte der Salzknecht einen feurigen Rappen, der im Galopp heranbrauste und mitten auf dem Weg vor ihm hielt, ihn auch nicht vorbeiließ. Das Tier stieß ein unwilliges Schnauben aus, und als er sich eilig aus dem Staub machen wollte, lief es ihm katzengewandt zwischen die Beine und erhob sich im nächsten Augenblick mit ihm in die Luft.

In sausender Fahrt erreichten sie das Rosental. Das wilde Roß ging nieder, ein heftiger Ruck zur Seite, und gerade vor seinem Salzkaten rollte der Knecht auf den Boden. Da trat auch schon seine Frau über die Schwelle und sprach lächelnd: »Da bist du ja wieder, mein lieber Mann!«

Das alles war in Windeseile geschehen, daß der Knecht kaum wußte, wo ihm der Kopf stand. Dann fand er sich, so gut er es eben vermochte, mit seinem Schicksal ab und blieb. Siehe da, nun war auch seine Frau eines Besseren belehrt, er bekam nur noch gute und freundliche Worte von ihr zu hören, und er dachte nie wieder an ein Fortgehen.

Der Erbdegen

Nicht weit vom Greifswalder Bodden liegt in der Nähe des Dorfes Gristow mitten in den Feldern ein Teich. Dort sollen früher Schätze verborgen gewesen sein, und davon wußte man einstmals zu erzählen:

Zu einem Gristower Bauern kam eines Tages ein Knecht und wollte sich bei ihm verdingen. Er sah schmuck und ordentlich aus, und der Bauer fragte ihn, wieviel Lohn er im Jahr verlange, worauf der Knecht erwiderte, es sei nur eine Kleinigkeit, die er begehre, und diese sei zudem für den Bauern völlig wertlos, ja, er wisse nicht einmal, daß er sie in Besitz habe.

Obgleich der Bauer aus dem sonderbaren Wunsche nicht recht klug werden konnte, stellte er den Knecht ein. Der war denn auch treu und fleißig. Alles, was er sich vornahm, geriet ihm, und der Bauer war zufrieden.

Das Jahr verging schnell. Eines Tages trat der Knecht vor den Bauern hin und bat um den zugesagten Lohn. Nun war der Bauer neugierig und sprach: »Was kann es denn nur sein, das ich dir geben soll, sagst du doch selber, daß ich von dessen Besitz nichts weiß?«

»Nun, so will ich dir meinen Wunsch erklären«, gab der Knecht zur Antwort. »Auf deinem Boden hast du einen Erbdegen, und den erbitte ich mir als Lohn.«

Sie stiegen beide die Treppe hinauf und dann über die Leiter bis unters Dach. Dort zeigte der Knecht auf ein altes, verrostetes Schwert, das in einer Latte steckte, in einer dunklen Ecke, wo der Bauer noch nie genauer nachgesehen hatte. Dieses alte Ding jedoch war für ihn wertlos, nicht einmal eine Scheide war dabei. Darum sagte er dem Knecht, er könne es sich nehmen, aber der entgegnete: »Ihr müßt es herunterlangen und mir geben, sonst kann es mir nicht helfen.« Nun gut, der Bauer zog das Schwert aus der Dachlatte und reichte es ihm.

Am nächsten Morgen spannte der Knecht den Wagen an und bat den Bauern mitzufahren, denn er wolle ihm zeigen, wozu er den Erbdegen brauche. Der Bauer stieg auf, und sie fuhren zum Dorf hinaus über die Felder, gerade auf den Teich zu.

Dort hielt der Knecht den Wagen an und sagte zu dem Bauern: »Gebt wohl acht, was nun geschieht! Ich werde mit dem Degen in den Teich springen. Ihr braucht Euch nicht zu ängstigen, wenn das Wasser anfängt zu wallen und zu brausen, sondern müßt nur sehen, ob es danach schwarz wird oder rot. Wird es schwarz, so ist alles verloren, und ich komme nicht mehr zurück. Ihr müßt dann geschwind mit dem Wagen fort, sonst kostet es Euer Leben. Wird das Wasser aber rot, ist alles gut, und Ihr wartet auf mich.«

Mit diesen Worten stieg der Knecht vom Wagen. Den Erbdegen fest in der Hand, sprang er in den Teich und verschwand völlig im Wasser.

Eine Weile blieb alles still. Plötzlich vernahm der Bauer in der Tiefe ein Grollen, das immer stärker wurde. Der Teich geriet in heftige Bewegung und schlug hohe Wellen. Das Wasser toste und tobte so fürchterlich, daß dem Bauern Hören und Sehen verging und die Pferde schnaubend ausbrachen, nur mit Mühe hielt er sie noch im Zaum. Aber er dachte an das, was der Knecht gesagt hatte, und bald war alles wieder still. Nun sah der Bauer, wie sich das Wasser im Teich rot färbte. Das beruhigte ihn vollends, und er wartete, was nun geschehen würde.

Endlich stieg der Knecht aus der Tiefe hervor und schleppte eine schwere Kiste, die er dem Bauern auf den Wagen schob mit den Worten: »Hier, das soll Euer Teil sein! Ich hatte einen guten Dienst bei Euch, und Ihr habt mir den Erbdegen gegeben, mit dem ich den Schatz erst heben konnte.

Fahrt nun getrost nach Hause, ich muß noch einmal hinunter, um meinen Teil zu holen.«

Sogleich wandte er sich wieder zum Teich, und der Bauer fuhr zum Dorf zurück. Als er die Kiste öffnete, war sie voll alter, harter Silbertaler. Da hatte er genug bis an sein Lebensende. Doch den Knecht hat er nie wiedergesehen.

Die alte Burg Kortshagen

In mittelalterlicher Zeit hat unweit des Strelasundes, in Engelswacht, das damals noch Kortshagen hieß, eine alte Burg gestanden, bewohnt von einem rauhen, selbstherrlichen Rittergeschlecht. Bei Überfällen verbargen sich die Insassen in einem unterirdischen Gang, der erst in einem Garten in Schönhof bei Brandshagen ins Freie führte.

Einmal lebte auf Burg Kortshagen ein Ritter, der seine Untertanen dermaßen quälte und grausam peinigte, daß er überall in der Gegend verhaßt war. So kam es, daß bei Nacht eine Schar vermummter Gestalten die Wachen überwältigte und in die Burg eindrang, um sich an dem Unterdrücker zu rächen. Der Ritter flüchtete auf den obersten Boden und suchte sich dort zu verbergen, aber die Verfolger waren ihm auf den Fersen und drangen auf ihn ein. Am Giebelfenster entstand ein erbittertes Handgemenge. Wie ein Rasender wehrte sich der Ritter und stach drei Männer nieder, dann sank er tot zu Boden.

Noch Jahrzehnte später sah man Blutflecke auf dem Fußboden und an den Wänden. Sie stammten von dem nächtlichen Kampf und hafteten dort trotz aller Versuche, sie abzukratzen oder zu übertünchen. Erst bei dem völligen Umbau des Hauses verschwanden sie.

Ganz in der Nähe führt der Weg von Engelswacht nach Ahrendsee über die tiefe Schlucht des Müllerbaches. Kortsmühl heißt der Übergang zur Erinnerung an die früher dort gelegene Wassermühle. Mit deren letztem Müller bringt die Sage einen Stein in Verbindung, der dicht am Geländer der Brücke steht und den Abdruck einer Hand erkennen läßt.

Damals staute noch ein Wehr vor der Brücke einen Teich auf. Als der Müller einmal mit seinem Knecht in Streit geraten war, redete er sich so in Zorn, daß er dem Knecht den Dienst aufkündigte und ihm befahl, auf der Stelle das Haus zu verlassen. Das tat der Knecht auch, doch nahm er furchtbare Rache.

Sobald die Nacht hereingebrochen war, öffnete er das Wehr, und in tosendem Schwall stürzte das Wasser durch die Schlucht und riß die Mühle mit sich fort. Mit genauer Not konnten der Müller und seine Frau ihr Leben retten.

Der Mond ließ sein fahles Licht auf die wüste Stätte fallen. Plötzlich sah der Müller im Wasser zwischen Trümmern die Wiege mit seinem kleinen Kinde treiben. Er sprang hinterher, griff aber fehl, und heftig schlug seine Hand auf einen Stein, eben jenen, der später am Brückengeländer aufgestellt wurde und davon zeugt, welche Kraft die Verzweiflung dem Müller verliehen hatte, der dennoch sein Kind nicht retten konnte.

Das Neue Tief

Die Insel Rügen soll einstmals ein Teil des Festlandes gewesen sein, dergestalt, daß sie bei der jetzigen Halbinsel Mönchgut mit ihm zusammenhing. In alten Überlieferungen heißt es zwar, daß ein Strom sie seit Menschengedenken vom Lande getrennt habe, doch sei er so schmal gewesen, daß man gerade noch hinüberspringen konnte. Später Chronisten berichten von einem breiteren Strom mit nur geringer Tiefe, durch den ein Steg von Pferdeschädeln und anderen Knochen gelegt war, und man habe trockenen Fußes nach Rügen gelangen können.

Da erhob sich im Jahre 1304 ein gewaltiger Orkan, der das Wasser weit ins Land hineintrieb und an der Küste grausige Verheerungen anrichtete. Gehöfte und Dörfer versanken in den reißenden Fluten, ganze Landstriche wurden überschwemmt und blieben selbst nach dem Abflauen des Sturmes unter Wasser, auch da, wo jetzt der Greifswalder Bodden liegt. Nur die kleine Insel Ruden ragt noch aus der See. Über das hier entstandene Fahrwasser, das bald allgemein »dat Niege Deep« (das Neue Tief) hieß, war wohl niemand glücklicher als die Stralsunder. Hatten sie dadurch die Ausfahrt nach Osten frei, so war ihnen die Fahrrinne nach Nordwesten, zwischen Barhöft und dem Gellen, jetzt ebenfalls offen, denn auch dort, wo Hiddensee mit dem Festland und beim Bock mit dem Darß verbunden gewesen war, hatte dieselbe Sturmflut einen breiten Meeresarm geschaffen. Damit hatte Stralsund nach zwei Richtungen hin Zugang zum Meer und gewann in der Folgezeit immer größere Bedeutung als Handelsplatz und Hafen.

Ziegelgraben und Dänholm

Einst war der Dänholm, die kleine Insel vor Stralsund, eine Halbinsel und hieß Strela oder auch Strale, was beides »Pfeil« bedeutet, denn wie sich noch heute die Halbinsel Drigge von Rügen her dem Festland gegenüber weit in den Sund schiebt, so ragte auch Strela, vorschnellend wie ein Pfeil, in die Meeresstraße hinein. Sowohl dem Strelasund als auch der »Stadt tom Sunde«, wie man Stralsund zunächst noch nannte, hat sie später die Namen gegeben, und bei der Schwarzen Kuppe südöstlich der Stadt soll sie damals mit dem Festland verbunden gewesen sein, bevor sie die gewaltige Sturmflut des Jahres 1304 losriß.

Schon zuvor war die Landverbindung schmal und niedrig gewesen, denn gerade an dieser Stelle hatte man den Ton der Ziegelsteine für den Bau der Marienkirche entnommen. So kam die neu entstandene Meerenge zu dem Namen Ziegelgraben, und dabei ist es bis heute geblieben. Strela ist seitdem eine Insel, doch kennt man sie jetzt nur noch als Dänholm, und wie viele Namen hat auch dieser seine besondere Geschichte.

Im Jahre 1429 erschienen die Dänen bei Nacht und Nebel mit einer großen Anzahl von Schiffen vor Stralsund. Sie verbargen sich vorerst hinter der Insel Strela und gingen dort vor Anker. Die Anführer stiegen ans Ufer, um zu beratschlagen, wie sie die Stadt im Morgengrauen am günstigsten überfallen könnten. Einige Schiffer hatten aber die Ankunft der feindlichen Flotte bemerkt und sofort dem Rat der Stadt Kunde gegeben. Welches Unglück – alle sundischen Schiffe waren ausgelaufen, nur kleine Fischerboote lagen im Hafen! Doch die Stralsunder zauderten nicht. In aller Eile rüsteten sie sich zum

Kampf, sprangen in die Boote und fuhren auf die Insel los, um einem Überfall zuvorzukommen.

Das hatten die Dänen am wenigsten erwartet: Sie, die Angreifer, sahen sich plötzlich selber angegriffen. Aber der Kampf, der sogleich entbrannte, war ungleich; die Sundischen konnten trotz aller Tapferkeit gegen die starken Schiffe nichts ausrichten und mußten zurück.

Als sie im Hafen anlegten, standen dort die Frauen aus der Stadt mit ihren Kindern, drohten ihnen zornig und schrien sie an. »Feiglinge!« und »Jammerlappen!« – das waren noch die mildesten Worte, die die Männer zu hören bekamen, und darum gingen sie gar nicht erst an Land, sondern fuhren aufs neue dem Feind entgegen.

Mit einem wahren Löwenmut und verdoppelter Erbitterung fochten sie nun und setzten den Gegnern hart zu, bei denen eine heillose Verwirrung entstand, da den Sundischen der Wind günstig war und sich die schwerfälligen dänischen Schiffe gegenseitig behinderten und ineinander verkeilten.

Flink und gewandt wie die Katzen enterten die Stralsunder ein Schiff nach dem andern. Bald suchten die Feinde ihr Heil in der Flucht, doch nur drei oder vier Schiffen gelang es zu entkommen. Hunderte von Dänen ertranken, wurden erschlagen, verwundet oder gefangengenommen – ein Triumph ohnegleichen!

Strela hieß von diesem Tage an Dänholm – »Däneninsel«. Noch lange Zeit danach wurde alljährlich ein großes Siegesfest gefeiert, wobei die Männer mit flatternden Fahnen und unter donnerndem Salut den Dänholm umfuhren, dies aber nur in leichten Fischerbooten, denn so hatten sie die Dänen ja geschlagen. Noch heute erinnert der Name dieser kleinen Insel an den stolzen Sieg der Stralsunder.

Die arme reiche Frau in Stralsund

Dem regen Handel und Wandel an der Ostseeküste verdankte die Stadt Stralsund einen raschen Aufstieg schon bald nach ihrer Gründung im Jahre 1234 und später eine führende Stellung im Städtebund der Hanse. Unter ihren Kaufmannsgeschlechtern waren es vor allem die Wulflams, die die Gunst der Zeit zu nutzen verstanden und sich beträchtlichen Reichtum verschafften. Stolz trugen sie ihr Gepränge, das man kaum anders als fürstlich nennen konnte, zur Schau. Was kümmerte es sie, daß in engen Seitengassen, in den halbzerfallenen »Buden«, die Ärmsten der Armen hausten, daß diese Menschen nur eben das Nötigste hatten, zum Leben zuwenig und zum Sterben zuviel, und sich beim sonntäglichen Kirchgang vor St. Nikolai und St. Marien scharenweise einfanden, um ein paar armselige Silberpfennige zu erbetteln.

Schließlich rissen die Wulflams im Rat der Stadt die Macht an sich. Jahrzehntelang trug Bertram Wulflam die schwere goldene Kette des ersten Bürgermeisters und nach ihm sein Sohn Wulf. Ihr Reichtum stieg ins Sagenhafte, und unvergessen ist am Sund bis auf den heutigen Tag der verschwenderische Prunk, mit dem am dreißigsten Mai des Jahres 1391 Wulf Wulflams Hochzeit gefeiert wurde.

Um eine Stunde früher als gewöhnlich hatten an diesem Tag die Bauern, Fischhändler und Wurstmacher auf dem Alten Markt ihre Stände räumen müssen, und nicht lange, so standen die Bürger dort Kopf an Kopf. Überall in der Stadt war seit Wochen von nichts anderem die Rede als von Herrn Wulfs Hochzeit mit der hübschen Jungfer Margarete, der Tochter des reichen Münzherrn Holthusen. Tag für Tag hatte man aus den Werkstätten der Schneider, Schuhmacher und

Goldschmiede und aus den Läden der Fleischer, Gewürzmacher und Zuckerbäcker Neues vernommen, von fieberhaftem Tun und unerhörtem Aufwand. Nun richteten sich alle Blicke voll Erwartung auf das dunkelrote, hochgieblige Haus der Wulflams. Zwölf schwere Glockenschläge vom Nikolaikirchturm verkündeten die Mittagsstunde. Noch hallte ihr Klang über den weiten Marktplatz, als die eisenbeschlagene Pforte aufsprang.

Zehn Spielleute traten heraus und hinter ihnen zwei Knechte mit einem dicken Ballen Stoff, den sie sogleich aufzurollen begannen, indem sie hurtig vorwärts schritten. »Heda, macht Platz!« riefen sie. »Wollt ihr wohl zurück!«

Murrend gab die Menge ein wenig Raum. Da verschlug es allen die Sprache. War es wirklich bestes englisches Tuch, das da in breiter Bahn quer über den Markt bis zum Kirchenportal gelegt wurde? Und nur, damit Jungfer Margarete ihre Brautschuhe aus rotem Saffian nicht beschmutzte!

Fäuste ballten sich, nun wurden auch Rufe laut. »Eine Schande ist's fürwahr, das beste Tuch im Straßenkot! Leute, gedenket unserer Armen, was für Gewänder hätte das gebracht. Ach, es ist ein wahrer Jammer!«

Die Spielleute stimmten ihre Weise an, die Rufer verstummten. Langsam und feierlich bewegte sich der Hochzeitszug über den Platz, voran zwölf Brautjungfern in kunstvoll gestickten und gezackten Kleidern. Wohl erregte Wulf Wulflam, hocherhobenen Hauptes starr und herrisch über die raunende Menge hinwegblickend, in seinem blendendweißen Samtgewand manches Aufsehen, ebenso der alte Bürgermeister hinter ihm in schwarzer Marderfellschaube und auch die lange Reihe wohlhabender Kaufleute, Ritter und Junker mit ihren Frauen in Samt und Seide, doch verblaßte diese Pracht vor der nie geschauten Schönheit der Braut, und darum hingen die Augen aller nur an ihr. Ein Kleid aus feinster blauer Seide trug sie, mit einem Überwurf von Goldstoff, dem von den Schultern herab breite Zobelstreifen aufgesetzt waren, und die Säume waren mit schimmernden Perlen bestickt.

Dazu blitzte und funkelte der mit edlen Steinen besetzte Gürtel in vielen Farben, und die silbernen Glöckchen daran gaben einen zarten Klang.

Mancher mochte glauben, es sei eine Feenkönigin, die an Wulf Wulflams Seite dem Kirchenportal zuschritt. Wer indessen einen ihrer hochmütigen, Bewunderung heischenden Blicke auffing, die sie nach allen Seiten aussandte, der fand trotz allem märchenhaften Glanz schnell in die Wirklichkeit zurück.

Am Abend ging ein Feiern an, wie es die Stadt noch nicht erlebt hatte. Sieben Tage und Nächte hindurch drang aus dem Hause der Wulflams lärmender Jubel über den Alten Markt, wechselten Festschmaus und Trinkgelage miteinander ab, kamen die Spielleute kaum zur Ruhe, fanden sich mancherlei Gaukler und Fahrende ein und ergötzten die Hochzeitsgäste mit Liedern, Tänzen und Possenspiel.

Auch als das Fest verraucht war, konnten die Wulflams nicht vom Luxus lassen. Wohlbegütert waren sie, doch verloren sie über der Lust am Schwelgen jedes Maß, und langsam, aber stetig ging im Laufe der Jahre ihr Vermögen zur Neige.

Dennoch kannten Stolz und Hochmut keine Grenzen. Einmal, es war mitten im Winter und bitter kalt, sprach ein alter Bettler im Hause vor und bat um ein wenig warmes Essen. Gerade wurde das Mittagsmahl in silbernen Schüsseln aufgetragen, verlockend stieg ihm der Duft in die Nase. Mit höhnischem Lachen stieß ihn die junge Frau zurück. »Da, in der Ecke bei meinem Hündlein kannst du tafeln. Sieh zu, was von den Knochen in seinem silbernen Napf für dich abfällt.« Grimmig blickte der Greis sie an und sprach: »Weh Euch, Frau! Bald werdet Ihr selber betteln gehen, mit dieser Hundeschale, von Tür zu Tür, und Ihr werdet sehen, man wird Euch ebenso zurückstoßen, wie Ihr es mit mir getan habt.« Sie verlachte seine Worte nur und ließ ihn kurzerhand vor die Tür setzen.

Tatsächlich war in kurzer Zeit der ganze Reichtum durchgebracht, die Güter, Mühlen, Hufen, Häuser – alles, was die

Wulflams ihr eigen genannt hatten, war nach und nach veräußert worden, und auch Schulden blieben nicht aus. Der alte Bürgermeister Bertram Wulflam erlebte von alledem nichts mehr. Auch seinen Sohn Wulf ereilte das Schicksal, als er in hitzigem Streit mit einem Herrn von Zuhme auf dem Kirchhof zu Bergen erstochen zu Boden sank.

Nun gab es für die Gläubiger kein Halten mehr. Der einmal so stolzen Frau Margarete wurde alles genommen, bis auf eine silberne Schale, die sie verborgen hielt. Es war aber jene, aus der sie den Bettler zu speisen geheißen hatte.

Noch einige Jahre lebte sie, zusammen mit den Armen und Alten, in einer der kümmerlichen »Buden«. Sonntags saß sie, notdürftig in Lumpen gehüllt, mit der silbernen Schale an der Kirchentür, und mancher schüttelte verwundert den Kopf, wenn er sie starren Blickes unablässig murmeln hörte: »Bedenket de arme rike Fru, um Gottes willen, gewet de arme rike Fru!«

Wie die Stralsunder zu ihrem Rathaus kamen

Im Jahre 1316 rief Wizlaw, der Fürst von Rügen, eine große Zahl von Bundesgenossen an die Küsten seines Landes. Die Stadt Stralsund galt es zu besetzen, deren oberster Gebieter er noch immer war. Mochten die Bürger auch auf verbriefte Privilegien pochen, in jahrelangem Streit hatte er erfahren müssen, worum es ihnen dabei ging: Durch lebhaften Handel zu Geld gekommen, waren sie seiner Weisungen offensichtlich überdrüssig geworden, und in der Stadt sollte kein anderer Wille mehr gelten als der ihre. Nun, er wollte ihnen den Bürgerstolz schon austreiben, und zwar gründlich. Er allein war Herr beiderseits des Sundes!

So kam es zur Belagerung der Stadt. Der König von Dänemark, die Herzöge von Schleswig, Braunschweig, Mecklenburg und Niedersachsen sowie die Grafen von Ruppin, Holstein und Schwerin hatten dem rügenschen Fürsten bereitwillig ihre Hilfe zugesagt und waren mit ihren Heeren im Anmarsch auf die Stadt, die deshalb täglich damit rechnen mußte, von einer erdrückenden Übermacht angegriffen und überrannt zu werden.

Doch noch war es nicht soweit. Erst einer von Wizlaws Verbündeten war mit seiner Truppe vor der Stadt eingetroffen, Herzog Erich von Niedersachsen. Die Stralsunder hatten kaum erfahren, daß er im Hainholz sein Lager aufgeschlagen hatte, als sie sich auch schon entschlossen, selber den ersten Schlag zu führen, denn je mehr Feinde sich vor den Toren versammelten, desto größer für sie die Gefahr.

Ganz als lebten sie in tiefstem Frieden, schickten sie bei hellichtem Tage zwei Fuhren mit Wein durchs Kniepertor hinaus. Mit Hallo fielen die Belagerer darüber her und spülten den Staub des langen Marsches gründlich hinunter. Am Abend lag das ganze Lager in festem Schlaf.

Noch in der Nacht rückte eine Schar beherzter Bürger aus, an der Spitze die Hutmacher mit Pferden, deren Hufe sie sorgsam mit Filz umwickelt hatten. Ohne das leiseste Geräusch erreichten sie im Morgengrauen des 21. Juni das Lager, und die Überrumpelung gelang. Ehe die Feinde aus ihrem Rausch erwachten, war ein großer Teil von ihnen in Fesseln gelegt und wurde in die Stadt gebracht, darunter auch der Anführer.

Herzog Erich, ein feister Herr, lief puterrot an vor Wut. Daß ihm diese Schmach widerfahren mußte! Ungeduldig zerrte er an seiner schweren goldenen Kette, von der er sich nie trennte und die so lang war, daß er sie dreimal um seinen Leib schlingen konnte. Nun hatten sie ihn mit dieser seiner Kette gebunden, oh, diese Schande! Auch durchs Kniepertor führten sie ihn gekettet, und auf dem Weg durch die Stadt sparten die wackeren Stralsunder nicht mit bitterem Hohn und Spott.

Der glänzende Sieg hatte den Kampfesmut der Bürger gestärkt, und als die Belagerung zu Wasser und zu Lande mit voller Kraft einsetzte und der Ring um die Stadt fester geschlossen wurde, hielten sie tapfer stand, mehr noch, mit tollkühnen Ausfällen zeigten sie, daß sie nicht daran dachten, klein beizugeben. Wohlgeschützt lag die Stadt hinter Teichen, Mauern und Türmen, so daß die Gegner mit ihrem zahlenmäßig weit überlegenen Heere nichts auszurichten vermochten und schließlich die Belagerung abbrachen.

Aber noch drei Jahre lang blieb Herzog Erich von Niedersachsen als Gefangener in Stralsund. Endlich wurde die Summe von sechzehntausend Mark feinen Silbers überbracht, die von den Bürgern als Lösegeld gefordert war. Dann ließen sie ihn frei und errichteten von dem Geld das Rathaus am Alten Markt mit dem berühmten Prunkgiebel an der Nordseite.

Da diese Schauwand eine Scheinfassade darstellt, durch deren Fenster und Rosetten man den Himmel sieht und die mit ihren Pfeilern, Giebeln und zierlichen Türmchen frei in die Höhe strebt, kommt sie der Front des Lübecker Rathauses an Schönheit und Ausgewogenheit der Formen gleich und übertrifft sie wohl noch. Bald sagten denn die Lübecker bedeutsam:

»Dat Strolsunner Rothus is as sine Kinner:
hoch hinaus un nix dorhinner!«

Nun konnte man von den erbitterten Rivalen Stralsunds in dem langen, zähen Ringen um die Vormachtstellung an der Ostseeküste schwerlich eine andere Meinung über das herrliche Bauwerk erwarten, vielleicht aber sollten selbst so abschätzige Worte nur eine heimliche Anerkennung verbergen.

Wallenstein vor Stralsund

Dreihundert Jahre darauf brandeten die Wogen des Dreißigjährigen Krieges an Stralsunds Tore. Wieder lagen feindliche Truppen im Hainholz, diesmal in ungleich größerer Zahl. Vergeblich rannten sie gegen die Stadt an, umsonst waren stundenlange Bombardements mit Feuerbällen und Stückkugeln.

Da traf Wallenstein, der kaiserliche Generalissimus, vor der Stadt ein. Seit Wochen hatte er mit Ungeduld auf die Nachricht von Stralsunds Kapitulation gewartet und, als seine Rechnung nicht aufgehen wollte, erbittert ausgestoßen: »Wenn sich die Stadt nicht unterwerfen will, dann wird von ihr nichts übrigbleiben, und sollte es mich hunderttausend Mann und das eigene Leben kosten. Und wäre Stralsund mit Ketten an den Himmel geschlossen, ich wollte es doch herunterreißen!«

Sogleich nach seiner Ankunft ließ er Sturm laufen. Aber der Seeweg war offen für die Sundischen, sie hatten von den Schweden Hilfe bekommen und wehrten sich tapfer. Zornig befahl Wallenstein, weiter anzugreifen. Erst als an einem Tage fünfhundert Mann gefallen waren und am nächsten sogar tausendfünfhundert und die Soldaten, des Stürmens müde, von Offizieren mit Schwertern angetrieben werden mußten wie Schafe zur Schlachtbank, erklärte er sich zu einem Waffenstillstand und zu Verhandlungen bereit.

Als die Vertreter der Stralsunder Bürgerschaft im Lager erschienen, fuhr er sie an: »Ihr müßt Geld geben, hunderttausend Taler!«

Trotzig erwiderten sie: »Dat hebben wi nich.«

»Ihr müßt meine Soldaten in die Stadt lassen!«

»Dat don wi nich.«

»Ihr seid Schelme und Bösewichter!«

»Dat sünd wi nich!«

Da sie also zu keiner Übereinkunft kamen, ließ Wallenstein weiterstürmen, stieß aber nach wie vor auf hartnäckigen Widerstand.

An einem Nachmittag saß Wallenstein vor seinem Zelt unter einer Linde und hatte seine besten und getreuesten Offiziere zum Kriegsrat um sich versammelt. Gerade führte er ein Glas Wein zum Munde, als unversehens eine Musketenkugel aus der Stadt geflogen kam und das Weinglas in tausend Stücke schlug. Rot wie Blut ergoß sich der Wein über die Hand und den prächtigen Uniformrock.

Das war zuviel für den allezeit eifrig dem Aberglauben huldigenden Generalissimus. Auf der Stelle ließ er das Lager abbrechen und zog nach Mecklenburg davon. Höhnische Trompetentöne begleiteten vom Nikolaikirchturm herab seinen eiligen Aufbruch.

Seitdem wurde an diesem Tage, dem 24. Juli, alle Jahre das Wallensteinfest gefeiert, ein beliebtes Volksfest. Eröffnet wurde es mit dem Hohnblasen auf St. Nikolai. Dann strömte jung und alt ins Hainholz, um an derselben Stätte, wo dem mächtigen Bedränger Stralsunds jeglicher Mut vergangen war, mit frohem Tanz und lautem Jubel der Befreiung zu gedenken. Vor wenigen Jahrzehnten erst ist man von dem Brauch abgekommen, noch immer aber steht im Hainholz die alte Wallensteinlinde mit einem Steintisch.

Die Straßenbeleuchtung von Stralsund

Man schrieb das Jahr 1777. In Stralsund, das seit mehr als hundert Jahren unter schwedischer Besatzung lag, waltete der Reichsgraf Fürst von Hessenstein seines Amtes als Generalgouverneur. Für die Ordnung des öffentlichen Lebens in der Stadt zu sorgen ließ er sich besonders angelegen sein. So geschah es bisweilen, daß er sich mehr um die Belange der Stralsunder kümmerte, als dem Rat der Stadt lieb war. Schließlich besaß die alte Hansestadt am Sunde ihre wohlbehüteten Privilegien, und jedem, der sie antastete, sollte es nicht gut bekommen, dafür wollte der Rat schon sorgen, und auch der Fürst von Hessenstein sollte das erfahren.

Dabei gab es Ärger genug mit den engen Straßen der Stadt, mit ihrem holprigen Pflaster, das viele Steine des Anstoßes aufwies, mit dem Rinnstein in der Mitte, in dem sich Kehricht, Regenwasser, Unrat und Jauche sammelten. Mancher Fluch wurde von Bürgern ausgestoßen, die bei Dunkelheit noch unterwegs waren. Bürgersteige gab es nicht, wohl aber genügend Kellerhälse und Beischläge, die das Vorwärtskommen noch mehr erschwerten. Ganz unrecht hatte also der Fürst von Hessenstein nicht, als er sich eines Tages wegen dieser Übel beim Rat der Stadt beschwerte und diesem auferlegte, gefälligst dafür Sorge zu tragen, daß in den Straßen und Gassen Laternen aufgehängt würden, daß bis dahin ab sofort alle Bürger, die nach dem Zapfenstreich auf die Straße gingen, eine Laterne mitzuführen hätten, andernfalls sie von Patrouillen in seinem Auftrag in Arrest genommen würden. Der Rat war entrüstet. Das war denn doch noch nicht dagewesen, daß sich ein Fremder, und war er zehnmal Generalgouverneur von Schwedisch-Vorpommern, derartig

in die inneren Angelegenheiten und die Polizeigesetzgebung eingemischt hatte, die einzig und allein dem Rat der Stadt oblagen. Aber sollte es über solch einer Lappalie wie den Laternen in den Straßen erst zu Auseinandersetzungen kommen? Die Männer im Rat wollten nach Möglichkeit ihre Ruhe haben. Sie stellten sich zunächst einmal taub, gaben einen unverbindlichen und nichtssagenden Bescheid und legten die durchlauchtige Beschwerde samt der Anweisung zu den Akten und Protokollen.

Sie ahnten nicht, daß es dem hohen Herrn durchaus ernst war mit der Erleuchtung Stralsunds, und als der Rat gar keine Anstalten dazu machte, ließ er statt weiterer Beschwerden eines Abends sämtliche Passanten, die von den Patrouillen nach Einbruch der Dunkelheit in den Straßen angetroffen wurden, im Sinne seiner Anordnung für einige Nachtstunden auf der Hauptwache festsetzen.

Das war arg. Bedrückt fanden sich die Stadtväter am anderen Morgen zusammen, einige von ihnen, die auch unter den Festgenommenen gewesen waren, voll gekränkter Würde und heiliger Empörung. Wußte dieser fürstliche Heißsporn denn nicht, was sein Ansinnen für die Bürgerschaft bedeutete? Arm wie die Kirchenmäuse waren sie allesamt, in der Stadtkasse war kein roter Heller, ausgesogen war die Stadt durch die endlose schwedische Besatzung – und nun ein so teures Unternehmen? Laternen in Straßen und Gassen! Wenn es jemals dazu kam, wovon sollten die Leute bis dahin Laternen kaufen und Lichte? Mußten doch die meisten abends beim kümmerlichen Schein eines Kienspans hantieren, da sie den Tran für ihre Lampe einfach nicht mehr bezahlen konnten.

Ja, es war weit gekommen mit der einstmals reichen und stolzen Stadt am Sunde!

Der Rat der Stadt war daher trotz allem nicht geneigt, nach der Pfeife des Herrn Reichsgrafen zu tanzen. Drohte er weiterhin mit Zwang, nun, man würde noch andere Schliche finden. Am besten, man empfahl den Bürgern erst einmal, die Straße nach Einbruch der Dunkelheit tunlichst zu meiden, um auf diese Weise den unangenehmen Laternenbefehl zu umgehen.

So geschah es auch. Eifrige Soldaten tappten durch die nachtschwarzen Straßen und lugten um die Ecken, wie sie's eben vermochten, aber niemand war mehr unterwegs, ausgenommen natürlich die Patrouillen selber, die einander immer wieder in den Weg liefen. Nur, die Straßen – die waren dunkel wie zuvor.

Erneut drängte und drohte der Fürst von Hessenstein. Schon wurden vereinzelt Stimmen im Rate laut, die da sagten, eine Beleuchtung wäre nicht übel, man sollte doch gute Miene zum bösen Spiel machen. Aber dann waren es wieder die älteren Mitglieder des Rates, die auf die ehrwürdige, jahrhundertealte Verfassung der Stadt Stralsund pochten. Niemand durfte sich Vollmachten des Rates anmaßen, die darin niedergelegt waren, und die Sorge um das Wohl der Stadt und ihrer Bürger war nun einmal das wichtigste Vorrecht des Rates. In ganz anderem Lichte freilich wäre die Sache erschienen, hätte der Generalgouverneur einige persönliche Anregungen übermittelt, die dem Rat dann noch genügend eigene Handlungsfreiheit gelassen hätten. Aber Befehlen einfach gehorchen wie Duckmäuser? Das konnte und durfte nicht angehen.

Doch Verfassung hin, Vorrechte her, schließlich mußte etwas geschehen, sollte es nicht der Laternen wegen zu Gewalttätigkeiten kommen. Die Stadtväter waren mit ihrer Weisheit am Ende, und es blieb nur übrig, sich tatsächlich irgendwie mit Laternen zu behelfen.

Am nächsten Morgen verkündeten die Ausrufer an allen Ecken ihre Neuigkeit: Ein jeder, der nach dem Zapfenstreich auf die Straße gehe, habe nunmehr eine Laterne mitzuführen, andernfalls er von Patrouillen ergriffen, auf die Wache geführt und mit Strafe belegt werde.

Die Stralsunder verloren darum ihre Ruhe nicht. Hier und da steckten einige Bürger die Köpfe zusammen und berieten, was zu tun sei, und als der Abend herankam, stand mancher am Fenster und schaute auf die Straße hinab.

Da – sie hatten einen. Aber was hob er ihnen ins Gesicht? Eine Laterne, doch war sie leer. Immerhin führte er, der neuen Vorschrift gemäß, eine Laterne mit. Was konnten sie ihm da anhaben?

Die verdutzten Posten mußten ihn seines Weges ziehenlassen. Nun war der Mann beileibe nicht der einzige, der auf diesen Gedanken gekommen war, nein, auch an den nächsten Abenden spielte sich die gleiche Szene wohl ein dutzendmal ab. Ordentlich lebhaft ging es dabei auf den Straßen zu, bis der Generalgouverneur eine neue Order ergehen und also kundtun ließ: Es habe doch keinen Sinn, wenn die Bürger des Abends mit leeren Laternen ausgingen, diese müßten vielmehr auch mit Lichten versehen sein.

Sollte man es glauben? Das Spiel ging wahrhaftig von neuem an. In der Bechermacherstraße, in der Badstüberstraße, auf dem Bielkenhagen und dem Apollonienmarkt – überall waren Bürger im Dunkeln unterwegs, überall wurden sie angehalten, und überall mußten die Patrouillen sie wieder laufenlassen. Warum? Alle hatten eine Laterne bei sich, und in jeder stand auch, wie es der neue Befehl ausdrücklich verlangte, ein Licht, doch keiner hatte es angezündet. Weshalb denn auch? Davon stand in der Bekanntmachung kein Wort. Mürrisch und zähneknirschend gingen die Posten weiter. Abend für Abend nahm das muntere Spiel mit den Laternen seinen Lauf, und die Stralsunder lachten sich ins Fäustchen über den gelungenen Spaß.

Da konnte der Fürst von Hessenstein nicht weiter zusehen. Nein, das ertrug er einfach nicht. War er beim ersten Mal durchaus noch gesonnen gewesen, das ganze als einen harmlosen Streich aufzufassen, so hielt er nun in einem weiteren Schreiben an den Rat der Stadt seinen Groll nicht länger zurück: Ob sie ihn denn allen Ernstes zum Narren halten wollten? Der Rat solle sich vielmehr endlich befleißigen, diesem Unfug auf der Stelle Einhalt zu gebieten.

So ließ der Rat eine neue Verfassung bekanntgeben, in der es für jeden unmißverständlich hieß, die Lichte in den bei

Dunkelheit mitzuführenden Laternen seien auch anzuzünden.

Aber die Stralsunder waren schon zu gewitzt, als daß sie jetzt noch zu Kreuze gekrochen wären. Wieder hatten die Patrouillen alle Hände voll zu tun. Wies hier einer seine Laterne vor – bitte sehr, sogar ein vorschriftsmäßig brennendes Licht war darin –, so trug er sie eben unter dem Mantel, und konnt's ihm keiner verwehren; ging da einer mit einem Lichtlein fürbaß, das einen hauchdünnen Docht hatte und mit seinem winzigen Flämmchen kaum heller flimmerte als ein niedliches Johanniswürmchen; spazierte dort gar einer mit einem Fäßchen im Arm, in dessen Wand er ein närrisches Gesicht geschnitten hatte, so daß die flackernde Kerze im Tönnlein ein possierliches Lichter- und Schattenspiel aufs Pflaster warf.

Was konnte man sich da nicht alles ausdenken an neuen Neckereien, um den schwedischen Patrouillen gehörig lange Nasen zu machen, und es war schon ganz recht, daß die Offiziere dem Herrn Generalgouverneur haarklein berichteten, wie sich die wackeren Stralsunder nach Kräften bemühten, seinen Befehlen den schuldigen Gehorsam zu erweisen. Den ganzen Winter ging das so fort, auch noch ins Jahr 1778 hinein, als sich der Reichsgraf Fürst von Hessenstein, gelb und grün vor Ärger, endlich geschlagen gab. Er legte eines Tages die Amtsgeschäfte in die Hände des Kommandanten und kehrte der Stadt am Sunde samt all ihrer Bosheit den Rücken.

Nun aber, nicht mehr dazu genötigt und gedrängt, nahm sich der Rat die Erleuchtung der Stadt mit Bedacht vor und fand, es sei allerlei Nützliches daran. Somit erließ er – wohlgemerkt, aus eigener Entscheidung – das Gesetz, daß jedermann, der sich den Winter hindurch um neun Uhr abends oder später auf der Gasse befinde, eine Laterne mit brennendem Licht bei sich führen müsse, widrigenfalls er festgehalten werde. Wer die Nacht aber nicht absitzen wolle, der könne sich mit Geld freikaufen.

Aber noch ein übriges tat der Hochedle Rat. Er ließ nun nach Einbruch der Dunkelheit das Rathaus und danach weitere städtische Gebäude erleuchten. Nicht lange, und einige Ratsherren und Bürger begannen ihre eigenen Häuser zu illuminieren, auch taten sich mehrere Nachbarn zusammen, um gemeinschaftlich eine Laterne zu unterhalten. So ist mit der Zeit doch noch eine ausreichende Gassenbeleuchtung zustande gekommen, und mit der argen Finsternis, die in den engen Straßen Stralsunds einst geherrscht hatte, war es bald vorbei.

Ökelnamen am Ostseestrand

Was dem Binnenländer die Spitznamen, sind dem Menschen an der Küste die Ökelnamen, die den Bewohnern bestimmter Städte und Landstriche anhaften, die altüberliefert sind und voll von gutmütigem Spott.

Bis heute kennt man auf der Insel Rügen die Poken und die Kollen. Uralter Streit und Hader herrschte einst zwischen den Mönchgutern und den Putbussern, und als sie einmal in größerer Zahl bei Stresow zusammentrafen, gingen sie mit gefährlichen Waffen aufeinander los, die Mönchguter piekten und stachen mit langen, scharfen Messern, sogenannten Poken, und die Putbusser hieben mit Kollen, mächtigen Streitkolben, drein.

Wer in dem hitzigen Kampf den Sieg davongetragen hat, weiß man heute nicht mehr, doch sollen die Siegessteine, dann auch Ziegensteine genannt, noch daran erinnern, und die einstigen Kampfhähne riefen sich nach ihren Waffen. Für die Putbusser sind die Leute von der entlegenen Halbinsel seitdem »de Poken«, während die Mönchguter ihrerseits die Putbusser und später alle übrigen Rüganer als »Kollen« bezeichneten.

Die Bewohner Rügens, besonders die des innerhalb der Bodden gelegenen Hauptgebietes, werden jedoch auch »Muttlänner« genannt, was man von »Mutterland« ableiten möchte, wie es das Land um Bergen, Garz und Gingst für die vielen Halbinseln und Inseln ringsum darstellt, doch erklärt man es auch so: Seit jeher ist an der Küste das weibliche Schwein »de Säg« (Sau) oder »de Mutt«, und da die Rüganer mit Vorliebe »Mutt« sagten, hießen sie eben die »Muttlänner«. Neben den Mönchgutern hatten auch die Jasmunder ihren Ökelnamen, als »Knubbenbieters« waren sie bekannt, da sie sich angeblich mit einem Knoten nicht lange aufhielten, sondern ihn einfach durchbissen.

Von Wittow, der dritten großen Halbinsel Rügens, gibt es einen früher weitverbreiteten Vers:

Wir Wittowschen Waschweiber
wollten wohl weiße Wäsche waschen,
wenn wir wüßten,
wo warmes, weiches Waschwasser wär.

»Hans Katte!« rief und neckte man seinerzeit die Stralsunder, »Lammsbraden« hießen die Greifswalder. Vor langer Zeit nämlich hatten die Bürger in Stralsund eines Tages aufgeregt zu Spießen und Schwertern gegriffen und waren in Scharen auf dem Alten Markt zusammengelaufen, einzig und allein auf das Gerücht hin, ein schlimmer Feind sei in die Stadt eingedrungen, und zwar ein Fuchs. Nun treibe er auf dem Turm der Nikolaikirche sein Unwesen. Wie sie mit vereinten Kräften gegen ihn zu Felde zogen und zwei geschlagene Stunden im Turm umherkletterten, um ihm zu Leibe zu gehen, wurde schließlich offenbar, daß der ganze Aufruhr einer ganz gewöhnlichen Katze gegolten hatte, die dort auf Mäuse aus war.

Diese mißglückte Heldentat sprach sich rasch im Lande herum, und wo sich ein Stralsunder sehen ließ, wurde er bald nur noch mit »Goden Dag, Hans Katte!« begrüßt.

Der andere Ökelname soll im Jahre 1429 entstanden sein, als den Greifswaldern eine Kunde Furcht und Schrecken einjagte: Die dänische Flotte war in den Stralsunder Hafen eingefallen, hatte alle Schiffe verbrannt und befand sich nun auf dem Weg nach Greifswald. Unverzüglich traten die Stadtväter zusammen und beratschlagten, wie sie die Gnade der Dänen erkaufen könnten und damit die Rettung ihrer Schiffe. Ihnen fiel nichts Besseres ein, als in aller Eile ein Lamm braten zu lassen und es dem Admiral zu überbringen. Mit welchem Erfolg, vermeldet die Chronik nicht, wohl aber machte auch die

Nachricht von diesem nahrhaften Geschenk schnell die Runde, und die Greifswalder hießen dann »Lammsbraden«.

Die Wolgaster und die Lassaner haben bisher zu Ökelnamen keinen Anlaß gegeben. Um so mehr Gedanken machten sie sich aber darüber, was der Sinn der Namen ihrer Städte sei, und sie haben ihn denn auch herausgefunden. Mochten Forscher darauf beharren, Wolgast bedeute »großer Laubwald«, viel besser leuchtet doch ein, daß mit diesem Namen der Gastfreundschaft ihrer Bewohner ein treues Denkmal gesetzt worden sei: »Hier fühlst du dich *wohl, Gast!«*

Lassan bezeichne einen »Waldort«? Das verstehe, wer kann! In der Stadt jedenfalls glaubte man, der Name sei eine Erinnerung an die einstmals ergiebigen Lachsfänge in der Peene und daher entstanden aus »Laßt den *Lachs heran!«*

Auch der Name Rostock, hervorgegangen aus »rastoku«, dem slawischen Wort für »Flußverbreiterung«, gab manches Rätsel auf, bis ihn ein findiger Kopf kurzerhand teilte: Roß-Stock. Da nun Roß auf plattdeutsch »Pier« heißt und Stock »Knüppel«, kann man auch heute noch oft genug hören: »Uns' Vadder is in Pierknüppel!«

In Ribnitz flog einmal ein dichter Schwarm Mücken um die Kirchturmspitze herum. O weh, dachten die wackeren Bürger der Stadt, unser Kirchturm brennt! Mit allen Spritzen rückten sie an und begannen zu »löschen«. Ob das wohl geholfen hat gegen die Mückenplage? Wir wissen es nicht, wir wissen nur von dieser »Heldentat«, weil die Ribnitzer danach noch immer »de Müggensprütters« genannt werden.

Einen ähnlich handfesten Ökelnamen bekamen die Anklamer, als ihnen einst der Herzog einen Brief sandte und darin ein paar Schwäne verlangte, sie jedoch statt dessen »Schweine« lasen und ihrem feisten Landesvater ein paar ebenso feister und überdies wohlgemästeter Borstentiere schickten. »Schwinetrecker« hießen die Anklamer daraufhin, und diesen Spottnamen hatten sie mit den Lübeckern gemeinsam, die ihn sich aber auf andere Weise erworben hatten.

In der Stadt an der Trave drohten einmal während einer

langen Belagerung die Lebensmittel auszugehen. Offensichtlich hatten es die Feinde auch darauf angelegt, die Lübecker auszuhungern, da ihnen im Kampf nicht beizukommen war.

Schon wurden Stimmen laut, man solle sich ergeben und die Tore öffnen, als ein Lübecker noch eine List ersann. Mit ihrem letzten Schwein zogen die Belagerten dann eilig von Tor zu Tor und ließen die Feinde überall das deutlich grunzende Tier sehen.

So viele Tore – so viele Schweine, dachte man draußen. Da die Stadt augenscheinlich mit Proviant noch gut versehen war, brachen die Gegner die aussichtslose Belagerung ab und zogen von dannen. Seitdem gibt es »Swientreckers« auch in Lübeck. Wer sind nun aber die »Klaashahns« und wer die »Krabbenstrickers«?

Diese die Wismarer, denn sie sollen Krabben als erste dadurch gefangen haben, daß sie mit Stocknetzen auf dem Meeresgrund entlangstrichen, und die »Klaashahns« sind die Warnemünder oder vielmehr die Eisenten, denen sie mit besonderer Leidenschaft und Ausdauer nachstellten. Allmählich ist deshalb der Name dieser Tiere – »Klaashahns«, vielleicht aus der lateinischen Bezeichnung »Anas glacialis« entstanden oder auch mit Nikolaus, dem Schutzpatron der Seefahrer, zusammenhängend – auf die Warnemünder Fischer übergegangen.

Junker Eigen und die Blaufüße

Mancherlei alte Geschichten gibt es von den Vögeln, und gerade von solchen, die wunderliche Hauben, Kappen oder Mäntel tragen, wie Eulen, Nachtraben, Elstern und vor allem Blaufüße, an der Küste Blagföt genannt, eine Art von Falken, die ihre Beute, besonders Mäuse und kleine Vögel, am Erdboden aufspüren.

Wie mag es aber dazu gekommen sein, daß die Leute auf Rügen einen jeden harten und grausamen Edelmann »Blagfoot« nannten? – Nun, das kam so:

Vor langer Zeit lebte auf Rügen ein Herr von Eigen. Er bewohnte ein prächtiges Schloß und war stolz und hart und grausam dazu. Arme Leute, die ihn um ein Almosen baten, ließ er mit Hunden vom Hof jagen. Einem Knecht, der sich in seinem Wald aus einer jungen Eiche einen Peitschenstiel geschnitten hatte, stieß er vor Wut seine scharfen Sporen so lange in die Seite, bis er tot hinfiel.

Auch brannte der Junker vor Jagdleidenschaft und trieb seine Leute noch in dickstem Hagel und Schneesturm, wenn man kaum die Hand vor Augen sah, in den Busch zu wilder Hetzjagd.

Ganz nach ihm gerieten seine Töchter, die ihren Kammerjungfern arg zusetzten. Wenn sie ihnen die Kleider anzogen, das Haar kämmten und zurechtlegten und dabei nicht alles ganz nach ihrem Sinn ging, griffen sie nach den Haarnadeln und stachen sie den Mädchen tief ins Haar, bis das Blut heraustropfte, oder fuhren ihnen blitzschnell mit dem Kamm durchs Gesicht und rissen ihnen die Wangen blutig. Aber eines Tages fand dieses Schreckensregiment ein Ende. Der üble Sporenreiter hatte sich bei endlosem Spiel und tollem

Gelage weit übernommen und war in Schulden geraten. So kamen sein Schloß und alles Hab und Gut in fremde Hände, und er und seine Töchter verschwanden, nie hat ein Mensch wieder von ihnen gehört.

Das heißt, in der Nachbarschaft munkelte man, sie seien nicht weit, nur seien sie in Blagföt verwandelt worden. Die Leute hatten beobachtet, daß in jedem Winter drei, vier Blagföt bis in den Hof und den Garten geflogen kamen. Wo zuvor der Schloßherr seine Pasteten und Braten verspeist hatte, gerade dort, zwischen verfallenden Mauern, suchten sie nun nach Mäusen. Das war aber ganz und gar gegen die Art der scheuen Vögel, die sich sonst immer auf menschenleeren Feldern weitab von Häusern hielten.

Mußte das nicht wie eine Strafe erscheinen? Viele andere Vögel und auch das Volk der Falken und Weihen flogen im Winter über Land und Meer dorthin, wo es warm ist, und kehrten erst im Frühjahr zurück. Die Blaufüße jedoch mußten hier die lange kalte Zeit aushalten, mußten hungern und frieren und weite Strecken fliegen, bis sie ein mageres Mäuslein oder einen müden Vogel erwischten. Jahr für Jahr hatten sie an eisigkalten Tagen auf den kahlen Feldern auszuharren, wurden auch im Sommer von allen Tieren, selbst von den anderen Vögeln, gemieden – fürwahr, eine harte Strafe!

Immer wenn die Leute diese Vögel fliegen sahen, meinten sie nicht anders, als daß der schlimme Junker Eigen mit seinen grausamen Töchtern so verzaubert und zu ewiger Unruhe verdammt sei, und riefen ihnen zu:

»Blagfoot, Blagfoot,
wo bekommt di de Kattenspise?
Wo smecken di de Müse?«

Der Krüger und sein schwarzer Pudel

Auf der Insel Rügen liegt nicht weit von der Alten Fähre, etwa eine Meile landein vom Sund, das Dorf Poseritz. Dort wohnte einmal ein reicher Schmied. Er hatte einen schwarzen Pudel, der sich auf mancherlei possierliche Künste verstand. Nun sind Pudel schon immer gelehrige und kluge Tiere gewesen und deshalb beliebt bei alt und jung bis auf den heutigen Tag – der Pudel des Schmiedes zu Poseritz war aber so gelehrig und klug, daß sein Herr, der neben der Schmiede auch den Krug besaß, immer das Haus voll Leute hatte, ganz als wären dort Puppenspieler oder eine Schar von Komödianten zu Gast. Sein Pudel konnte nicht nur tanzen und apportieren, wie andere es tun, er konnte sogar singen, und das schöner als ein Mensch, leise oder laut, lustig oder traurig oder gar verliebt. Zwar tat er es nicht für jeden und auch nicht zu jeder Zeit, aber leicht und hell ging es ihm aus der Kehle, sobald er sehr hungrig war, wie man denn auch früher zu sagen pflegte: »Hungrige Vögel singen und hungrige Musikanten spielen am besten.«

Das gab schönes Geld und klang hell im Kasten. Der Krüger wurde rechtschaffen wohlhabend allein durch seinen Pudel, immer mehr Leute trugen ihm das Geld zu und wollten des Hundes Künste sehen.

Die Leute im Dorf sagten aber, der Pudel wohne nicht eigentlich beim Schmied, denn tagsüber sah man ihn dort nie, erst gegen Abend kam er und blieb bis in die Nacht. Ein Schatzwächter aus den Bergen bei Gustow sollte er sein, wo seit alter Zeit mancher große Held mit reichen Schätzen begraben lag. Dort mußte der Pudel bei Tage unter der Erde liegen und nach Mitternacht noch als Wächter herumwedeln.

Mochte etwas Wahres daran sein oder nicht, der Krüger jedenfalls wurde in wenigen Jahren ein steinreicher Mann. Er baute sich seinen Krug so fein zurecht, wie sonst nur ein Edelmann es konnte, und legte sich einen Morgen Land nach dem andern zu.

Eines Abends kam der schwarze Pudel nicht und blieb auch an den folgenden Tagen aus. Alle Gäste fragten nach dem Hund, und der Schmied gab ängstlich und verstört zur Antwort: »Ick weet nich, man mütt mi den Hund stahlen hebben. Edder ook hett een Deef en doodslagen un ingrawen.« Doch war ihm bange ums Herz dabei, bleich und betrübt sah er aus, daß die Leute gar nicht begreifen konnten, wie sich ein vernünftiger Mensch über ein Tier so grämen konnte, und allerlei buntes Gerede entstand daraus.

Ein paar Wochen waren ins Land gegangen. Eines Sonntagabends, als der Krüger mit seinen Gästen beim Kartenspiel saß, hörten sie etwas durch die Luft sausen und gegen das Fenster schlagen, und es schien ihnen, als wäre es ein schwarzes Tier gewesen. Alle spürten sie ein Grausen und mochten nicht hinsehen zum Fenster. Erst als sie sich wieder ein wenig besonnen hatten, sprachen sie darüber. Der Krüger beteiligte sich nicht daran, er saß still hinter dem Ofen und ließ den Kopf hängen. Seine Gäste fragten sich untereinander, wer sich wohl ein Herz fassen würde, hinauszugehen und nachzuschauen, bis ein Schneider seine rechte Schneidercourage fand und sich dazu bereit erklärte, nur wünschte er einen Gefährten, der das Abenteuer mit ihm wagen wollte. Es fand sich auch gleich einer. Sie gingen in den Garten, und dicht unter dem Fenster lag ein toter schwarzer Pudel, den der Schneider wohl kannte. Nun meinten alle, man habe das dem Krüger zum Schabernack getan, weil ihm der Pudel Reichtum gebracht hatte wie anderen ein goldenes Huhn, und ein Feind oder Schelm müsse den toten Hund so gegen das Fenster geworfen haben. Sie gruben am Zaun ein Loch, legten den Pudel hinein und setzten sich dann wieder mit den Karten zusammen. Nur der Schmied beteiligte sich nicht, er blieb hinter dem Ofen mit trauriger Miene sitzen und sagte kein Sterbenswort.

Sie waren gerade im besten Spiel, ließen die Karten fliegen und trumpften kräftig auf, da fing es draußen von neuem an zu sausen und zu brausen. Klirr! brach die Fensterscheibe in Stücke, der Pudel flog über den Tisch und fiel mitten in der Stube nieder. Vor Schreck waren die Gäste von den Bänken gefallen, aber wieder fand der Schneider zuerst Mut: Er nahm das tote Tier auf und warf es in hohem Bogen zum Fenster hinaus. Dann griffen die Gäste zu ihren Mützen und machten sich bedrückt auf den Heimweg.

Knapp eine halbe Stunde war vergangen, da klirrte die Scheibe abermals, und der Pudel sauste zum zweitenmal in die Stube. Dort lag er dann bis in den hellen, lichten Morgen hinein bei dem nun vollends trübsinnigen Wirt, denn der war allein sitzen geblieben, als Frau und Kinder zu Bett gegangen waren.

Als die Sonne aufging, war der Pudel fort, und der Krüger wußte nicht, wohin, bis das greuliche Tier am Abend auf dieselbe Weise hereinflog, durchs Fenster oder dann auch durch die Tür und durchs Dach, und es halfen keine Bretter und Riegel. Sie gingen und begruben den Hund draußen vor dem Dorf – alles umsonst, er kam immer wieder. Der Schmied richtete sich eine andere Stube ein, zog sogar ins Dachstübchen, weil er glaubte, sich da verstecken zu können, aber der Pudel hatte eine feine Nase und flog jedesmal dort hinein, wo der Schmied war.

Nun war es nur zu verständlich, daß Krug und Schmiede bald leer und verlassen standen und der Schmied mit Frau und Kindern allein war. Was blieb ihm übrig? Er verkaufte Schmiede, Krug und Garten und zog von Poseritz fort. Dem Mann, der das Haus erwarb, ließ der Pudel auch keine Ruhe, er konnte nicht eher ruhig schlafen vor all dem Gesause und Gebrause, bis er das Haus abgebrochen und an anderer Stelle aufgebaut hatte.

Von ihm ließ der Spuk nun ab, doch nicht von dem

Schmied. Der hatte sich von seinen immer noch reichlich vorhandenen Dukaten einen schönen Hof gekauft, der Üselitz hieß. Wie erschrak er, als eines Nachts der Pudel wieder erschien! Von dem Getöse wurden die Knechte und Mägde wach, und schon am nächsten Morgen liefen sie allesamt davon. Jetzt war der Schmied mit seiner Weisheit am Ende, und vor schlotternder Angst konnte er kaum noch eine Hand rühren.

In einer stillen, warmen Sommernacht war es dann, als es weder Blitz noch Wetterleuchten gab und nicht einmal im Rohr ein Lüftchen spielte. Da sahen die Anwohner von Üselitz auf dem Hof plötzlich ein gewaltiges Feuer aufsteigen, und binnen einer halben Stunde war alles, Haus und Hof und Vieh und der Schmied mit den Seinen und all seinem »Düwelsgold«, zu Asche geworden.

Ein Mann aus Mellnitz, der zum Löschen hingelaufen war, wollte einen schwarzen Pudel gesehen haben, der mit gläunigen Augen durch Garten und Busch davonstrich. Aus der Ferne sei noch lange sein schauriges Geheul herübergedrungen.

Spuk an der Gustower Brücke

Etwa hundertfünfzig Jahre ist es her, da war der Gutsherr von Prosnitz in der ganzen Umgebung gefürchtet. Wenn er dem Wein und Schnaps eifrig zugesprochen hatte, wie es nur zu oft geschah, war er dreist und zudringlich wie ein Unhold, und kein Mädchen war mehr vor ihm sicher.

Eines Abends hatte er in Gustow, dem nächsten größeren Dorf, wieder ausgiebig gezecht und machte sich spät auf den Heimweg.

Es war eine sternklare Nacht. Nicht weit hinter dem Dorf, in der Nähe eines Hünengrabes, führte der Weg nach Prosnitz über einen kleinen Bach, und gerade als der Gutsherr auf der Brücke war, trippelte auf einmal ein altes, verhutzeltes Weiblein neben ihm, unheimlich anzusehen. »Herr, willen Se mi nich'n bäten mitnähmen?« flüsterte die Alte.

Der Gutsherr erschrak. Er antwortete nicht und nahm lange Schritte. Doch die Alte wich nicht von seiner Seite. Da, mit einem Satz saß sie ihm auf. »Se mögen ja de lütten Mätens girn, drägen Se mi'n bäten!«

Der Mann schüttelte sich, aber die Alte ließ sich nicht abschütteln, sie saß fest. In seiner Angst lief er, so schnell er konnte, und die Last auf seinem Rücken wurde immer schwerer. Schwitzend und keuchend mußte er die Alte den ganzen Weg schleppen.

Dicht vor Prosnitz, schon nicht mehr weit vom Sund entfernt, geht der Weg an einem Teich vorbei. Dort drückte ihn die Last dermaßen, daß er fast zusammenbrach.

Plötzlich ein schriller Schrei: »Schön Dank ook!« Mit einem weiten Sprung war die Alte herunter und verschwand im Busch mit gellendem Gelächter.

Wie gehetzt lief der Mann auf das Gutshaus zu, wo er liegen blieb.

Gegen Morgen trugen ihn die Leute hinein. Sie glaubten ihn noch schwer betrunken.

Seit jener Nacht hatten sie vor seinem wüsten Treiben endlich Ruhe.

Die Musikanten auf dem Garzer Wallberg

In Groß Schoritz war Ornklaatsch (Erntefest). Mehrere Musikanten waren aus Rambin bestellt, um zum Tanz aufzuspielen.

Sie gingen aber, um sich den Weg ein wenig abzukürzen, nicht durch die Stadt Garz, sondern bogen von der Straße schon vorher bei einem Fußsteig ab, der über den alten Burgwall führt.

Als sie nun auf den Wallberg stiegen, erschien ihnen die Gegend ganz und gar verändert.

Hohe Bäume und dichtes Gebüsch sahen sie, und dann tat sich ein herrlicher Garten vor ihnen auf mit vielen seltsamen leuchtend bunten Blumen und schattigen Laubengängen, mit dunklen, geheimnisvollen Grotten und sprudelnden Quellen und Springbrunnen, so daß sie sich nicht satt sehen konnten.

Staunend und wie im Traum gingen sie umher und unterhielten sich flüsternd über all die Schönheit und Pracht. Die Sonne ging eben unter, als sie endlich den Ausgang des Gartens erreichten.

Sie beeilten sich nun nach Kräften, um noch bis nach Groß Schoritz zu kommen. Dort war großes Verwundern bei den Leuten, denn ein ganzes Jahr war vergangen, seitdem sie zum Ornklaatsch aufspielen sollten, und niemand wußte, wo sie geblieben waren.

Da wurde den Musikanten gewiß, daß sie ein volles Jahr in dem wunderschönen Garten auf dem Wallberg geweilt hatten, doch, merkwürdig genug, weder Hunger noch Durst hatten sie in der ganzen Zeit verspürt, vielmehr waren sie frisch und munter herausgekommen, so wie sie hineingegangen waren, und noch immer meinten sie, nicht mehr als zwei, drei Stunden dort verbracht zu haben.

Aber da half alles nichts, das Jahr war nun einmal herum, und sie konnten gleich im Dorf bleiben, denn am Abend war ja wieder Erntefest.

Der Wassermann

Es ist schon viele Jahre her, da war an einem schönen Sommerabend eine Anzahl Mönchguter Mädchen am Strand der Having. Sie tanzten einen Reigen und sangen dabei und waren von Herzen froh.

Auf einmal erschien unter ihnen ein Fremder. Er war wie ein vornehmer Ritter gekleidet und trug um den Hals einen goldenen Schmuck. Freundlich grüßte er die Mädchen und schaute sie alle der Reihe nach an. Der Schönsten reichte er die Hand, zog sie an sich und setzte ihr einen Kranz aus seltsamen meergrünen Pflanzen aufs Haupt. Den anderen Mädchen gebot er zu singen.

Dann führte er die Auserwählte zum Tanz, der bald immer schneller und leidenschaftlicher wurde und gar kein Ende nahm. Atemlos rief das Mädchen: »So gebt mich endlich frei, Herr, laßt mich los!«

Doch der Fremde hielt das Mädchen fest umschlungen und sprach: »Nimmermehr geb ich dich frei, du bist mein, du bist des Wassermanns Weib!« Bei diesen Worten entführte er das weinende Mädchen und riß es mit sich in die aufwogende Flut.

Noch lange vernahmen die erschrockenen Mädchen die angstvollen Rufe ihrer Gefährtin. Sie haben sie niemals wiedergesehen.

Die Schlangen auf Mönchgut

Die Bewohner der Halbinsel Mönchgut auf Rügen wurden vor vielen Jahren einmal von einer schlimmen Plage heimgesucht. Es gab so viele Schlangen von einer giftigen Art, daß die Leute schon der Verzweiflung nahe waren.

Die Schlangen wohnten an den Ufern der Buchten und vermehrten sich schnell. Bald wimmelte es von ihnen in Gärten und Kellern, sogar in der Küche unter dem Herd nisteten sie sich ein. Viele Mittel hatten die Mönchguter schon versucht, um die Schlangen zu vertreiben. Wohl konnten sie einzelne töten, wurden aber der großen Zahl dieser schrecklichen Quälgeister nicht Herr.

Eines Tages nun erschien ein altes, graues Männchen, das versprach, zu helfen und die Halbinsel von der Schlangenplage zu befreien. Mit Freuden wurde ihm eine reichliche Belohnung zugesagt.

Das Männchen ging bis zum Mönchgraben, der hinter Baabe nach Norden zu die Grenze von Mönchgut bildet. Dicht dabei hob es eine tiefe Grube aus, die sich schnell mit Wasser füllte. Aus der Tasche seines Rockes zog der kleine Mann eine Flöte und begann wunderliche Melodien zu blasen.

Es dauerte gar nicht lange, da krochen von überall Schlangen herbei. Hocherhobenen Kopfes eilten sie zur Grube, die der Flötenspieler gegraben hatte. Ein Wink von ihm, und Schlange auf Schlange stürzte hinein und versank.

Immer mehr Schlangen kamen in ganzen Zügen. Ein paar Stunden lang blies das Männlein auf der Flöte seine Melodie und scheuchte die Schlangen in das Wasserloch.

Im letzten Zuge näherte sich eine große, sehr lange

Schlange, die auf ihrem Kopf eine goldene Krone trug. Auch sie wollte der Flötenspieler in die Grube weisen, da umschlang sie ihn plötzlich und stürzte mit ihm in das Loch hinab.

Nur wenige Schlangen waren noch übriggeblieben. Sie kehrten eilends um und verkrochen sich in ihren Schlupfwinkeln. Daher ist Mönchgut nicht völlig von Schlangen befreit worden. Eine Vertiefung nahe am Mönchgraben soll die Stelle des Schlangenlochs sein.

Der Alte vom Granitzhof

Auf der Insel Rügen, wo die Ostseebrandung am Steilufer der Granitz ihre Wellen bricht, liegt ein Stück waldein der Granitzhof. Dort wohnte vor langen Jahren ein Mann, der auf seine alten Tage in Trübsinn versunken schien. Früher war er jedoch ein geselliger Mensch und ein großer Jäger gewesen.

Drei schöne blonde Töchter hatte er, die auf dem Hof in tiefer Waldeinsamkeit aufwuchsen und nichts von der Welt sahen und hörten.

Aber in einer Nacht gingen die drei Mädchen davon und kamen nie zurück.

Das hat der Mann nicht verwunden und ist immer stiller und verschlossener geworden. Meist ging er nur noch nachts aus dem Haus, und wenn er in der Morgendämmerung heimkam, flüsterte er seiner Haushälterin mit geheimnisvoller Miene zu: »Hört Ihr wohl? Ich habe heute nacht an einer feinen Tafel geschmaust!«

Traf er einmal mit ein paar alten Freunden zusammen, es geschah selten, so erzählte er ihnen, daß er oft bei den kleinen Unterirdischen zu Gast sei, die in den Granitzer Tannen an der Ahlbeck und im Steilufer wohnten. Er zeigte ihnen dann im Sand auch Spuren wie von vielen kleinen Kinderfüßen.

Als er eines Tages mit einem Freund unten am Steilufer entlanggging, blieb er plötzlich stehen und wies auf das Meer hinaus. »Sieh, da sind sie doch wieder fleißig bei der Arbeit, um ein halbes Dutzend versunkene Fässer mit Wein zu bergen«, sagte er aufgeregt. »Das wird in der Nacht ein lustiges Gelage geben!«

Was war denn nur mit ihm, wunderte sich sein Begleiter,

konnte er die kleinen Unterirdischen auch schon bei Tage sehen? Vielleicht, weil er gut freund mit ihnen war?

»Sie haben sogar mein Haus einmal vor Feuer bewahrt!« fuhr der Alte eifrig fort. »Um Mitternacht haben sie mich geweckt und mir einen Feuerbrand gezeigt, der aus dem Herd gefallen war und gerade anderes Holz, das in der Nähe lag, entzündete.«

Fast jeden Tag sehe er einige der Unterirdischen am Ufer. Bei schweren Stürmen seien viele da und lauerten auf Bernstein und auf gestrandete Schiffe, um sich den besten Teil der Ladung zu holen. Herrlich seien ihre Wohnungen in den Uferbergen, ganz aus Kristall und Edelgestein, und sie besäßen reiche Schätze. Aber davon könne sich nur der eine Vorstellung machen, der es, wie er, mit eigenen Augen gesehen habe.

Der Königsstuhl

Der Name »Königsstuhl« soll nach alter Überlieferung von dem Schwedenkönig Karl XII. herrühren: De Königsstohl het sinen Namen von Carolus, de het dor up seeten un het de grote Seeschlacht tokeeken, de sine Scheep mit de Dänen hadden. As he nu seech, dat sin Scheep wieken müßten, ging he up ne lütte Jacht, un dormit flücht he sick mit säwen Offiziers to de Türken.

Das Seegefecht vor Stubbenkammer soll im August des Jahres 1715 stattgefunden haben, während der Name »Königsstuhl« aber bereits 1584 in einer Reisebeschreibung des Magisters Johann Rhenan erwähnt wird. Daher besitzt eine andere volkstümliche Namensdeutung schon größere Wahrscheinlichkeit.

Einstmals wurde auf dem Königsstuhl den Königen der Insel Rügen gehuldigt. Sie saßen dabei auf einem Stuhl, der aus Erdreich errichtet war und nur von See her bestiegen werden durfte. In jener Zeit wählten die Inselbewohner ihren tapfersten Helden zum König, der aber, bevor er die Würde erhielt, noch den steilen Kreidefelsen von der Seeseite aus erklimmen mußte – wahrlich eine Mutprobe, die mit großer Kühnheit und äußerstem Einsatz der Körperkraft verbunden war.

Die eigentlichen Schöpfer dieses Namens jedoch werden Seefahrer gewesen sein, da der frei und majestätisch aufragende Kreidefels gerade ihnen vom Meer aus immer als der schönste Anblick der ganzen Kreideküste von Saßnitz bis Stubbenkammer erschienen ist.

Tief in den Kreideklippen verborgen, soll unterhalb des Königsstuhls eine große Höhle liegen. Vom Ufer schlängelt sich ein schmaler Pfad hinauf bis zu einem Felsspalt, der dem

Kundigen Einschlupf gewährt. In der Höhle haust seit vielen hundert Jahren eine schwarze Frau, die ehedem einen kunstvoll gearbeiteten goldenen Becher bei sich hatte, und eine weiße Taube hielt oben auf den Felsen Wacht.

Eines Tages legte ein Schiff an der Stubbenkammer an, und die Männer, die ihm entstiegen, ließen sich von Fischern den Weg zur Höhle weisen. Sie führten einen Übeltäter mit, der wegen Hochverrats in Dänemark zum Tode verurteilt worden war. Der dänische König hatte ihn dann begnadigt, unter der Bedingung, er müsse den goldenen Becher holen, den die schwarze Frau in der Stubbenkammer aufbewahrte. Nun war es soweit. Der Verräter wurde bis zum Felsenpfad gebracht, die Begleiter lösten seine Fesseln, und allein mußte er dann zur Höhle hinaufgehen. Er erreichte glücklich den Eingang. Als er aber in der Höhle mächtige Flammen hell auflodern sah und ihn sofort unerträgliche Hitze umgab, war er drauf und dran, allen Mut zu verlieren und umzukehren. Doch das hätte für ihn die Vollstreckung des schrecklichen Urteils bedeutet, und so trieb ihn die Verzweiflung vorwärts.

Plötzlich erblickte er mitten im Lodern der Flammen die schwarze Frau. Unbeweglich saß sie da, in schwarze Kleider gehüllt, einen schwarzen Schleier vor dem Gesicht, und neben ihr stand der Becher aus reinem Gold.

Schnell versuchte der Eindringling den ersten Schrecken abzuschütteln, sah er sich doch dicht am Ziel. Den Becher mußte er haben, koste es, was es wolle! Er überwand die Scheu vor den gierig züngelnden Flammen und schritt eilig weiter. Es gelang ihm auch, bis zu der schwarzen Frau vorzudringen, und er ergriff den Becher. Da aber schlug die Frau den Schleier von ihrem Gesicht zurück, das bleich und schön war. Mit klaren blauen Augen blickte sie den Fremden an und sagte mit beschwörender Stimme, daß er jäh innehielt in seinem gierigen Griff: »Wähle recht, fremder Mann, wähle recht, so bin ich auf ewig dein!«

Doch der Sinn des Fremden stand nur nach dem goldenen Becher, der ihm das Leben verhieß. Er hörte nicht auf die

Worte der Frau, sondern riß ihn an sich und stürzte zur Höhle hinaus. Hinter ihm erhob sich ein schweres und tiefes Seufzen, und eine Stimme rief schauerlich klagend: »Wehe mir! Nun kann mich keiner mehr erlösen. Der Becher, der Becher – er war ihm lieber als mein Heil!«

Hätte der Fremde die Worte der schwarzen Frau bedacht, dann hätte er sie selbst gewählt und nicht nur ihren Becher, und sie wäre erlöst gewesen.

Der Eindringling war glücklich den Flammen der Höhle entronnen. Als er hinaustrat, verschwand die weiße Taube von der Felsenhöhe, und ein schwarzer Rabe nahm ihre Stelle ein, der seitdem oben Wache hält.

Als der Fremde seine Landsleute erreichte und ihnen den Becher übergab, hörten sie alle von der Höhle her das laute Jammern und Klagen der schwarzen Frau, und weil es kein Ende nehmen wollte, wagten sie nicht, den Becher mit nach Dänemark zu nehmen. Sie brachten ihn in die Kirche von Bobbin, wo er noch jetzt zu sehen sein soll.

Nördlich vom Königsstuhl, etwa dreißig Meter vom Ufer entfernt, ragt ein großer Steinblock aus dem Wasser. Es ist der Waschstein, und eine alte Sage erzählt, wie er zu diesem Namen kam.

Alle sieben Jahre am Johannistag erscheint des Morgens, wenn eben die Sonne aufgeht, auf diesem Stein eine Jungfrau von schöner Gestalt. Sie hat ein blutgetränktes Tuch in der Hand und versucht es in der See zu waschen. Immer und immer wieder spült sie das blutige Leinen in dem klaren Wasser, doch ihre Anstrengungen sind vergeblich, das Blut läßt sich nicht entfernen.

Wer am Johannistag früh am Strand von Stubbenkammer weilt und die schöne Jungfrau bei der Arbeit trifft, muß sie mit folgenden Worten anreden: »Guten Morgen, Gott helf!« Dann ist sie erlöst und schenkt ihrem Retter zum Dank dafür alle Schätze und Kleinodien, die seit vielen Jahren in der Höhle zwischen den Kreidefelsen liegen.

Gerade am Johannistag war es, als früh am Morgen ein junger Fischer am Strand unterhalb des Königsstuhls entlangging. Er kam in die Nähe des Waschsteins, erblickte plötzlich die Jungfrau und sah auch das Leinentuch, das sie wusch und das trotz aller Mühe nicht wieder weiß werden wollte. Da sagte der Fischer, wie es auf Rügen üblich ist, wenn man jemanden bei schwerer Arbeit trifft: »Guten Morgen, helf Gott!«

Bei diesen Worten sah die Jungfrau auf und sprach traurig: »Hättest du, ‚Gott helf.' gesagt, es wäre unser Glück gewesen. Nun aber muß ich warten, bis wieder jemand am Johannistag hier vorbeikommt, um mich zu erlösen.« Damit verschwand die Jungfrau hinter dem Waschstein. Gleich danach ging über dem Meer die Sonne auf, und die Kreidefelsen erglänzten im Morgenlicht.

Der Fischer stand lange Zeit am Ufer, tief von seinem Mißgeschick betroffen. Sie werde vielleicht noch einmal erscheinen, dachte er. Doch die Jungfrau kam nicht wieder.

Auf Störtebekers Spuren

Störtebeker un Gödeke Micheel,
de roveden beide to gliken Deel
to Water un nich to Lande;
bit dat et Gott im Himmel verdroot,
do mußten se lieden groot Schande.

Störtebeker sprook: »Alltohand!
De Westsee is uns wohlbekannt,
dahin wölln wi nu fahren.
De riken Koplüd von Hamburg,
mögt jem ehr Scheep nu wahren.«

De Bunte Kuh ut Flandern kam,
dat Roov-Schipp up de Hörner nahm
un stött et wiß in Stücken.
Dat Volk se broggen na Hamburg up,
da müssen se 'n Kopp all missen.

De Vrone, de heet Rosenfeld,
haut aff so manken wilden Held
den Kopp mit kühlem Moote.
He hedde angeschnöörte Schoh,
bit an sien Enkel stunn he in Bloote.

Das alte Lied, bald nach dem Tod Störtebekers und seiner Likedeeler entstanden, ist an Ost- und Nordsee bis in unsere Zeit hinein lebendiges Volksgut, ebenso wie ein bunter und reicher Sagenkranz, mit dem die Menschen an der Küste Klaus Störtebeker umgeben haben, seine Herkunft, seinen Aufstieg, seine Kämpfe und Siege, sein heldenmütiges Ende und immer wieder seine Hilfsbereitschaft den Armen gegenüber. Mochten die Herrschenden ihn verleumden, er war und blieb des Volkes Held und Liebling, und es heißt von ihm: »Störtebeker, dat was'n feiner Kerl. Arm Lüd hett he wat gewen, riek Lüd wat nahmen.« Von seinem kämpferischen Leben, das in Kubas Störtebeker-Ballade eine dichterische Gestaltung erfahren hat, sind am Ostseestrand noch viele Spuren erhalten.

Auf Usedom ist besonders die Störtebeker-Schlucht bei Heringsdorf bekannt, doch lagen seine Schlupfwinkel auch bei Zinnowitz und am Streckelsberg. Auf Rügen war ihre Zahl noch weit größer, wo die mannigfach zergliederte und zerlappte Küste sicheren Unterschlupf gewährte: angefangen von der Höhle im Zickerschen Höft auf Mönchgut, von der ein unterirdischer Gang bis unter die Häuser von Groß-Zicker führte, über den Hafen am Steinbach und die Piratenschlucht bei Saßnitz, den »Sattel« auf dem Hengst, den Schloßberg bei Werder, die Herthaburg, die Störtebeker-Höhlen zwischen den Kreidefelsen von Stubbenkammer und bei der Swantewitschlucht auf Hiddensee, die Bullerhürn am Wieker Bodden, die Burg von Ralow an der westrügenschen Küsten, den Burgwall von Venz, den Hafen von Ralswiek und den nahen Schloßberg, den Burgwall von Streu und die Anlegestelle bei Kiekut am Kleinen Jasmunder Bodden bis zur Kemlade bei Prosnitz und dem Burgwall von Zudar im Süden Rügens.

Unweit des letztgenannten Schlupfwinkels liegt in der Maltziener Wiek die kleine Insel Tollow. Dort soll Störtebeker begraben sein. Der Leichnam ruht in einem goldenen Sarg, und der ist an eine goldene Kette geschlossen, deren Ende dicht unter der Erdoberfläche verborgen ist, so daß man die Stelle auffinden kann, doch sind alle Versuche, danach zu graben, ohne Erfolg geblieben. Nur einem Fischer in einer der umliegenden Ortschaften ist sie bekannt. Er ist aber verpflichtet, das Geheimnis kurz vor seinem Tode einem anderen Fischer aus dieser Gegend anzuvertrauen, damit sie immer ein Lebender kennt.

Auch mitten in der Stubnitz wird eine Waldlichtung am Oberlauf des Kieler Baches als Störtebekers Grab angegeben,

und schließlich soll der Seeheld, als er einmal im Burgwall von Klein-Carow bei Samtens Unterschlupf fand, im Carower See ertrunken sein.

Nicht weniger als zwölf Dörfer und Städte in Mecklenburg, Hannover und Friesland geben an, Störtebekers Geburtsort zu sein, doch nimmt man heute allgemein an, daß er ein Bauernsohn aus Ruschwitz auf Rügen war. Dort soll er auf dem Hof als Knecht gedient haben und später entlaufen sein, da er es nicht ertrug, sich Tag für Tag der Fron zu beugen. Im Jahre 1840 stießen Arbeiter beim Umackern einer wüsten Stelle auf die Grundmauern eines Hauses und erzählten dann, sie hätten immer gehört, daß dort einst Störtebekers Eltern gewohnt hätten.

Von seinem Freund Gödeke Michael wird gewöhnlich berichtet, er sei aus Michaelisdorf bei Barth gebürtig gewesen, doch wird auch überliefert, er sei in dem Dorf Swente dicht bei Ruschwitz geboren worden, das später von dem dortigen Junker gelegt wurde und an das noch der Name einer Bootsanlegestelle, Swentekahs, erinnert.

Einst kamen Störtebeker und Gödeke Michael durch das kleine Dorf Hagen in der Stubnitz und sahen einen Alten traurig vor seiner Haustür sitzen. Er klagte, er sei zu arm und könne nicht länger den Mietzins zahlen, worauf ihm Störtebeker riet, er solle sich sogleich aus der Uferschlucht von Stubbenkammer einen Schiffsmast holen und ihn zersägen. Als der Alte das auch tat, rollten ihm aus dem Mast, der inwendig hohl war, eine ganze Reihe blanker, schwerer Goldstücke entgegen. Voll Freude, daß sie nun vor jeglicher Willkür geborgen waren, rief er seine Frau herbei, und die meinte nachdenklich: »Du, ick glöw, dat is Klaus Störtebeker wäst!«

Dann trafen sie in Hagen eine Frau, die auch vor ihrer Kate saß und weinte, da sie kein Stück Zeug mehr fand, um die zerschlissene Hose ihres Mannes zu flicken. Etwas kaufen, daran war bei ihrer Armut nicht zu denken. Störtebeker warf ihr einen Lappen guten Tuches in den Schoß, und als sie ihn umwandte, klebten lauter Goldstücke daran. Auch in Bobbin half

Störtebeker einer armen Witwe mit Geld, damit sie weiterhin in ihrem Häuschen wohnen konnte.

Eines Nachts war der Lotse und Fischer Tietz Dumrath aus Lobbe beim Fischen vor der Mönchguter Küste, als vor ihm ein riesiges Schiff auftauchte und ihn ein dröhnender Baß an Bord befahl. Nun, Tietz Dumrath war kein Mann von Furcht und kletterte die Bordwand hoch. Ein bärtiger Hüne übergab ihm das Steuer und sagte kurz: »Bring uns nach dem Sund!«

Der Lotse warf schnell noch einen Blick auf den kraftstrotzenden Kapitän, ehe er das Ruder ergriff; ihm war da eine Ahnung gekommen. Dann mußte er seine sieben Sinne gehörig beisammenhalten, um das schwere Schiff sicher durch den Greifswalder Bodden mit seinen vielen Untiefen zu bringen. Der Schweiß stand ihm auf der Stirn, als sie endlich an der Südspitze Rügens die Einfahrt in den Sund erreichten. Da löste ihn der Bärtige ab mit den Worten: »Geh und schlaf dich aus!«

Kaum war aber der Lotse unter Deck, als es in der Luft gewaltig zu sausen und zu brausen anhob. Dann rief es: »Kierl, holl aw, wi segeln süst de Nikolaikark in Grunn un Boden!«

Der Anker sauste rasselnd in die Tiefe, der Lotse sprang nach oben – da lag die Bark doch wirklich schon fest und wohlvertäut im Hafen von Stralsund. Nachdem der Riese mit dem feuerroten Bart ihn reichlich entlohnt hatte, ging Tietz Dumrath von Bord. Nun stand es für ihn außer Zweifel, denn so fahren, das konnte nur einer, der berühmte Klaus Störtebeker, und er hatte ihm Lotsendienste geleistet!

Vielleicht fuhr Störtebeker von Stralsund aus weiter zur Hertesburg am Prerowstrom, der damals hart östlich von ihr in breiter Verbindung mit der Ostsee stand, so daß die Burg leicht zu erreichen war und ausgezeichneten Unterschlupf bot. Dort saß zwar ein herzoglicher Vogt als Zolleinnehmer, doch der war ihm wohlgesonnen. Später mußte er das mit dem Leben bezahlen, denn es heißt, die Lübecker, deren reiche Kaufmannsschiffe Störtebekers Beute geworden waren, hätten »dat oll Slat« belagert, sodann eingenommen und zerstört und die Besatzung erschlagen, und ihr Lager auf der Darßer Seite heißt bis heute »Lübker Ort«.

Bei Ahrenshoop soll Störtebeker eine Brücke ins Meer hinaus gebaut haben, und eine Stelle im Permien, der flachen Bucht bei Wustrow, heißt »Störtebekers Hafen«. Westlich davon, bei der schmalsten Stelle des Fischlands, mündete einst die Recknitz ins Meer, das war »Störtebekers Deep«, und in Wustrow selbst führt eine Anhöhe noch den Namen »Störtebekers Utkiek«. Ein guter Ausguck der Likedeeler war auch der Damgartener Jaromarsturm, während der nahe Burgwall von Pantlitz ihnen Unterschlupf gewährte. Im Hafen von Ribnitz lagen ihre Schiffe, und Störtebeker ließ einen unterirdischen Gang von der Klosterkirche bis zum Rostocker Tor ausheben. Bei Gefahr fuhr er die Recknitz ein ganzes Stück stromauf zum Burgwall von Schulenburg zwischen Marlow und Sülze und zum Röwerbarg von Liepen bei Tessin. Bis ins Trebeltal gelangte er, zum Schloßberg bei Wasdow unweit von Gnoien und zur gegenüberliegenden Burg von Nehringen mit dem mächtigen alten Fangelturm.

Einmal fiel Störtebekers Flotte im Ribnitzer Hafen jedoch durch Heimtücke den Stralsundern in die Hände. Als diese den Überfall vorbereiteten, fanden sie in Ribnitz in dem Seemann Witt ein williges Werkzeug. Nachts fuhr er mit seinem Boot unbemerkt von Schiff zu Schiff und goß mit heißem Blei die Ruderösen aus, so daß die Flotte manövrierunfähig war. Störtebeker und seine Getreuen bemerkten den Verrat rechtzeitig und gingen über die Ribnitzer Stadtwiesen auf und davon.

Ein andermal fuhren sie den Körkwitzer Bach hinauf, der damals breiter war, wie man noch an dem Wiesental sehen kann, bis zum Wallberg bei Gelbensande und schlugen dort, mitten im Wald, ihr Lager auf. Ein bevorzugter Unterschlupf war der Moorhof im Westen der Rostocker Heide, damals noch unmittelbar an der See gelegen, und der Ausguck war die Hohe Düne bei Warnemünde. Als die Likedeeler warnowaufwärts Schutz suchten, kamen sie auf dem Kösterbecker

Bach zum Schloßberg bei Freesendorf. Auch im Walkmöllerholt östlich von Doberan und am Fulgenbach beim einstigen Brunshaupten fanden sie Zuflucht, ebenso im Schloßberg von Alt Gaarz, dem heutigen Rerik. Weitere Schlupfwinkel lagen am Salzhaff, an der einst viel größeren Insel Walfisch in der Wismarer Bucht und am Breitling, zwischen dem Festland und der Insel Poel.

An der Lübecker Bucht setzt sich die Kette ihrer Zufluchtsstätten fort: der Deipsee bei Dassow, zwischen Wieschendorf und Harkensee gelegen, und jenseits der Trave Häven am Hemmelsdorfer See, einer früheren Ostseebucht, wo einst Störtebekers Turm stand und noch heute die Räuberkuhle im Braaschholz an jene Zeit erinnert. Zwischen Gronenberg und Haffkrug liegt die Störtebai, und nicht weit davon im Wald erhob sich Störtebekers Burg, vor hundert Jahren fand man noch Reste davon.

Bei Großenbrode am Fehmarnsund gibt es eine Störtebeker-Laube, und gegenüber, auf der Insel Fehmarn, bot die Feste Glambeck guten Schutz. Die Schiffe lagen dann im Burger Binnensee vor Anker oder an der Presener Niederung bei Bannesdorf im Nordosten der Insel.

An der Hohwachter Bucht, bei Putlos am alten Oldenburger Graben, führte von dem stark befestigten Schloß ein langer unterirdischer gepflasterter Laufgraben bis ans Steilufer und bei einem Gehölz, dem Weinberg, an den Strand hinunter. Daher kennt man im Land Oldenburg noch die Redensart: »Du kümmst to Lant in'n Wienbarg.« Von Schloß Putlos konnte man den Papiermühlenhügel bei Neu-Testorf und Rolübbe sehen, und der Müller vermittelte die Verständigung mit Mönch-Neversdorf, dessen Besitzer ein Freund und Kampfgefährte von Klaus Störtebeker war. Bei Tage zog der Müller farbige Flaggen auf, bei Nacht ließ er Laternen leuchten.

Zu Schmoel an der Kieler Bucht stand hinter dem Schloßgarten Störtebekers Wartturm auf einem Erdhügel, der von einem breiten Graben umgeben war. Schließlich sagt man, daß dem berühmten Helden einst auch Schloß Bülk an der Einfahrt zum Kieler Hafen gehörte. Dort ganz in der Nähe stand ebenfalls ein Wartturm, auf einem hohen, mit Bäumen bestandenen und von Gräben umgebenen Berg, und diesen nennen die Leute noch immer die Störtebeker-Insel.

De Seejungfer up Wittow

Up Wittow, nich wiet von't hoge Öwer, het ees 'ne Buersfruu wahnt, to de kem eenes Dags 'ne Seejungfer, as grad de Sünn so recht hell un warm schient. De Seejungfer, de för gewöhnlich in'n Water lewt un bloß denn un wenn an'n Strann kümmt, süht nah baben to as'n Minsch un nah unn' to as'n Fisch ut un is ganz nakt.

De Buersfruu was grad bi't Uptrecken von'n Flaß, as de Seejungfer bi ehr intred. De äwer kennt so wat nich un frog, as so 'ne niegligen Fruugenslüd dat inne Mod hebben, wat dat wir. De Buersfruu säd, dat wir Flaß, un davon würden Hemden makt.

De Seejungfer: Is et denn 'n Hemd, wenn de Flaß uptreckt is?
De Buersfruu: Nee, denn möt he irst röst't warden.
De Seejungfer: Un is et denn 'n Hemd?
De Buersfruu: Ne, denn ward he irst drögt.
De Seejungfer: Un denn 'n Hemd?
De Buersfruu: Ne, denn kümmt he in'n Backaben un ward beizt.
De Seejungfer: Un denn 'n Hemd?
De Buersfruu: Ne, denn ward he brakt.
De Seejungfer: Un denn 'n Hemd?
De Buersfruu: Ne, denn ward he schwungen.
De Seejungfer: Un denn 'n Hemd?
De Buersfruu: Ne, denn ward he häkelt.
De Seejungfer: Un denn 'n Hemd?
De Buersfruu: Ne, denn ward he spunn'.
De Seejungfer: Un denn 'n Hemd?
De Buersfruu: Ne, denn ward he wunn'.

De Seejungfer: Un denn 'n Hemd?
De Buersfruu: Ne, denn ward he wewt.
De Seejungfer: Un denn 'n Hemd?
De Buersfruu: Ne, denn ward he bleekt.
De Seejungfer: Un denn 'n Hemd?
De Buersfruu: Ne, denn ward he intweischneeden.
De Seejungfer: Un denn 'n Hemd?
De Buersfruu: Ne, denn ward he tosamneigt.
De Seejungfer: Un denn 'n Hemd?
De Buersfruu: Ja, denn is dat 'n Hemd.
De Seejungfer: Na, denn will ick doch leewer so nakt blieben as ick bün un nie un nimmer 'n Hemd drägen.

Dornah ging de Seejungfer werre to water un was verschwunn'.

Das brennende Geld

Der Weg von Putgarten nach dem kleinen Fischerdorf Vitt bei Arkona führt durch eine Wiesenniederung, die seit alter Zeit »de Lank« genannt wird. Jochen, ein junger Bauernbursch, kannte diesen Weg genau, auch wenn es dunkel war und nur die Sterne am Himmel funkelten.

So war er eines Abends noch unterwegs, als es ringsumher schon still geworden war. Seine Schwester, die in Vitt mit einem Fischer verheiratet war, wollte er besuchen.

Da sah er rechts vom Weg, gerade am Südrand der Lanke, einen schwachen Lichtschein. Er wunderte sich, denn wer sollte dort um diese Zeit ein Feuer brennen haben? Aber die Flammen sahen beim Näherkommen seltsam bläulich aus. Was da nur brennen mochte? Nirgends war ein Mensch zu sehen.

Jochen hielt es nicht länger auf dem Weg, er ging ein paar Schritte über die Wiese und trat ganz nahe an das sonderbare Feuer heran. Ach, daß er nicht gleich darauf gekommen war – Geld brannte da! Ja, davon hatte er schon erzählen hören, und nun sah er es mit eigenen Augen: Von vielen blanken Talerstücken loderten durchsichtige blaue Flammen mit gelben Zungen hoch, bis an seine Knie.

Was konnte er da Besseres tun, als sich so viele in die Taschen zu stecken, wie er nur irgend unterbringen konnte. Erst stieß er einmal mit dem Stiefel die brennenden Münzen auseinander, um das Feuer auszutreten. Doch das half nichts, jedes Stückchen brannte mit lodernder Flamme weiter.

»Ach wat, lat brennen«, brummte Jochen vor sich hin, »morgen früh ward all kolt sin.« Er zog seinen Stock aus dem weichen Wiesengrund und wandte sich wieder dem Weg zu.

Aber was denn nun? Nach vier, fünf Schritten wäre der starke Mann beinahe zusammengebrochen. Etwas Lebendiges, ganz ungeheuer Schweres war ihm auf den Rücken gesprungen, hakte sich an den Schultern fest und schnürte ihm fast die Kehle zu. Er versuchte sich umzublicken – da war kein Feuer mehr zu sehen. Er tastete nach hinten, um die Last abzuwerfen, aber vergeblich, da war nichts, er griff ins Leere.

Mühsam setzte er einen Fuß vor den andern. Es konnte ja gar nicht mehr weit nach Vitt sein. Noch schwerer wurde das schreckliche Wesen auf seinem Rücken. Jochen tropfte der Schweiß von der Stirn. Stöhnend und keuchend tat er die letzten Schritte bis zum Dorf. Der dunkle Schatten vor ihm mußte das Backhaus am Eingang des Dorfes sein, endlich, nun war er angelangt.

Da fiel auch die unheimliche Last von seinem Rücken. Tief aufatmend blieb er stehen. Dann besann er sich und lief schnell den Weg hinunter zum Haus seiner Schwester. Er mußte sie aus dem Schlaf wecken, so lange hatte er für den Weg gebraucht.

Als ihn die Schwester im Schein der Lampe erblickte, fragte sie erschrocken, was mit ihm geschehen sei. Erschöpft ließ sich Jochen nieder und berichtete, noch ganz außer Atem, von dem seltsamen Feuer und von der gewaltig schweren Last, die er bis zum Dorf hatte tragen müssen.

»Ach, schad, schad«, jammerte seine Schwester. »Du hest din Jack up dat Füer schmiten müßt, un denn hest du annern Morgen dat schöne Geld halen künnt. Nu säuk du man na't Geld, du Schapskopp!«

Der Teufelsstein bei Putgarten

Bei dem Ort Putgarten vor Arkona lag früher an einem Feldweg ein mächtiger Granitblock mit einer runden Vertiefung in der Mitte und fünf kleineren auf jeder Seite, und von diesem Stein wurde eine Sage erzählt.

Es war zu der Zeit, da man das Stroh noch mit dem Beil zu Häcksel hackte. Ein Bauer in Putgarten war gerade bei dieser Arbeit, und als er einmal innehielt und sich den Schweiß von der Stirn wischte, trat wie von ungefähr der Teufel zu ihm heran und sagte: »Wat, du plagst di dor mit Hacken? Ick gäw di een Maschin, denn geiht dat bäter un schneller. Dorför will ick äwer din Seel hebben.« Der Bauer nickte und war neugierig, was das wohl für eine Maschine sein sollte. Da brachte ihm der Teufel eine Häcksellade. Hei, war das eine Lust! Mit Leichtigkeit schnitt nun der Bauer sein Stroh, und im Handumdrehen war ein Bund zu Häcksel geworden.

Immer, wenn er ein Bund aufmachte, hängte er »dat Seel«, das war das Strohseil, womit das Bund zusammengehalten wurde, über einen Balken in der Scheune. Die Arbeit ging ihm flink von der Hand. Nach einer Woche schon hatte er genug Häcksel für das ganze Jahr. Da kam der Teufel wieder und sprach: »Nu ward't äwer Tied, nu will ick din Seel halen!«

Der Bauer schmunzelte nur und wies auf den Balken voller Strohseile. »Dor hängen all min Seel, hal se di man!«

Der Teufel sah sich überlistet und wurde so zornig, daß er stracks zum Scheunentor hinausfuhr. Am Weg bei der Scheune lag aber der große Granitblock. Vor Wut stieß er mit dem Kopf und mit beiden Händen hinein.

Die Spuren blieben auf dem Stein zurück, und seitdem hieß er der Teufelsstein.

Das Spukschiff vor der Wittower Küste

Lange ist es her, als einmal ein stattlicher Dreimastschoner die Nordküste von Wittow entlangfuhr. Da wurde dem Kapitän gemeldet, an Bord sei das Trinkwasser ausgegangen. Gleich gab er Order, so dicht wie möglich an die Küste heranzusegeln, und auf der Höhe von Varnkevitz, westlich von Arkona, ruderten zwei Matrosen in einem kleinen Boot an Land, um Trinkwasser zu holen.

Während sie noch dabei waren, auf dem Gutshof zu Varnkevitz ihr mitgebrachtes Faß zu füllen, kam von See her unversehens ein heftiger Sturm auf. Fieberhaft bemühte sich die Mannschaft, verzweifelt lief der Kapitän hin und her und schrie seine Kommandos, alles war vergeblich, das Schiff kam von der Küste nicht frei und machte keine Fahrt. So war es nur zu bald ein Spielball der wild heranbrausenden Wellen und zerschellte schließlich am steinigen Ufer unterhalb von Varnkevitz, in der Nähe der Höllenliet.

Seit jenem Tag soll der Dreimastschoner dann und wann als Spukschiff nahe der Küste gesehen worden sein. Ja, einige Fischer schworen Stein und Bein deswegen. Bei hellem Sonnenschein war es plötzlich da, ein völlig schwarzes Schiff in sausender Fahrt mit vollen Segeln vor dem Wind, und an Bord war alles totenstill, niemand ließ sich blicken. Auch behaupteten sie, das Gespensterschiff tauche jedesmal auf, wenn eine Sturmflut bevorstehe. Dagegen meinten andere, es lasse sich nur alle sieben Jahre einmal sehen. Immer aber, wenn sie es gesichtet hatten, war es von Varnkevitz aus in Richtung auf die dänische Insel Möen zu gewesen.

Kleine Geister am Wieker Bodden

Vor vielen Jahren wohnte in Wiek auf Wittow ein alter Mann, der ein halbes Haus besaß und mit der Familie für seine Verhältnisse recht gut lebte. Zur Arbeit ging der Mann das ganze Jahr über nicht, sondern bewirtschaftete nur sein Stückchen Land hinter dem Haus. Die Nachbarn steckten die Köpfe zusammen und vermuteten dies und jenes. Er hat auch kein Vermögen geerbt, meinten sie, und doch ist stets Geld im Haus, und so ein gutes Essen kommt jeden Tag auf den Tisch – wie ist das nur möglich?

Da sprach es sich herum: Er hatte einen Puks, der trug ihm alles zu, und man hatte ihn nachts im Haus herumwirtschaften hören. Nach einiger Zeit legte sich der Häusler eine eigene Wirtschaft in Dranske zu und bezahlte die Kaufsumme in barem Geld. Sein halbes Haus in Wiek verkaufte er. Als es ans Umziehen ging, standen die Nachbarn neugierig dabei und staunten nicht wenig. Eine ganze Woche dauerte es, jeden Tag fuhr der Mann zweimal, und das Häuschen wurde und wurde nicht leer. Als die letzte Fuhre beladen war, verfolgten sie alles ganz genau, denn einmal mußte doch auch der Puks aus dem Haus kommen und mitfahren. Aber der Mann stieg auf, die Pferde zogen an, und fort ging es.

Schon verliefen sich die Nachbarn, da öffnete sich die Tür des leeren Hauses noch einmal, und ein kleiner Junge in roten Hosen und einer Zipfelmütze kam eilig heraus und rannte zum Strand. »Dor is de Puks!« riefen die Leute aufgeregt. In vollem Lauf stürzte sich der Kleine ins Wasser, es plumpste ordentlich, und schwamm quer durch den Bodden nach Dranske hinüber. Er zerteilte das Wasser mit solcher Kraft, daß man die Wellen ans Ufer klatschen hörte, und war viel früher in Dranske als sein Herr mit der letzten Fuhre.

Nicht weit von Wiek, in der Bullerhürn, einer kleinen Bucht im Norden des Boddens, sollte sich noch ein Puks aufhalten, der hin und wieder sogar an einer Seefahrt Gefallen fand. Einmal hatte er sich an Bord eines Schiffes geschmuggelt, das auf offener See vor dem Bakenberg kreuzte. Es hatte Schnupftabak geladen, und der Kapitän, ein habgieriger alter Knauser, hatte weniger Leute angeheuert, als für den Dienst auf dem großen Kasten eigentlich nötig gewesen wären. Nun trug er alle Arbeit, die den Matrosen zuviel war, dem Schiffsjungen auf, was für das schmächtige Bürschchen eine arge Quälerei bedeutete.

Stundenlang mußte der Junge nun schon am Steuer stehen, der Kapitän hielt unterdessen in der Kajüte ein Schläfchen. Da wurde der Alte von einem Matrosen geweckt und an Deck geholt. Er traute seinen Augen nicht: Der da am Steuer, das war doch nicht der Schiffsjunge, das war ein kleines Männchen mit hoher, spitzer Zipfelmütze, und unter dichten, buschigen Brauen funkelte es ihn aus großen Augen zornig an.

Der Kapitän erbleichte und zog den Matrosen mit sich aufs Vorderschiff. »Mann, dat is de Puks! Wi mütten em wat to äten anbeiden, sünst geiht uns dat slicht!«

Dann trat er wieder ans Steuer und bot dem Puks in höflichen Worten an, sich etwas zur Mahlzeit zu wünschen, doch der bat nur um eine Prise Schnupftabak. Erleichtert ließ ihm der Kapitän eine große Prise bringen, davon hatten sie ja genug.

Nicht lange, da mußte der Puks niesen, und eine frische Brise begann die Segel zu blähen. Seine Nase war ein wenig dicker geworden, und lustig sang er:

»Von wegen de flaue Bris'
bloß noch ne lütte Pris'!«

Dann stieg er selber in den Schiffsraum hinunter, zupfte sich aus der Ladung eine zweite, größere Prise und nieste, als er sie mit Behagen geschnupft hatte, stärker, was die Brise zu einem steifen Wind werden ließ, bei dessen Anprall die Mastbäume ächzten und knarrten.

Seine Nase war nun beträchtlich größer als vorher, und er konnte bei der nächsten Prise noch mehr Tabak darin unterbringen. Er nieste daraufhin heftiger, der Wind steigerte sich zum Sturm, und so ging es noch eine ganze Weile. Der Puks stopfte sich immer größere Prisen in seine nun ungeheuer angeschwollene Nase, bis die ganze Ladung Tabak aufgeschnupft war und ein höllischer Sturm tobte.

Das große Schiff war ein Spielball der Wellen, es zerschellte schließlich am Blockstrand. Einige Matrosen konnten mit knapper Not ihr Leben retten. Der Kapitän jedoch war qualvoll umgekommen; ein Brecher hatte ihn mit voller Wucht gegen einen Mast und dann über Bord geschleudert.

Als hätte er damit seinen Zweck erreicht, war der Puks hohnlachend ins Meer gesprungen. Auf dem kürzesten Weg kehrte er in die Bullerhürn zurück, wo er auf dem Grund des Wassers seine Bleibe hatte, wenn man den Fischern glauben konnte. Sie jedenfalls wollten in der Johannisnacht zuweilen seine große Nase gesehen haben, die wie ein Felsblock aus dem Wasser ragte.

Dort, am Strand der Bullerhürn, war es auch, wo einst ein Schäfer seine Herde weiden ließ. Im Spülsaum der Wellen fand er manch hübsche, buntschillernde Muschel. Ganz in Gedanken hob er eine davon auf und wollte sie eben achtlos fallen lassen und weitergehen, wobei er sie wohl zertreten hätte, als sich ihre Schalen wie von selbst auftaten und aus dem Innern ein ganz kleines Männlein hervorkam, das ihn eindringlich bat, ihm einen guten Dienst zu erweisen und die Muschel mit aller ihm zu Gebote stehenden Vorsicht ins Wasser zu setzen. Das tat der Schäfer denn auch, so behutsam er konnte.

Mit größter Verwunderung sah er dann, wie die Muschel

allmählich anwuchs und immer größer wurde, und mit ihr das Männlein, bis sie die Form eines Bootes hatte. Am Steuer saß ein stattlicher junger Mann, der ihm mit herzlichen Worten Dank sagte und berichtete, wie er, aus einem vornehmen Hause stammend, wegen seiner eigenen Hartherzigkeit von einem mächtigen Zauberer in die Muschel verbannt worden sei, wobei jener bestimmt habe, er könne erst erlöst werden, wenn sich ein Mensch mit gutem Herzen finde, der ihm eine Bitte erfüllen würde. Dies sei nun durch den Schäfer geschehen, und ihm werde schon bald eine Belohnung zuteil werden. Was aber ihn selber angehe, so werde er hinfort ein anderes Leben führen.

Mit diesen Worten griff er in die Riemen und fuhr langsam zur Bucht hinaus.

Noch lange blickte ihm der Schäfer nach, und als er sich wieder seiner Herde zuwandte, vernahm er aus dem Röhricht am Ufer ein merkwürdiges Schnattern und Quarren, das sich anhörte wie:

»Eier, Eier breugt ick (brütete ich),
Quark, Quark fäugt ick (zog ich auf)!«

Da ging in der Richtung, aus der die Worte gekommen waren, eine Wildente hoch, und nach ein paar Schritten stieß der Schäfer auf ihr Nest. Keine Eier lagen darin, sondern zehn, nein, zwanzig goldene Muscheln.

Seine Freude war riesengroß, als er sie an sich nahm. Am nächsten Tag schon verkaufte er sie und bekam ein hübsches Sümmchen dafür, so daß er sich bald einen eigenen Hausstand gründen konnte.

Die Auswanderung der Zwerge

Vor langer Zeit sollen auf Wittow Hunderte von Jahren hindurch Zwerge gelebt haben, bis die Menschen einmal ihre Wohnplätze entdeckten. Da beschlossen die Unterirdischen, die Halbinsel zu verlassen. Der Weg über die Schaabe nach Jasmund war ihnen aber zu lang, deshalb schlugen sie den kürzeren über die Wittower Fähre ein.

Eines Nachts wurde der Fährmann dort von einem Männlein aus dem Schlaf geweckt mit der Bitte, ihn und einige Begleiter überzusetzen. Er war bereit, und der Kleine fragte ihn weiter, ob er die Überfahrt kopf- oder bootweise bezahlt haben wolle. Der Fährmann blickte umher, doch da stand nur das Männlein, niemand sonst. Die Begleiter würden dann wohl nachkommen, und er sagte, um ein besseres Geschäft zu machen: »Bootweise!«

Drüben glücklich angelangt, bekam der Fährmann sein Geld. Beim Abschied fragte der kleine Mann, ob er vielleicht zu sehen wünsche, wen er übergesetzt habe. Er bejahte und sah mit Erstaunen, daß es rings um ihn her plötzlich krabbelte und wimmelte von Männlein, die ihm gerade bis an die Knie reichten, aber sämtlich gewaltig lange Bärte trugen. Enttäuscht schlug er sich an die Stirn. Hätte er sich doch für kopfweise Bezahlung entschieden, ein hübsches Sümmchen wäre ihm sicher gewesen!

So verließen die Zwerge Wittow und fanden neuen Unterschlupf auf der gegenüberliegenden Seite der Insel Rügen, vor allem in den Banzelvitzer Bergen und in den Sandbergen bei Patzig.

In den Patziger Bergen war es auch, wo eines Tages ein junger Schäfer bei seiner Herde stand und mit einemmal ganz in seiner Nähe einen Zwerg erblickte, der, ihm den Rücken zuwendend, dicht an ein Erdloch trat und mit dünner Stimme zirpte: »Murre, schmiet mi ees min Kapp rut!« Sogleich flog eine Kappe heraus, die sich der Zwerg aufsetzte, und im selben Augenblick war er nicht mehr zu sehen.

Der Schäfer dachte: Warte, das kann ich auch! Flugs ging er zu der Stelle und rief hinab: »Murre, schmiet mi ees min Kapp rut!« Da kam sie angeflogen, schnell aufgesetzt – und nicht nur einen Zwerg sah er nun vor sich, sondern deren gleich eine ganze Schar in eifrigem Gespräch. Einer sagte wichtig: »Heut ist in Patzig große Hochzeit, da gibt's einen feinen Schmaus. Was meint ihr, Brüder, sind wir mit dabei?«

Und ob sie dabeisein wollten! Auch dem Schäfer lief das Wasser im Mund zusammen. Ohne langes Besinnen zogen sie los. Der Schäfer folgte in einigem Abstand.

An der Hochzeitstafel stellte sich jeder von ihnen neben einem Gast auf und schnappte ihm die besten Bissen vom Teller weg. Das war ein köstlicher Spaß! Auch der Schäfer hielt sich ordentlich dazu, aber nun waren die Zwerge auf ihn aufmerksam geworden. Sie knufften und pufften ihn ärgerlich in die Seite, drückten und zwickten ihn und drängten ihn schließlich zurück, worauf er heftig um sich schlug und einigen Zwergen die Kappe vom Kopf fegte.

Was für ein Hallo gab es da! Jeder im Saal sah jetzt die kleinen ungebetenen Gäste, und von allen Seiten begann man unbarmherzig auf sie einzuschlagen, mit Stöcken, mit Schirmen, ja sogar mit Stühlen. Die Zwerge nahmen schleunigst Reißaus, und waren sie auch wieselflink, so wurde doch mancher von ihnen braun und blau, krumm und lahm geschlagen.

Wo man ihnen übel mitspielte, da wollten sie nicht länger bleiben, und sie entschlossen sich, von neuem auszuwandern, zumal sie Kunde davon bekamen, daß am nächsten Tag schon von Ralswiek ein Schiff abgehen sollte.

Unbemerkt gingen sie an Bord, das ganze Völkchen, kein Wunder also, daß das Schiff tiefer eintauchte als sonst. Der Schiffer aber kratzte sich verwundert den Kopf, denn er hatte nur wenig geladen, so glaubte er wenigstens. Noch einmal prüfte er, ob alle Planken heil waren, dann legte er ab.

Als das Schiff die Wittower Fähre passiert hatte, geriet es plötzlich in einen furchtbaren Sturm, der sofort vielen Zwergen die Kappe vom Kopf riß. Da sah der Schiffer, daß sie die Ursache für den ungewöhnlichen Tiefgang waren, der jetzt dem Schiff sogar gefährlich werden konnte. Immer stärker wurde der Sturm, und da war's auch schon geschehen: Das Schiff schlug um und sank, und alle Zwerge und der Schiffer fanden in den Wellen den Tod.

Die Ralunken

An der Westküste Rügens liegt Ralow, wo vor achthundert Jahren einmal eine feste Burg gestanden hat, umgeben von tiefen Wassergräben und hohen Wällen. Dort hausten damals die Ralunken, drei Brüder. Raubritter übelsten Schlages waren sie und der Schrecken aller Schiffe, deren Weg entlang der Küste wegen der vielen, oft wechselnden Untiefen schon gefährlich genug war.

Nun bot die Boddenküste im Westen Rügens mit ihren zahlreichen kleinen Buchten und Inwieken Seeräubern überall vortreffliche Schlupfwinkel, und da das alte Raubnest Ralow hinter der Insel Libitz besonders gut versteckt lag, blieben die Ralunken mit ihren Knechten jahrzehntelang unbehelligt. Sie häuften Schätze an und brachten von ihren Raubzügen zu Wasser und zu Lande auch Gefangene ein, die sie erst gegen hohes Lösegeld wieder auf freien Fuß setzten.

Es kam die Zeit, da auf Rügen Fürst Jaromar die Herrschaft übernahm. Gehörig räumte er unter den Raubrittern und Strauchdieben auf und verbot das Unwesen der Seeräuberei. Aber das störte die Ralunken wenig. Nach wie vor lagen sieben Segelschiffe in den Buchten des Kubitzer Boddens verborgen, immer bereit zu schnellem Auslaufen und plötzlichem Überfall, sobald das Signal vom Turm der hochgelegenen Burg kam, wo einer der drei Ralunken Ausguck hielt, und kaum eines der reichen Kaufmannsschiffe entging den scharfen Späherblicken.

Finster und drohend von Angesicht war der älteste der Brüder, und die jüngeren gaben ihm an Beutegier und Mordlust nichts nach, ebensowenig die Schar ihrer wildverwegenen Spießgesellen. Tückisch und böse von Gemüt war Judith, die

Mutter der drei Ralunken, und nur Agathe, ihre einzige Tochter, war anderen Wesens. Sie war blond und schön und von mitleidigem Herzen. Trotzdem hingen die rohen Brüder an ihr und brachten ihr kostbare Perlen und blitzendes Geschmeide von den Raubzügen mit, doch wies sie alles zurück und weinte, weil wieder Blut geflossen war.

Eines Morgens, noch im Dämmerlicht, stand sie sinnend am Fenster, da eilte die alte Mutter freudig erregt herein. »Sie kommen, sie kommen!« rief sie. »Auf, was träumst du? Laß sie uns froh empfangen!«

Sie kehrten heim von einem Raubzug längs der Küste und führten Ritogar, den Vetter des Fürsten Jaromar, als Gefangenen mit, einen jungen Mann, der aufrecht und furchtlos dreinblickte, obwohl er der drückenden Übermacht unterlegen war und Fesseln trug.

Mit höhnischem Lachen übergab ihn der älteste Ralunke seiner Mutter. »Seht, ein seltener Fang! Dieser bunte Vogel mit fürstlichem Gefieder soll Euch als Sklave dienen.« Die Alte stieß ihn in eine dunkle Kammer und ließ ihn alsbald bei harter Arbeit die Knechtschaft spüren.

Agathe sah es traurig mit an. Eine mitleidige Zuneigung zu dem stattlichen Fremden ergriff sie, und sie beschloß, ihm zur Freiheit zu verhelfen. In der Nacht schlich sie heimlich zu seiner Kammer und flüsterte. »Ich bin es nur, Agathe, und will Euch helfen. Folgt mir!« Freudig erschrocken sprang Ritogar auf. Agathe befreite ihn von seinen Fesseln und führte ihn durch einen unterirdischen Gang ins Freie. »Nun entflieht, so schnell Ihr könnt«, sprach sie leise, »und vergeßt mich nicht.«

Der Fremde umarmte dankbar seine schöne Retterin und versprach, mit Jaromars Kriegern wiederzukommen und sie zu befreien. Dann wollte er sie als seine Gemahlin heimführen. Ritogar floh durch die Nacht, bei Sturm und Regen, und erreichte im Morgengrauen die Fürstenburg auf dem Rugard. Mühsam seinen Zorn bändigend, hörte Jaromar den Bericht seines Vetters an. Er versprach ihm Waffen und Krieger, so viele er brauchte, um die Räuber zu vernichten. »Doch bevor dies geschieht, erfülle mir eine Bitte«, fügte Jaromar hinzu. »Ich habe dich ausersehen, meine Verlobte, Herzog Heinrichs Tochter, zu mir zu geleiten!«

Ritogar sagte zu. Er schritt zum Bodden hinab, wo bei Pulitz die Schiffe lagen. Die Fahrt ging nach Rostock, der Burg am Ufer der Warnow. Dort war der Hafen festlich geschmückt zum Empfang des fürstlichen Boten.

Drei Tage wurde gefeiert bei Turnieren und reichem Schmaus, und am vierten Tag waren die Schiffe zur Abfahrt bereit, beladen mit dem Brautschatz. Von zwölf jungen Mädchen begleitet, begab sich die Braut auf Ritogars Schiff und winkte noch lange zurück.

Am Gellenstrom, der gefahrvollen Enge, lauerten schon die Ralunken. Vom Turm ihrer Burg hatten sie Jaromars Schiffe auf der Fahrt nach dem Westen sogleich erspäht und sich auch Kunde von Ritogars Auftrag verschafft. Nun schreckten sie nicht einmal davor zurück, ihrem Landesfürsten die Verlobte zu entführen und den Brautschatz zu rauben.

Blitzschnell geschah der Überfall, als die Schiffe herangekommen waren. Ritogar focht wie seine Begleiter mit der Kraft der Verzweiflung. Ein wohlgezielter Hieb seines Schwertes spaltete einem der Anführer den Kopf. Das sah der älteste der Ralunken, und wütend schleuderte er ihm die Streitaxt ins Gesicht. Ritogar stürzte, zu Tode getroffen. Eng zusammengedrängt standen die Mädchen, in ihrer Mitte die Braut, als das wüste Siegesgebrüll der Räuber erscholl. Höhnend umringten die rohen Gesellen die schreckensbleichen Mädchen. Unter wildem Geschrei wurden die Schiffe mit der reichen Beute in die Bucht von Ralow eingebracht.

Agathe wußte von den Plänen ihrer Brüder und stand wartend und den Befreier herbeisehnend am Fenster. Als sie die grausige Nachricht vernahm, brach sie bewußtlos zusammen. Im Siegestaumel achtete niemand auf sie. Vorbei war der blutige Tag, und auf Burg Ralow schwelgten die Räuber die ganze Nacht.

Als der Morgen anbrach, vermißte man Agathe. An einem

Baum im nahen Gehölz fand man sie erhängt, ihr goldblondes Haar windzerzaust. Mit Schaudern hörte der älteste Bruder davon. Er ballte die Fäuste, und Tränen rollten ihm in den struppigen Bart. Die Schwester war ihm lieb und teuer gewesen.

Inzwischen harrte Fürst Jaromar ungeduldig der Ankunft seiner Verlobten. Immer wieder hielt er vom Turm seiner Burg auf dem Rugard Ausschau nach den Schiffen. Eine Woche verging, dann bekam er die Schreckensbotschaft. Sofort rief er seine Krieger zu den Waffen und ließ die Schiffe rüsten, und tags darauf fuhren sie auf das Raubnest los.

Da brachen die Ralunken mit ihren schnellen Seglern hervor, dem Fürsten entgegen, und eine harte Schlacht begann. Heftig und wild kämpften die Räuber, tapfer und stark Jaromar mit seinen Männern. Das Schwert des Fürsten traf den zweiten der Brüder und stürzte ihn hinab in die Wogen. Wütender noch drang der letzte der Ralunken, das zornglühende Gesicht vom roten Haar umflattert, auf seine Gegner ein und richtete ein furchtbares Gemetzel an. Schon trieben zwei Schiffe steuerlos, mit Leichen übersät. Da ereilte den Ralunken der vernichtende Schlag, er sank in die Knie und schwankte zu Tode getroffen zu Boden.

Die Räuber ließen die Waffen sinken. Der Kampf war entschieden. Jaromar eilte mit seinen Kriegern der Burg zu.

Verriegelt waren die Tore und hochgezogen die Brücken. Judith, die Alte, raufte sich die Haare, als sie die Sieger nahen hörte, und heulte vor Wut. Ein teuflischer Gedanke kam ihr noch. Sie lief in das Gemach mit der Braut und den Mädchen, zückte ihren Dolch und tötete sie alle, zuletzt sich selbst.

Die Sieger hatten die Wälle und Tore durchbrochen, und Jaromar kam, seine Braut zu befreien. Doch er fand nur Blut und Tod. Traurig überließ er alle Beute seinen Kriegern und befahl die Zerstörung der Burg. So fiel Ralow, der Schrecken an Rügens Küste.

Agathes und Judiths Namen leben in der Gegend weiter:

Eine Anhöhe unweit Ralow heißt Jüttenberg, und dicht dabei der kleine Wald ist das Agathenholz. Man hat dort zuweilen im Mondlicht die schaurigen Schatten der Gefallenen gesehen, und zwischen den Tannen hörte man Seufzen und Weinen.

Der Luftschiffer

Es ist schon viele Jahre her, da lebte ein Schiffer, der hatte schon alle Meere befahren und viele Länder gesehen. Als er mit seinem Schiff wieder einmal in der Ostsee war, zog die Sonne gerade Wasser an. Das Schiff geriet in den Bereich der Strahlen und wurde mit in die Höhe gezogen, so daß es nun als Luftschiff in den Wolken dahinsegelte. Das aber kam dem alten, erfahrenen Seemann nicht recht geheuer vor, und er beschloß, lieber den Anker auszuwerfen. Doch er war so hoch, daß er keinen Grund fand. Eine zweite Kette ließ er ansetzen und auch noch eine dritte – ohne Erfolg.

Das Luftschiff war gerade in der Gegend über Rambin, und die Bauern waren auf den Feldern in der Ernte. Als sie den Anker an langer, langer Kette herabschweben sahen, banden sie schnell eine Korngarbe daran fest. Der Schiffer ließ jedoch den Anker wieder hochwinden, weil er keine Kette mehr anzusetzen hatte. Wie erstaunt war er, als die Garbe hochgezogen wurde!

Bald klarte es am Himmel auf. Der Schiffer sah unter sich die Ostsee und nahebei die Insel Rügen. Nun gelang es, den Anker auszuwerfen und bei Rambin zu landen.

Er begab sich sogleich in den Ort und versprach, an der Stelle, wo man ihm die Garbe angebunden hatte, ein Kloster zu gründen. Nach wenigen Jahren schon erhob sich dort das »Kloster St. Jürgen vor Rambin«.

Den Bauern schenkte der alte Mann zum Andenken ein Modell seines Schiffes, das in der Rambiner Kirche aufgehängt wurde, und dort ist es noch heute zu sehen.

Das Storchland

Im Herbst ziehen die Störche fort, weit gen Süden geht ihr Flug in ein fernes Land. Dort angekommen, verwandeln sie sich in Menschen, aber auch dann ernähren sie sich wie vordem nur von Weichtieren, Fröschen und Mäusen.

Ein alter rügenscher Schiffer hat solches ganz ernsthaft berichtet. Wochenlang war sein Schiff auf dem Meer der Spielball furchtbarer Stürme gewesen. Da erreichte er endlich, nachdem er es mitsamt der Mannschaft verloren hatte, einen fremden Strand und war gerettet. Als er auf Menschen traf, bat er um Speise und Trank. Bereitwillig setzten sie ihm eine ganze Schüssel vor, aber der Schiffer schüttelte sich, denn sie war voller Frösche und Mäuse.

Daß ihm das nicht zusagte, konnten die Leute kaum verstehen. »Sind wir bei Euch zu Gast, so haben wir ja auch nichts anderes.«

Da fragte der Fischer nun doch sehr verwundert, ob sie schon jemals auf Rügen gewesen seien, und er vernahm zu seiner Überraschung, daß sie sich jeden Frühling verwandelten und die warme Zeit des Jahres im Norden als Störche zubrachten. Er sei gerade zu den Leuten gekommen, die im Sommer immer auf Rügen lebten und deshalb dort mit Land und Leuten gut Bescheid wüßten und sogar ihn selber schon gesehen hätten.

Wie der Schiffer dann nach Rügen heimgekehrt ist, weiß keiner mehr zu sagen, zu weit liegt das schon zurück.

Die Hiddenseer Klosterschätze

Einst stand auf Hiddensee eines der reichsten Klöster an der ganzen Ostseeküste. Als es im Jahre 1536 aufgelöst wurde, hatte es gerade 240 Jahre bestanden. Im Laufe dieser Zeit waren dort so viele Schätze angehäuft worden, daß die Mönche beim Verlassen der Insel nicht alles mitnehmen konnten. Sie mußten daher in aller Eile eine große Zahl geweihter Kirchengefäße, prächtiger Gold- und Silbersachen und wertvoller Kleinodien vergraben.

So liegen, wie man sagt, im Aschkoben, einem Hügel am Weg zum Klausner, eine goldene Wiege und zwölf goldene Apostelfiguren verborgen.

Von allen Kostbarkeiten aber, die die Mönche zurücklassen mußten, stellten sie ein genaues Verzeichnis auf, das nach Rom gesandt und dort aufbewahrt wurde. Von Zeit zu Zeit sollen verkleidete Mönche aus fremden Ländern auf die Insel gekommen sein, um nachzusehen, ob noch alles beisammenlag.

Einige Mönche hatten im Kloster Roeskilde auf Seeland ein Unterkommen gefunden. Zwei von ihnen sollen sich dann wiederholt auf Hiddensee aufgehalten und ihre Schätze aus einem Hünengrab hervorgeholt haben, wo sie sie versteckt hatten. Bald darauf sollen Fischer auf dem Riff nach Möen zu ein Kästchen mit gediegenen Goldstangen gefunden haben.

Schließlich berichtete vor vielen Jahren ein Hiddenseer Schiffer, der aus Spanien zurückkehrte, daß er dort von einem unbekannten Mann gefragt worden sei, was er für ein Landsmann sei. Er habe geantwortet, er sei auf Hiddensee zu Hause, worauf der andere ihm vertraulich näher kam und zuflüsterte, er müsse wissen, daß an dem Ort, wo vordem das Kloster gestanden habe, große Schätze vergraben seien.

Die Wundereiche im Barther Stadtwald

Viele Jahre schon steht im Barther Stadtwald diese sonderbar geformte Eiche. In ungefähr drei Meter Stammhöhe ist ein starker Ast herausgewachsen, der sich in einem Halbkreis wieder mit dem Hauptstamm vereinigt. Die dadurch entstandene Öffnung ist so groß, daß ein erwachsener Mensch eben hindurchkriechen kann.

In früherer Zeit war dieser Baum als Wundereiche weit berühmt. Von nah und fern kamen Gichtkranke und Gelähmte und sollen hier Heilung gefunden haben. Eine Leiter und ein unterhalb der Öffnung angebrachtes Brettergestell erleichterten ihnen das Hinaufsteigen. War es auch beschwerlich für die Kranken, durch die Öffnung zu gelangen, sie waren dann oft gleich geheilt, hängten ihre Krücken an den Baum und konnten nach Hause gehen. Ganze Reihen von Wagen, die Kranke brachten, standen manchmal am Wege, denn sogar aus der Greifswalder und Wolgaster Gegend kamen Leute zur Wundereiche, ihr Ruf war weit gedrungen.

Eines Tages jedoch verlor der Baum seine wunderbare Kraft. Man berichtet, dies habe ein Schäfer verschuldet. Er hatte einen schon recht alten, kreuzlahmen Hund, den steckte er auch durch die Öffnung der Eiche. Damit wurde die Heilkraft des Baumes mißbraucht, und seitdem ist sie erloschen.

Der Wettlauf zwischen dem Witten und dem Swarten

Auf dem Sundischen Berg, nicht weit von Barth, hat früher eine Windmühle gestanden. Dort ging ein fürchterlicher Spuk um, und der Müller hatte oft Mühe, einen neuen Gesellen zu bekommen.

Eines Tages kam aber ein wandernder Geselle, der meinte, wenn er nur die Gelegenheit hätte, mit dem Spuk wolle er schon fertig werden.

In der Nacht, als er nicht schlafen konnte, weil er immer wieder an den Spuk denken mußte, stand er aus dem Bett auf und hängte sich das weiße Laken um. Dann ging er vor der Mühle ein Stück auf und ab, blickte hierhin und dorthin, wie er's im fahlen Licht des Mondes eben vermochte, und schließlich, als sich gar nichts rührte, rief er dreist: »Na, Spök, nu kumm!«

Im selben Augenblick stand, wie aus der Erde gewachsen, eine unheimliche schwarze Gestalt neben ihm. Da fuhr dem Müllergesellen der Schreck in alle Glieder. Er nahm Reißaus und lief, so schnell er konnte, und der Schwarze folgte ihm. Der Müller, der auch des Nachts in der Mühle ab und zu nach dem Rechten sah, schaute von oben aus der Luke dem Wettlauf zu und rief ein ums andere Mal: »Witt, loop, de Swart kriggt di! Witt, loop, de Swart kriggt di!« Das war aber auch nötig, denn der Schwarze war dem Weißen dicht auf den Fersen und holte ihn gerade bei der Mühle ein.

Schon hatte der Geselle die Tür in der Hand, aber bevor er hineinschlüpfen konnte, bekam er eine derbe Ohrfeige, daß ihm acht Tage lang der Kopf davon brummte. Von Stund an hat er den Spuk nicht wieder gerufen.

Die Barther und der Ritter Alkun

Vor Jahrhunderten waren die Bewohner der Stadt Barth in großer Not. Die Brunnen in der Stadt gaben nur spärlich Wasser, und in Zeiten der Trockenheit versiegten sie ganz. Nun bezogen die Leute das Wasser aus einer Quelle, die vor der Stadt, in den Sundischen Bergen, sprudelte. Dieses Wasser war ausgezeichnet und besonders zum Bierbrauen geeignet, so daß man im ganzen Land das vortreffliche Barther Bier rühmte:

> Drinkst du in Pommern Bere,
> mien Fründ, ick rad di sere:
> dat Bier mutt jo ut Barthe sien,
> smeckt bäter as de rhinsche Wien!

Viele Jahre war alles gut, und die unerschöpfliche Quelle spendete Wasser. Da verfiel der Ritter Alkun, der in der Burg bei den Sundischen Bergen wohnte, eines schönen Tages darauf, daß die begehrte Quelle ja auf seinem Grund und Boden lag. Umgehend ließ er dem Rat der Stadt eine Forderung auf tausend Gulden jährlicher Bezahlung für die Benutzung seiner Quelle überbringen, andernfalls er den Zugang zu ihr von seinen Waffenknechten sperren ließe.

Das kam den Stadtvätern sehr ungelegen. Wie sollten sie in jedem Jahr diese große Summe aufbringen? Vielleicht durch neue Steuern, aber nein, dazu wären die Bürger nie und nimmer zu bewegen gewesen, denn davon gab es gerade schon genug. Die Bierbrauer rangen die Hände, denn das frische Quellwasser war für das gute Bier einfach unentbehrlich.

Sie redeten stundenlang und überlegten hin und her. Als es gar keinen Ausweg mehr zu geben schien, kam dem Bürgermeister noch ein Gedanke. Er rief: »Trinkt doch auch der Ritter Alkun unser Bier über die Maßen gern, so muß das uns hier eben helfen!«

Ein großes Turnierfest ward angesetzt und der Ritter dazu eingeladen. Er kam, wenn auch erstaunt, hatte er auf seine Forderung doch eigentlich mit anderer Antwort gerechnet.

Ganz besonders gut und kräftig schien das Bier diesmal geraten. Der Ritter nahm volle Züge aus einem mächtigen Humpen, der ihm – und darauf hatte der Bürgermeister ein wachsames Auge – immer gleich wieder gefüllt wurde. Alle Ratsherren tranken ihm der Reihe nach zu, und wacker hielt er mit, allen tat er Bescheid. Er konnte ja viel vertragen und trank einen nach dem andern unter den Tisch – bis auf einen. Das war der Bürgermeister selber, denn der hatte in seinen Humpen wohlbedacht ein Fach einsetzen lassen. Da blieb er nüchtern, bis der Ritter endlich doch vom Stuhl glitt. Geschwind fing er ihn auf und schob ihm noch ein Schriftstück hin zum Unterschreiben. Die List gelang.

Was er da unterzeichnet hatte, wurde Herrn Alkun erst am nächsten Tag klar bewußt: Die Quelle hatte er der Stadt geschenkt. Obgleich er sich über seine Dummheit ärgerte, es galt: Ein Mann – ein Wort!

Zum Trost versprach der Bürgermeister ihm ein freies Bier, sooft er trinken wollte. Noch viele Jahre war der Ritter dann im Ratskeller zu Gast und genoß das gute Bier in tiefen Zügen. Die Barther dankten aber ihrem Bürgermeister, daß die klare frische Quelle vor der Stadt ihnen allen auch weiterhin zugute kam.

Schiffer Gau und sein Puk

In Barth, der alten Hafenstadt am Bodden, lebte der Schiffer Hinrich Gau. Er war der glücklichste und verwegenste Schiffer auf der ganzen Ostsee, dem alles nach Wunsch und aufs beste gedieh. Was kein anderer Schiffer unternommen hätte, er wagte es, und man sagte, er könne mit allen Winden segeln, sogar gegen den Strom, wenn er wollte. Selbst im Winter fuhr er hinaus und im bösesten Unwetter und kam doch immer mit heilen Masten und Segeln wieder zurück, wenn die anderen Schiffe zersplittert und zerborsten in den Hafen einliefen oder gar so tief vor Anker gegangen waren, daß kein Menschenauge sie jemals wiedersah. Hinrich Gau fuhr aber Tag für Tag munter seinen Kurs, als könnte er den Wind aus dem Sack schütten, ganz wie er ihn gerade brauchte. Er war denn auch immer der erste am Platz, hatte die besten Frachten und war in wenigen Jahren ein reicher Mann, daß man ihn bald nur noch den »riken Schipper« oder den »riken Gau« nannte.

Aber mit seinem schnellen Glück war es ein eigen Ding. Die Leute raunten von einem Puk, der ihm günstigen Wind und Reichtum brachte. Die Matrosen wollten den kleinen Kerl manchmal gesehen haben, wenn es steif wehte oder die Nacht gefährlich dunkel war. Dann war der Puk als ein kleinwinziges Jünglein mit schwarzer Jacke und roter Mütze auf dem Schiff flink umhergelaufen und hatte überall nachgesehen, oder er hatte ein andermal als eisgraues Männlein mit kreideweißer Perücke am Steuerruder gesessen und zum Himmel hinaufgeblickt, um dem Schiff den Weg zu weisen. In einem Schrank in seiner Koje sollte der Schiffer seinen kleinen Kumpan aufs beste pflegen und versorgen. Niemand durfte da herangehen, nur er trug mehrmals am Tag süßen Muskatwein, Rosinen und Feigen dorthin. Der nützliche Helfer ließ sich alles mit Behagen schmecken, er fühlte sich offenbar ganz wohl an Bord.

Noch an so manchem schönen und stürmischen Tag war mit Schiffer Gau das Glück auf Fahrt, bis es damit ein jähes Ende nahm.

Das geschah, als der Schiffer mit reicher Ladung aus England gekommen war und sein Schiff auf der Reede von Stralsund vor Anker lag. Er war für einen Tag in die Stadt gefahren, und wenn er sonst jeden Tag wenigstens dreimal an Bord ging, um nach dem Rechten zu sehen und seinen Glücksbringer zu füttern – diesmal war er in ein wüstes Gelage geraten und hatte tief ins Glas geguckt, so tief, daß er Schiff und Puk und die ganze Welt vergaß und zwei volle Tage seinen Rausch ausschlief.

Zornig vor Hunger, zerbrach der Puk den Schrank, in dem er saß, zerschlug auch die Kojentür und blies an Deck einen Sturm herauf, daß alle Segel zu spielen anfingen und sich das Schiff vom Anker riß.

Verwundert rieben sich die Leute an den Ladeplätzen die Augen.

Obwohl bei der Stadt kaum ein Lüftchen wehte, taumelte und stampfte das Schiff heftig im Kreis herum. Viele Schiffer liefen herbei, lautes Geschrei erhob sich, und schließlich holten sie den Schiffer Gau. Er griff sich flugs ein paar von seinen Matrosen, löste sein Boot und rief, indem schon die Riemen knarrten: »Frisch, Jongs, frisch! Wenn ick an Bord kam, schall min Kerl woll wedder to Loch, he kennt min Kommando woll.«

Schiffer Gau kam richtig auf das Schiff, das immer noch im Kreis herum schwankte, als steckte es in einem mächtigen Strudel. Alle anderen Schiffe auf der Reede rührten sich nicht, wehte für sie denn kein Wind? Die Matrosen auf dem nun gefährlich schaukelnden Schiff waren schon am Verzagen, Schiffer Gau rannte nur immer hin und her und brüllte sein Kommando, außer sich vor Wut, daß ihm der Puk entwischt war. Der aber ließ sich nicht mehr blicken, ja, am Ende blies er noch gewaltiger, daß sich das Schiff ganz und gar auf die Seite legte und mit Mann und Maus im Sund versank.

Die weiße Frau in Löbnitz

Auf halbem Weg zwischen Stralsund und Ribnitz-Damgarten liegt das Dorf Löbnitz. Dort war vor langen Jahren die Rede von einer weißen Frau, die zu nachtschlafender Zeit umgehen sollte. Sie nahm immer denselben Weg, von der Bleiche über einen Steg, der hinter dem Backhaus über dem Bach lag, um den Schafstall und die alte Scheune. Dann ging sie langsam durch den großen Garten und blieb oft stehen, um sich zu bücken, als wollte sie Äpfel aufsammeln oder Blumen pflükken. Zuletzt trat sie ins Gutshaus, wo sie Schlag eins aus dem Keller unter der Treppe heraufkam, in der Hand ein Licht, das hell aufknisterte und blaue Funken stob.

Nach Mitternacht hatte man sie oft gesehen. An der Treppe hielt sie gewöhnlich an und blickte sich um, befühlte auch wohl die Haustür, ob sie verschlossen war. Langsam und feierlich stieg sie bis zum Boden hinauf und in die Dachwinkel, wo die Katzen ihre Bleibe hatten, und löschte ihr Licht.

Kein Mensch ging um diese Stunde gern auf die Diele oder auf die Treppe. Kam doch einmal eine Magd, die des Nachts etwas Eiliges im Gutshaus zu bestellen hatte, so stürzte sie auf der Treppe plötzlich wie tot hin und war dann krank und elend. Die weiße Frau mit dem blauen knisternden Licht sei ihr in den Weg getreten und habe sie angepustet. Das war alles, was sie noch hervorbrachte.

Es war schon hundert Jahre her oder länger, daß die weiße Frau in Löbnitz wirklich gelebt und regiert hatte. Eine reiche und stolze Edelfrau war sie gewesen, schön von Angesicht wie der helle Sonnentag, aber auch grausam und falsch, und viele glaubten, was man ihr nachsagte: Sie habe ihren eigenen Ge-

mahl, der etliche Jahre älter war als sie, mit Gift aus dem Leben gebracht.

Als die Edelfrau aber selbst ins Alter kam, wurde die Gier nach Geld und Gold immer mächtiger in ihr. Bald war sie die ärgste Menschenschinderin und Leuteplagerin weit und breit. Aus dem Blut und Schweiß der armen Leute kratzte sie das Gold in Haufen zusammen und vergrub es an vielen Stellen. Als der Tod ihrem schlimmen Treiben endlich Einhalt gebot, wurde ihr die Strafe zuteil, daß sie, ebenso wie sie anderen nicht Rast noch Ruh gegönnt hatte, auch im Grabe keine Ruhe finden sollte. Wenn im Dunkel der Nacht alles schlief und nur lichtscheues Getier, wie hungrige Wölfe und Füchse, Marder und Iltisse, auf den Beinen war, dann mußte sie hinaus in Hagel und Schnee, in Regen und Wind, mußte immer wieder denselben Weg gehen, in ihrem weißen Totenhemd und mit dem gefährlichen Licht in der Hand. Auf der Bleiche und im Keller hatte sie das meiste Geld vergraben, dorthin zog es sie nun Nacht für Nacht. Schatzgräber wühlten die Erde auf der Bleicherwiese um und um, doch sie fanden nichts, und es hieß, je schlechter der Mensch gewesen sei, der Geld in der Erde vergraben habe, desto tiefer könne der Böse es zu sich hinabziehen. Wer weiß, wie viele tausend Faden tief die Schätze der weißen Frau da liegen mochten ...

De spökenden Buren

Jedereen weet woll, wat hier im Lande för een dull Wesen is mit den armen Lüden un wo hart un unchristlich de Edellüde de Buren afdriwen un sleifen un ut ehren Dörpern grote prächtige Häw maken – so dat nüms toletzt weet, wo he bliwen schall, un oft slimmer daran is as eene wilde Duwe edder een Vagel, de Sommer un Winter frei dör Busch un Wold flegen kann un doch de Eek un Bök edder een Loch hett, wo he sin Nest buwen mag.

As dit dulle Wesen nu hier tolande anfung vör een söstig, säwentig Jahr, da wahnden in Langenhanshagen, wo nu de königlichen Pachthäwe sünt, idel freie Buren, de man een fast Grundgeld an de Kron betalden. Se hedden sick dar henbugt vör langer Tid, noch vör dem groten Köning Karolus, as't knapp was mit Minschen im Lande un gegen de Wülw un annere Undeerde Jagden anstellt wurden. Un se hedden Brewe un Sigel darup, dat, solang se dat Grundgeld richtig betalden, nüms se ut ehren Stellen rücken dürfte.

As nu de slichte Tid kam, wo de arme Bur unnergahn un Gewalt för Recht gelden schull, un as in veelen groten Dörpern alle Buren smeten wurden un de Edellüde un Amtshauptlüde lüstern weren, prächige Häwe darut to maken, da entstund hier ook een Prozeß tüschen Kron un Amtshauptmann un tüschen de freien Buren, de sick nich wullen godwillig affdriwen noch as de blöden Hunde van ehrem Egendom jagen laten.

De Buren hier hedden dertid eenen düchtigen Schulten, de heet Gröning, de let dat so licht nich slippen. De Sak tog sick woll een fiw, söß Jahr so hen, un toletzt schullen de Buren un de Amtshauptmann nah Wismar reisen un da vör'm Köning sülwst erschienen un spreken. Un Schult Gröning reiste ut mit eenem annern Buren, de Hinrich Lang heet, un se hedden ehre Brewe un Papiere mitnahmen.

Dat verging eene rume Tid, so hürden de Langenhanshäger, ehre Lüd weren in Wismar nich west; un to Hus kemen se ook nich wedder. Un se weren up ewig van disser Welt vörswunnen, un mit en weren ook alle Papiere un Landbrewe verlaren. Un bald ging't ook hier an die Junkerwirtschaft, alle Burstellen wurden dallegt un grote Häwe darut makt. Mank de Burslüde äwerst munkelde et, de Schult un sin Kamrat weren doodslagen up de Reis; denn de dode Hund bellt un bitt nich. Dit geschach, es min Vader een junger Gesell was, de mi oft davan vertellt hett.

Dat markten sick de Lüd äwerst as wat Afsünnerlichs, dat et sit de Tid nich richtig was an de Sandkule, wenn man den Weg kümmt, de ut Langenhanshagen nah Holthoff geiht un nah de Löbnitzer Mähl un Redebas. Da hett et för mennigen spökt, un dat Volk seggt, keen Rüter kann da des Nachts vörbiriden, dat dat Perd sick nich strüwt un steilt un mit em utrîten will, un menniger is da im Sand umwöltert worden. So weren veele Jahre vörgahn un de vörschollenen Buren lange vörgeten, da gröben se mal bi'm Wegbetern recht deep in de Kule herin un gröben de Knaken van twee Liken ut. Un de olden Lüde, de wieder denken künnen, spreken unner sick, dat weren woll Schult Gröning un de anner Bur, de se nah Wismar affardigt hedden; de Böswichter un Burenverdelger hedden de dood slagen, en de Papiere afnahmen un se in den Sand vörscharrt. Ob dat nu wahr is, weet ick nich, dat äwerst weet ick, dat et nich mehr spökt, sit de Knaken up dem Karkhoff begraben sünt.

Der Stein, der sich dreht

Man sagt wohl zu Kindern, wenn man mit ihnen seinen Spaß treiben will: »Siehst du da den großen Stein liegen? Wenn der um zwölf Uhr den Hahn krähen hört, dreht er sich dreimal um.« Die Kinder wundern sich und lachen, wenn sie das hören.

Doch soll etwas Wahres daran gewesen sein, wenigstens kannten die Bauern von Langenhanshagen einen Stein, der sich jede Nacht umdrehte. Er lag zwischen vielen anderen Steinen an dem Weg, der von Barth kommt, wo die Langenhanshäger Felder an die von Martenshagen grenzten.

Vor langer, langer Zeit hatte es zwischen den beiden Dörfern Streit um die Grenze gegeben. Nun lebte damals in Martenshagen ein Verwalter, dem war jedes Mittel recht, wenn er seine Kisten und Kasten mit klingender Münze füllen konnte. Er schwor hoch und heilig, da und da sei die Grenze. Schließlich half den Langenhanshägern kein Jammern und kein Klagen, man glaubte ihm, und sie mußten ihre Steine rücken. Die Martenshäger hatten gegen vierzig Morgen Land und Busch dabei gewonnen.

Auf die Stelle, die der Verwalter gewiesen hatte, wälzte man nun einen großen Stein, und der Verwalter mußte sich an den Stein stellen und schwören, daß dies die rechte Grenzscheide zwischen den Dörfern sei. Er legte eine Hand auf den Stein, hob feierlich die andere hoch und wiederholte seinen falschen Schwur, wobei er beteuerte: »De Steen mügt Föt kriegen un up mi springen un danzen, wenn ick lög!«

Und was geschah darauf? Sie begannen ein Loch zu graben, in das sie den Stein versenken wollten, und auch der Verwalter griff sich einen Spaten. Als er beim besten Graben war, wurde der Stein den Leuten, die ihn am Rand des Loches hielten, wohl zu schwer, er entglitt ihnen und sprang gerade auf den Verwalter zu, quetschte ihm beide Beine ab und rollte ihm dann auf den Bauch, so daß er keinen Laut mehr von sich gab und gleich tot war.

Die Leute, die das mit angesehen hatten, kam ein Grauen an, und sie wären, obwohl es hellichter Tag war, am liebsten Hals über Kopf davongelaufen.

Der Mordstein blieb liegen, und um Mitternacht, wenn es zwölf Uhr schlug, war es nun an der Stätte nicht mehr geheuer. Sobald der Stein die Glocken von Langenhanshagen und Lüdershagen schlagen hörte, sprang er auf und drehte sich dreimal. Immer wenn er sich zu regen begann, kroch ein Mann in grauem Rock und mit weißer Schlafmütze auf dem Kopf unter ihm hervor, der mußte dann eine ganze Stunde lang auf dem Stein sitzen, ob es Sommer war oder Winter, bei Mond- und Sternenschein, bei Hagel und Sturm, bis von den Türmen wieder Glockenschläge herüberklangen. Niemand ging in dieser Stunde gern an dem Stein vorüber, rang doch da der arme Sünder seine Hände und winselte und ächzte:

»O Steen! O Steen!
Wo drückst du mine Been!
Wo hart is de Stell,
doch harder de Höll.«

Wer dennoch um diese Zeit dort vorbeikam, dem widerfuhr mancherlei Unheil. Unversehens sprangen am Wagen die Achsennägel heraus, oder die Räder schlugen herum, mochte der Weg glatt und eben sein wie eine Diele. Kam einer zu Pferde, dann ging dort ein Prusten und Sträuben und Stampfen an, und wie fest er sich auch im Sattel zu halten versuchte, er mußte hinunter.

An diesem Weg war es, wo eines Winters dem Weber Lang aus Wobbelkow so übel mitgespielt wurde, daß es dann mit ihm zu Ende ging. In der ganzen Gegend erzählte man die traurige Geschichte: Der arme Weber war mit Schatzgräbern noch spät hinausgefahren. Er trug die Laterne und sollte bei dem Wagen, dem Vieh und dem Geschirr am Weg warten. Da ist dem armen Kerl wohl die Zeit lang geworden. Er war müde und setzte sich, derweil die anderen beim Graben waren, auf den großen Grenzstein. Kaum hatte es Mitternacht geschlagen, als er eine gewaltige Maulschelle bekam. Augenblicklich schwoll sein Kopf an und war bald groß und dick wie ein Bienenkorb, und am anderen Nachmittag war der Weber ein toter Mann.

Schipp up Strand!

Dor was mal ees 'n Darßer, de kem, as he dot wier, an de Himmelsdöhr un kloppt dor an, dat se em rinlaten sullen. Petrus makt dat Finster up un frog em, wer he wier un wur he herkem.

De Darßer: »Ick bin von'n Darß und mücht girn in'n Himmel rin.«

Petrus: »Dat glöw ick di wol to, äwer dor kann nicks nich von warden, dor is kein Platz mihr in.«

De Darßer: »Sinn denn ok Hiddenseesche in?«

Petrus: »Je, von de Ort hebben wi hier nahgradens nog. Dat is ne ganz dulle Bann', de maken so veel Krakeel, ick weit nich, wur dat noch warn sull.«

De Darßer: »Ih, denn schmiet se doch rut!«

Petrus: »Je, wenn dat so licht wier.«

De Darßer: »Wenn dat wieder nicks is, mit dei weit ick noch Bescheid. Ick will di wat seggen: Nimmst du mi hier bi di up, so schaff ick di gliek de ganze Sipp von'n Liew.«

Petrus: »Dat sall gellen!«

De Darßer: »Denn mak man de Döhr 'n beten up.«

Un denn leggt he beide Hänn mit de flache Sied an'n Mund un reep luuthals in'n Himmel rin: »Schipp up Strand! Schipp up Strand!«

Kuum harren de Hiddenseeschen dat hürt, so sprungen se up un stört'ten sick rut ut de Himmelsdöhr, denn se wulln all helpen, un keen wull bi so 'ne Sak de letzt sin. Dat wir grad, as wenn ein mit'n risern Bessern Utkir hölt, dor blew ok nich ein Hiddenseesch in'n Himmel.

As se all buten wieren, klappt Petrus de grote Dör achter en to un was froh, dat he de Gesellschaft so licht loswarden wier.

De Darßer äwer had nu välen Platz un sett sick dichting bi'n leiwen Gott sülwst up dei Bank.

Diese Geschichte wird auch umgekehrt erzählt, ebenso von den Rüganern, Zingstern und Fischländern, denn mehr oder weniger standen einst alle Leute an der Küste in dem Ruf, daß es für sie kein Halten gab, wenn es darum ging, Strandgut zu bergen.

Der Kornwucherer Pantlitz

Das Jahr 1318 brachte eine Mißernte und damit große Hungersnot, daß viele Menschen starben. Aus dieser Zeit mag die Sage vom Kornhändler Pantlitz in Damgarten stammen, der als schlimmer Blutsauger die allgemeine Not zu eigenem Vorteil nutzte. In einem Jahr der Not und des Jammers scheffelte er das Geld, indem er aus seinen Vorräten nur zu hohen Wucherpreisen etwas abgab. Im nächsten Jahr ließ er dann, in Hoffnung auf weitere teure Zeiten, für billiges Geld eine noch viel größere Menge Getreide aufschütten.

Doch wie es so geht – nun kam gerade eine ganze Reihe guter Jahre, und die Kornpreise fielen von einem zum andern. Aber der Segen fürs Volk gereichte Pantlitz nur zum Ärger, denn für ihn gab es ja nichts mehr zu verdienen. Ihm blieb nur noch übrig, sein bißchen eigenes Korn einzufahren. Während er vergrämt oben auf dem Fuder saß, war sein Knecht, der den Wagen fuhr, guter Dinge und sang mit lauter Stimme. Pantlitz fragte ihn, warum er so fröhlich sei. Der Knecht erwiderte, er freue sich, daß nun eine bessere Zeit gekommen sei und auch die armen Leute etwas zu essen hätten. Er fuhr munter zu und sang sein Lied weiter.

Wieder ein gutes Jahr! Wieder nichts zu verdienen für ihn mit seinem großen Boden voll Korn! Das verdroß Pantlitz in seiner Habgier über alle Maßen. In seinem gallebitteren Ärger griff er nach dem Seil, mit dem der Weseboom, ein starker Balken, oben über das Fuder gebunden war, schnürte es sich um den Hals und sprang vom Wagen, so daß er sich jämmerlich erwürgte.

Der Knecht wußte nichts davon, er fuhr und sang lustig weiter, bis er in die Stadt Damgarten kam. Da war es denn ein schrecklicher Anblick für die Leute, und entsetzt fragten sie ihn, ob er nicht wisse, was er geladen habe.

Erst jetzt sah er, daß er die Leiche seines Herrn nachschleppte, der sich erhängt hatte.

Dazu bemerkt ein pommerscher Chronist des 16. Jahrhunderts: »Also sollte es billig allen Wucherern gehen, die an der Not ihrer Nebenmenschen Freude haben, damit sie nur reich werden.«

Die Entstehung des Fischlandes

Vor vielen, vielen Jahren, als ein überaus heftiger Sturm die Ostsee aufwühlte und ihre Wellen gegen die Ufer peitschte, riß von einer dänischen Insel ein großes Stück Land ab und trieb übers Wasser, bis es sich an der Nordküste Mecklenburgs anlegte, wo es fortan eine Landbrücke zwischen Meer und Bodden zum Darß bildete und den Namen Fischland erhielt.

Auf dem angetriebenen Landstrich soll ein Schloß gestanden haben, in dem eine Prinzessin wohnte, und vor nicht allzulanger Zeit hat man auf dem Dierhäger Feld noch die Stelle bezeichnet, wo es sich einst erhoben hat.

Der Hügel am Wustrower Hafen, auf dem heute die Fischländer Kirche steht, hat seine eigene Entstehungssage. Danach hat ihn ein Riese mit Hilfe seines Schimmels in einer einzigen Nacht zusammengetragen. Der Riese soll aber kein anderer als der berühmte Slawengott Swantewit gewesen sein, der später, als dort sein Tempel errichtet war, bei Nacht auf dem Schimmel gegen die Feinde zum Kampf ritt, als sie sein Heiligtum zerstören wollten.

Up See un in'n Bett

In den sechziger Jahren des vorigen Jahrhunderts fragt der Pastor die Konfirmanden, was sie werden wollen. Der eine nennt dies, der andere das.

Nun fragt er auch Korl Fretwurst: »Na, Korl, wat willst du denn warden?«

»Seefohrer, Herr Paster!«

»Ja, Korl, dat is doch 'n lebensgefährlichen Beruf. Wat's denn dien Vadder wäst?«

»Ok Seefohrer!«

»Un dien Großvadder?«

»Ok Seefohrer!«

»Un wur sünd sei storben?«

»Up See bläben.«

»Na, Korl, denn würr ick mi heuren, tau See tau führen.«

»Je, Herr Paster«, seggt Korl, »wur is denn Sei ehr Vadder storben?«

»Im Bett, mein Sohn.«

»Un Sei ehr Großvadder?

»Auch im Bett.«

»Na, Herr Paster, denn würr ick mi in Sei ehr Stell ok heuren, tau Bett tau gahn.«

Warum das Meerwasser salzig ist

Es war einmal ein herzensguter Junge, der hatte niemanden mehr als seine alte, blinde Großmutter. Als er aus der Schule war, wollte er Schiffsjunge werden und seine erste Reise antreten. Da er aber sah, wie seine neuen Kameraden mit ihrem Geld großtaten, während er gar nichts hatte, war er sehr betrübt und klagte der Großmutter seinen Kummer. Sie hörte ihm schweigend zu und besann sich ein wenig. Dann tappte sie in ihre Kammer, suchte hier und suchte da, bis ihr eine kleine, alte Mühle in die Hände kam. Die reichte sie dem Knaben und sprach mit Bedacht: »Die Mühle hier sei dein. Höre nun, woran du mit ihr bist. Wenn du sagst:

›Mühle, Mühle mahle mir
diese Dinge gleich allhier!‹ –

so mahlt sie dir, was du begehrst. Wenn du sprichst:

›Mühle, Mühle, stehe still,
weil ich nichts mehr haben will!‹ –

so hält sie an. Sei aber verschwiegen zu jedermann, sonst ist es vorbei mit deinem Glück!«

Der Junge bedankte sich voll Freude und nahm Abschied. Bald fing die Großsprecherei mit dem Geld wieder an. Der Junge hatte seine Glücksmühle in einem abgelegenen Winkel verborgen. Jetzt wollen wir doch einmal sehen, was sie vermag, dachte er und sprach leise zu ihr:

»Mühle, Mühle mahle mir
rote Dukaten gleich allhier!«

Da begann sie lauter blanke Goldstücke zu mahlen. Eins nach dem andern fiel klingend in seine Mütze, und als sie voll und schwer war, daß er sie kaum noch halten konnte, und zwei Dukaten schon über die Planken rollten, sagte er schnell:

»Mühle, Mühle stehe still,
weil ich nichts mehr haben will!«

Gleich hörte sie auf.

Das war ein Segen! Nun war er von allen an Bord der reichste und konnte stolz seine Goldfüchse vorweisen, wenn sie wieder mit ihrer Barschaft prahlten.

Fehlte es aber an Proviant, und da sie einen schlimmen Geizkragen als Schiffshauptmann hatten, kam das alle paar Tage vor, so trat der Junge vor seine Mühle hin und sprach:

»Mühle, Mühle mahle mir
frische Semmeln gleich allhier!«

Dann mahlte sie und mahlte, bis er sie anhalten hieß. Was er auch sonst noch begehrte, alles schnenkte ihm die kleine Mühle.

Manchmal fragten ihn die Kameraden, woher er all die schönen Dinge habe. Doch er wußte sein Geheimnis zu wahren und sagte: »Der alte Geizhals soll seine Vorräte ruhig wieder mit nach Hause nehmen. Da, langt nur zu, wir haben es nicht nötig, ihn weiter zu bitten!« Ja, er teilte immer gern mit ihnen, und sie gaben sich damit zufrieden.

Irgendwie bekam der Schiffshauptmann Wind von dem kleinen Wunderwerk. Wie erschrak der Junge, als er eines Abends zu ihm in die Kajüte kommen mußte und barsch angefahren wurde: »Auf der Stelle holst du deine Mühle und mahlst mir junge Hühner, oder ich lasse dich über Bord werfen!«

Der Junge war verzweifelt, aber noch wollte er nicht alles verraten. Er ging, sagte sein Sprüchlein auf und kam mit einem Korb junger Hühner zurück.

Nun geriet der Schiffshauptmann außer sich vor Wut und schlug rechts und links auf ihn ein, stieß ihn am Ende noch zu Boden, bis er in seiner großen Not klein beigab, die Mühle holte und verriet, wie man sie zum Mahlen bringen konnte. Den anderen Spruch jedoch, den man sagen mußte, wenn sie aufhören sollte, gab er nicht preis, und der Schiffshauptmann in seiner grimmigen Freude vergaß, ihn danach zu fragen.

Als der Junge dann einmal allein an Deck stand, stieß ihn der Hauptmann hinterrücks ins Meer. Der Mannschaft sagte er lediglich, der Junge sei verunglückt, und glaubte, die Sache sei damit abgetan.

Doch das war sie nicht, wie er bald erfahren sollte. Er setzte sich in der Kajüte zur Mahlzeit nieder, und da es an Salz fehlte, griff er zur Mühle und befahl:

»Mühle, Mühle mahle mir
weiße Salzkörner gleich allhier!«

Sie mahlte lauter weißes Salz. Im nächsten Augenblick war der Napf gefüllt, und der Schiffshauptmann rief: »Halt, nun ist's genug!«

Sie mahlte aber weiter. »Hör auf, so steh schon still!« Was er auch sagen mochte, sie mahlte immerzu. Starr saß der Hauptmann. Schon begann sich die Kajüte mit Salz zu füllen.

Da packte er die Mühle und holte aus, um sie über Bord zu werfen. Der Schwung ging fehl, und er bekam einen heftigen Schlag, daß er wie betäubt zu Boden fiel.

Unaufhörlich mahlte die kleine Mühle, immer mehr Salz quoll aus ihr hervor, bis das ganze Schiff voll war und zu sinken begann. Noch einmal raffte sich der Hauptmann auf und hieb mit seinem scharfen Schwert die Mühle in viele kleine Stücke. Nun wurde aus jedem Stück wieder eine Mühle, genau wie die erste, und alle mahlten sie in einem fort weiße Salzkörner.

Das Schiff war verloren, es ging unter, und die kleinen Mühlen mit ihm. Seitdem mahlen sie auf dem Meeresgrund.

Wenn einer ihnen auch den rechten Spruch zuriefe, sie liegen doch viel zu tief, als daß sie ihn hören könnten.

Immer weiter mahlen sie die Salzkörner, viele, viele Jahre schon, und daher kommt es, daß das Meerwasser so salzig ist.

Sagen der Rostocker Heide

Stunde um Stunde kann man wandern durch die Rostocker Heide, und der Wald nimmt kein Ende. Lauschen wir dabei ein wenig, wie es überall wispert und raunt aus alter Zeit. Das beginnt schon mit allerlei Namen.

Weshalb Markgrafenheide? Einst jagte ein Markgraf von Brandenburg voll Lust und Leidenschaft in der Heide, als Gast des Landesherrn, versteht sich, und kam dabei vom Leben zum Tode. Er wurde im Wald begraben und liegt in einem goldenen Sarg, doch wo, das weiß niemand mehr, man hatte den Trägern die Augen verbunden.

Weshalb Schnatermann? An einem Wintertag soll hier, als der Breitling noch tief war, bei klirrendem Frost und scharfem, eisigem Wind ein Schiff untergegangen sein, von dem sich nur ein Mann auf einen aus dem Wasser ragenden großen Stein retten konnte. Dort saß er und war, als man ihm endlich zu Hilfe kam, schon verfroren und verklamt, daß er nur noch schnatern konnte, und seitdem heißt das Gehöft eben Schnatermann.

Und Schwarzenpfost? Hier geht die alte Landstraße von Rostock nach Ribnitz am Rande der Heide entlang, und hier, an der einstigen Grenze zwischen städtischem und fürstlichem Gebiet, stand eine schwarze Tafel, auf der weiße Lettern verkündeten, daß es Bettlern und Landstreichern verboten sei, diesen Boden zu betreten, ob damit der fürstliche oder der städtische gemeint war, ist aber nicht mehr bekannt.

Und was ist's mit der Borwinseiche? Sie erinnert an einen Erwerb, auf den die Rostocker Bürger seit jeher stolz gewesen sind, und das mit vollem Recht, kauften sie doch im Jahre 1252 dem Fürsten Heinrich Borwin III. das Waldgebiet, das dann ihren Namen erhielt, für 450 Mark Rostocker Pfennige ab. Wie alt nun die mächtige Eiche am Fesselbrandsweg zwischen Stuthof und Markgrafenheide auch sein mag, und man schätzt sie auf 500 Jahre, zu jener Zeit kann sie noch nicht gestanden haben. Den Namen hat ihr dann ein Forstmeister gegeben, weil ihm nicht gefiel, daß sie bei den Waldarbeitern, die auf einer Bank an ihrem Fuße frühstückten und dabei gern einen Schluck aus der Flasche nahmen, »Bramwinseik« hieß.

So geht es weiter mit den Namen. Hinrichshagen wurde eines der Rodungsdörfer genannt, weil die ersten vier Ansiedler den Namen Hinrich trugen. Dort soll übrigens ein Fuchs den Jägern mancherlei Schabernack gespielt haben. Bis ins Dorf hinein schlich er, lugte den Leuten neugierig ins Fenster, legte sich sogar quer vor die Tür, daß sie nicht aus dem Haus konnten. War der Jäger dann zur Stelle und drückte auf den vorwitzigen Gesellen ab, sah er ihn wohl fallen und sich überschlagen, allein wenn er hinlief, um ihn aufzuheben, konnte er sich die Augen aus suchen. Schon bald tauchte der Rotrock wieder irgendwo im Dorf auf, es war ihm einfach nicht beizukommen.

Am Ortsausgang von Hinrichshagen, wo die Wiethäger Schneise von der Stadt nach Graal-Müritz abzweigt, heißt ein Tannenschlag »dat Bröderrecht«. Hier trafen sich einmal zwei Brüder. Der eine kam aus der Stadt und klapperte lustig mit Nägeln in der Tasche, als wäre es Geld. Der andere, ein armer Schlucker, wollte davon haben. Er bat, er drängte: »Denk an't Bröderrecht!« Schließlich ging er dem Überraschten an die Kehle und ließ erst los, als der steif und starr dalag.

Rechter Hand der Straße Hinrichshagen-Markgrafenheide steht, etwas im Wald, Brandts Kreuz, ein roh gezimmertes Eichenkreuz mit den Worten »Jäger Brandt, gestorben 1669«. Er lebte in Markgrafenheide, recht und schlecht, denn die Feldarbeit auf dürftigem Boden brachte nur geringen Ertrag. Nun verwüstete ihm auch noch Nacht für Nacht ein starker

Keiler den Acker und machte das Tagewerk zunichte. Brandt schwor ihm tödliche Rache. Um ganz sicher zu gehen, verbarg er am Karfreitag beim Gottesdienst die geweihte Hostie im Ärmel und lud dann mit ihr seine Flinte. »Täuw man«, stieß er hervor, »hüt namiddag sall di odder mi dei Düwel halen!« – Er hatte kaum den Eber ausgemacht, als der schon auf ihn losstürmte. Brandts Hände zitterten, und der Schuß ging fehl. Sogleich stieß ihn das wütende Tier nieder und schlitzte seinen Leib auf. – In stürmischen Frühlingsnächten sollen Jäger und Eber noch lange dort umhergejagt sein.

Ein anderer Jäger hatte als echter Freischütz einen Bund mit dem Teufel geschlossen. Durch geheimen Zauber lockte er das Wild so nahe heran, daß er es bequem erlegen konnte. Sein Gesicht und vor allem die Augen glühten des Nachts feurigrot wie glimmende Kohlen. Daher hieß er Gländ, der Glühende. »Gländes Sitz«, eine alte Eiche am Weg von Graal-Müritz nach Hirschburg, soll sein bevorzugter Aufenthalt gewesen sein. Eines Tages lag er tot unter der Eiche, sein Gesicht war schwarz verbrannt, und man begrub ihn gleich an Ort und Stelle. Manchem Jäger, der später dort auf Anstand ging, hat er noch ein Schnippchen geschlagen. Sobald sich nämlich das Wild auf Schußweite genähert hatte, ertönte ein leiser, aber durchdringender Pfiff, der es in weiten Sätzen davoneilen ließ, und das Jagdglück war vereitelt.

Müggenburg war eine Siedlung etwa in der Mitte der Scheidenschneise, mit kleinen strohgedeckten Häusern rings um den Weiher. Später hütete ein häßlicher Kobold die Nüsse, die an der wüst gewordenen Dorfstelle wuchsen. Wenn einer dort in später Stunde vorbeiging, begann er zu krächzen:

»Harst du nich in dei Schooh den Bollerjahn,
söll di dei Kopp in den Nacken stahn!«

Dann saß er dem Wanderer unversehens auf dem Rücken und drehte ihm das Gesicht nach hinten. Wer aber ein paar Stengel Baldrian bei sich hatte, der war gegen solche Heimtücke gefeit.

Ein Sumpf- und Wassergeist war Klatthammel. Triefend und klatschnaß stieg er nachts aus dem Bruch und ließ sich bei den Jungen nieder, die dort auch zu nächtlicher Stunde die Pferde hüten mußten und sich ein Feuer angebrannt hatten. Zuerst erschraken sie vor der düsteren Gestalt, die da herangeschlichen war, aber sie tat ihnen weiter nichts. Als sie öfter kam und immer völlig durchnäßt war und triefte, sagten sie nur noch: »Kiek, uns' Klatthamel is wedder dor.« Das bekam auch ein Jäger zu hören, der eines Nachts zu ihnen getreten war und fragend auf das seltsame Wesen deutete. Er wollte es aber genauer wissen. Weshalb war da einer in den Sumpf gebannt worden? Hatte er heimlich Grenzsteine versetzt? Oder hatte er gar eine Blutschuld auf sich geladen? »Sag, Fremder, was willst du hier?« fragte er. – Keine Antwort. Nachdem er ihm aber einige gute Worte gesagt und dreimal gewünscht hatte, er möge im Namen aller guten Geister endlich Ruhe finden, sprach der Düstere plötzlich: »Das habe ich nur hören wollen!« Damit verschwand er und kam nie wieder.

Nun soll noch von der seltsamsten Sagengestalt in der Heide die Rede sein, von Gälknoeker. Nicht sehr weit von Schwarzenpfost, zwischen Behnkenhagen und Blankenhagen, hatte er in einem Hügel seine Höhle, doch ist dieser Gälknoekerbarg nun schon lange umgepflügt und eingeebnet. Wie ein Mensch sah Gälknoeker aus, klein und dürr, mit gelber Haut und gelber Kleidung.

Er stellte allerlei Unsinn an. Heuhaufen waren ihm immer im Weg, er stieß sie um, ebenso ganze Wagen mit voller Ladung. In der Nacht konnten die Hütejungen ihre Pferde nicht mehr zusammenhalten, denn er hatte die Halsglocken verstopft. Am Morgen waren die Tiere in alle Himmelsrichtungen gelaufen, und es bedurfte tagelangen Suchens, bis sie wieder alle beisammen waren. Um sich in kalten Nächten ein wenig zu wärmen, schlüpften die Jungen in Säcke hinein und zogen sie sich manchmal ganz über die Ohren. Gälknoeker schlich herbei und rieb sich die Hände. Hei, das war etwas für ihn! Einen Sack nach dem anderen band er fest zu. Gab das morgens dann ein Gezeter!

Aber er hatte auch gute Seiten, vor allem half er armen Leuten aus ihrer Not. Einmal kam eine alte Frau nach Blankenhagen auf die Mühle. Sie brauchte Mehl, aber ohne Bezahlung ließ sich der Müller auf nichts ein. Als sie zu weinen begann, tat sich die Tür auf, leise trat eine kleine, dürre, ganz gelbe Gestalt herein und flüsterte ihr zu: »Dat is nich so slimm, Mudder, hier bring ick di 'n Pott voll Geld. Un wenn du't mi wedder bringen wist, denn gah nah'n Barg un rop nah Kullerjahn!«

Das tat sie denn auch, sobald es ging, aber im Berg ließ sich eine tiefe Stimme vernehmen: »Bullerjahn hett Kullerjahn dotslagen.« Da konnte sie das Geld sogar behalten.

Ähnliches war einem Mann begegnet, dem die Kuh krepierte und der sich keinen Rat wußte, als von Haus zu Haus zu laufen und um Geld zu bitten, damit er sich wieder eine Kuh kaufen konnte. Auch bei ihm war Gälknoeker mit einem Topf voll Geld erschienen, und nach einem Jahr sollte er es ihm am Berg wiedergeben. Wie er ihn nennen sollte, fragte der Bauer. Die Antwort war, er solle nur »Hurra!« rufen.

Als das Jahr um war, ging er zum Hügel auf dem Blankenhagener Feld und rief aus Leibeskräften ein ums andere Mal »Hurra!« Endlich fragte eine Stimme, was er wolle. »Ick wull dat Geld wedderbringen«, gab er Bescheid. Darauf antwortete die Stimme: »Dat Geld kannst behollen, Burra hett Hurra dotslagen!«

Da ging er mit dem Geld wieder heim. Andere Leute, denen er später davon erzählte, meinten dazu, Gälknoeker sei wahrscheinlich vom Blitz erschlagen worden.

Das Wahrzeichen am Steintor

Es war im Jahre 1314. Rostock führte Krieg, wie so oft in jener Zeit.

Die Lage war bedrohlich. Nach wochenlanger Belagerung versuchten die Feinde die Stadt auszuhungern. Aber noch hatten die Rostocker einige Vorräte und hielten hartnäckig stand.

Die Belagerung zog sich hin, als es einem heimlich eingedrungenen Kundschafter der Feinde gelang, einen Verräter zu finden. Es war sogar einer der Bürgermeister, der sich für reichlich klingende Münze dazu hergab, den Belagerern das Eindringen in die Stadt zu erleichtern.

Tatsächlich glückte das Bubenstück zu nächtlicher Stunde. Als sich die Rostocker am Morgen den Schlaf aus den Augen rieben, mußten sie mit Bestürzung sehen, daß sie überrumpelt waren. Unterdessen strich der Bürgermeister mit hämischem Lächeln seinen Judaslohn ein.

Doch die Rostocker gaben keine Ruhe, sie wollten wissen, wem sie diese Schmach verdankten. Sobald wieder Frieden in der Stadt war, kamen sie dem Bürgermeister hinter seine Schliche. Zornig legten sie ihm Ketten an.

Dann redeten sie sich die Köpfe heiß. Gab es überhaupt eine Strafe, die grausam genug war für den elenden Verräter?

Man schleppte ihn schließlich zum Mauerturm, der damals dicht am Steintor stand, hinter den Häusern der Neuen Wallstraße (der heutigen Ernst-Barlach-Straße), und schloß ihn mit starken Eisenringen um Hals, Arme, Brust und Füße ans Mauerwerk. Er hing dort fest, nur die Hände konnte er bewegen und zum Munde führen. Täglich bekam er nichts weiter als ein kleines Rundbrot für einen Schilling und ein wenig

Wasser. Bei dieser kärglichen Nahrung ging er langsam zugrunde und starb eines qualvollen Hungertodes.

Wie viele Rathäuser, Tore, Schulen und andere öffentliche Gebäude Sinnsprüche und Sinnbilder tragen, so auch das breit und massig hingelagerte Steintor. Nach außen zeigt es das Wappenschild von Mecklenburg, auf der Stadtseite das von Rostock und darüber eine kleine Plastik, das Brustbild eines gefesselten Mannes, der mit der Linken etwas hält, das wie ein Rundschild aussieht, jedoch ein rundes Schillingbrot sein soll – das Ganze eine Erinnerung an jenes grausige Ereignis.

Daher mahnt unter Rostocks Wappen eine Inschrift: Sit intra te concordia et publica felicitas. Zu deutsch: Eintracht walte und öffentliches Wohl innerhalb deiner Mauern!

Die Blutstraße

Manchem Einwohner Rostocks ist noch in Erinnerung, daß die wichtige Ost-West-Durchgangsstraße zwischen Neuem Markt und Hopfenmarkt früher Blutstraße hieß. Man hat des öfteren versucht, das Rätsel dieses ungewöhnlichen Namens zu lösen. Wohnten dort einst die Familien »vom Blute«, die Patrizier? Aber nach diesen wurden andere Straßen benannt, in denen ihre Wohnhäuser gelegen haben: die Hartestraße nach Heinrich von Hart, die Koßfelder Straße nach Andreas von Koesfeld, die Schnickmannstraße nach den Snickemanns, die Wokrenter Straße nach der Familie von Wokrent – alle reichen Kaufleute. Oder war sie damals im Gegensatz zur Steinstraße an der Südseite des Marktes eine ungepflasterte Straße, eine »blote Strat«, und der Name wurde später entstellt? Wenn aber die Steinstraße mit ihrem Pflaster eine solche Ausnahme war, daß sie danach ihren Namen erhielt, gab es demzufolge sonst nur »blote« Straßen – und weshalb haftete dann der Name gerade an dieser einen? Oder hat der Richtblock, der dort in der Nähe gestanden haben soll, Anlaß zu dem Namen gegeben?

Nun, die einfachen Menschen waren um eine Antwort noch nie verlegen. Hier verbanden sie mit dem Namen ein historisches Ereignis. Jahrhundertelang ging die Sage von der Blutstraße in Rostock von Mund zu Mund:

Es war eine schwere Zeit. Seit Wochen lag ein starkes Heer feindlicher Söldner vor der Stadt und versuchte sie zu bezwingen. Die Rostocker setzten sich erbittert zur Wehr. Immer aufs neue rannten die Feinde gegen die Mauern an, aber die waren fest, es gab nichts als blutige Köpfe. War tagsüber doch einmal eine Bresche in das Festungswerk geschossen worden, dann wurde sie des Nachts in fieberhafter Eile wieder zugemauert.

Eines Tages sank den Angreifern der Mut. Die Obersten berieten schon über eine günstige Gelegenheit zum Abzug. Da kam ein Schlaukopf noch auf den Gedanken, ein paar Mann sollten sich einwühlen in die Erde und nach Maulwurfsart einen langen Gang graben, unter der Mauer hindurch bis mitten in die Stadt. Am besten sei es, erklärte er weiter, man stieße in der Marienkirche nach oben, so daß eine ganze Mannschaft Soldaten, einer nach dem anderen, hineingelangen und sich dort sammeln könnte, um dann im Morgengrauen daraus hervorzubrechen und die Stadt zu überrumpeln.

Erst schüttelten die meisten ungläubig den Kopf, ihnen erschien diese Idee zu kühn. Dann meldeten sich einige Bergleute, die sich gar wohl aufs Unterminieren verstanden, und nachdem der Verlauf des Ganges mit der Marienkirche als Ziel bestimmt und genau berechnet worden war, gingen sie kräftig ans Werk. Bald schon gruben sie tief in der Erde und waren nicht mehr zu sehen.

Tag für Tag drangen sie weiter vor, während die Soldaten oben hin und wieder einen Scheinangriff führten, um die Belagerten nichts merken zu lassen, und eines Morgens war das schwierige Unternehmen vollendet, denn als die Bergleute aus dem unterirdischen Gang zurückkamen, um sich zur Ruhe zu begeben, berichteten sie, daß nur noch eine dünne Erdschicht den Weg nach oben versperre, dazu, wie sie glaubten, die Steinplatten im Kircheninnern.

In der Mittagsstunde desselben Tages wurde wieder ein Trupp hinabbeordert. Da nicht zu erwarten war, daß um diese Zeit Gottesdienst stattfand, sollten die Leute die letzten Hindernisse forträumen, den Gang vorsichtig öffnen, ihn dann fürs erste wieder unauffällig mit Steinplatten verschließen und unverzüglich zurückkehren. Erst für die darauffolgende Nacht war der Einbruch einer größeren Gruppe durch den Gang in die Stadt vorgesehen, während das Gros des Heeres zum Sturm ansetzen sollte.

Die Aussicht auf den nunmehr greifbar nahen Erfolg der langen Belagerung und auf baldige Plünderung hatte Spannung und Ungeduld im Lager gesteigert. Als die kleine Schar der Bergleute im Gang verschwunden war, schlichen allerlei Neugierige und Voreilige, Soldaten und auch Offiziere, hinterdrein.

In den Straßen der Stadt war um die Mittagsstunde alles still. Wer dachte schon an Gefahr? Vier kräftige, untersetzte Männer waren auf dem Weg vom Neuen Markt zum Hopfenmarkt. Sie gehörten zu den Trägern, die damals vor allem den Transport der Kaufmannsgüter vom Schiff in die Stadt besorgten. Zu zweit trugen sie Wesebäume, dicke hölzerne Stangen, an die sie größere Bündel und Warenballen hängten, die für einen Träger zu schwer waren.

Da versank plötzlich ein Stück des Straßendammes vor ihren Augen, und ein Soldatenkopf erschien in der Öffnung. Schnell hatten die Männer den ersten Schrecken überwunden, und ein schwerer Wesebaum sauste auf den Söldnerschädel nieder. Fast wäre der Soldat wieder im Loch versunken, hätten ihn die Träger nicht beim Kragen gepackt und herausgezerrt. Er brach bewußtlos zusammen.

Der nächste Soldat unten im Gang hatte schon bemerkt, daß sein Vordermann die Bahn freigemacht hatte, und kletterte ihm schleunigst nach. Aber ebenso schnell verging ihm Hören und Sehen unter einem gewaltigen Schlag von hinten, wie ein nasser Sack fiel er zur Seite. Alle wurden niedergemacht, die aus dem Gang zum Vorschein kamen. Das waren nicht wenige, im ganzen wohl ein halbes Hundert junge Burschen, die ihr Draufgängertum nicht länger hatten zügeln können und es nun mit dem Leben bezahlten.

Erst die letzten drei, die man vom Lager aus nachgeschickt hatte, da man über das lange Ausbleiben der Bergleute in Sorge war, blieben unten und lauschten, bis sie wußten, was geschehen war. Auf der Stelle kehrten sie um und berichteten im Lager von dem mißlungenen Unternehmen. Da erkannte man, daß die Berechnungen, nach denen der Gang in der Marienkirche hätte enden müssen, falsch gewesen waren, und Verzweiflung griff im Lager um sich.

Unterdessen war auf der Straße eine erregte Menge zusammengeströmt und hatte sich an dem grausigen Gemetzel beteiligt, bis die Menschen schließlich im Blut wateten. Da kam die Nachricht, daß die feindlichen Truppen aufgebrochen waren und in größter Eile davonzogen. Wie ein Lauffeuer verbreitete sich die Parole: Nun gilt es, ihnen nachzusetzen, damit ihnen ein für allemal die Lust am Wiederkommen vergeht!

Schon zogen die Bürger in fliegender Hast den Feinden in Richtung Schwaan nach. Dort rissen die Bewohner im Einvernehmen mit den Rostockern die Warnowbrücke ein und traten dem völlig aufgelösten Söldnerhaufen entgegen.

Inzwischen waren die Rostocker heran. Nach letzter, verzweifelter Gegenwehr wurde das feindliche Heer vernichtet. Am Tag darauf wurde bei der Siegesfeier an der Stelle, wo der erste feindliche Söldner aufgetaucht war, zur Erinnerung an den glücklich vereitelten Anschlag auf die Stadt ein breiter Stein in die Straße eingelassen, der lange dort zu sehen war, so daß man von den Häusern dieser Gegend allgemein sagte, sie lägen »bi'n breeden Steen«.

Den Trägern wurde für ihre beherzte Tat guter Lohn zuteil. Künftig zogen sie jedes Jahr am zweiten Pfingstfeiertag, voran die Innungsfahne und unter Begleitung einer Ehrenwache der Stadtsoldaten, vom Rathaus auf dem Neuen Markt zu ihrem Amtshaus in der Langen Straße, wo für sie, auf Kosten der Stadt, etliche Fässer köstlichen Bieres bereitstanden, damit sie sich daran gütlich tun und stets des Mutes ihrer Vorfahren gedenken sollten.

Die Düwelskuhl

In den Wallanlagen, die Rostocks Innenstadt umgeben, liegt unweit des Kröpeliner Tores ein von steilen Wällen eingeschlossenes, abgrundtiefes Wasserloch. Hier soll einst das Schloß eines Edelmannes gestanden haben, den das Jagdfieber so sehr gepackt hatte, daß er jeden Tag, auch jeden Sonn- und Feiertag, hinauszog. Als er aber einmal am Stillen Freitag mit seiner Meute durch die Heide tobte, ergriff ihn der Teufel und fuhr mit ihm und den Hunden durch die Luft davon.

Zu selbiger Stunde versank das Schloß. Seitdem liegt hier die düstere Wassergrube, die »Düwelskuhl«, und das Schloß soll tief im Wasser stehen, selbst die Turmspitzen sind bedeckt. Immerhin müssen sie nahe an die Oberfläche reichen, denn einige Male warfen Fischer ihre Netze hier aus, die jedesmal zerrissen wurden.

Auch soll das Wasser mit der Ostsee in unmittelbarer Verbindung stehen und daher nie an Menge abnehmen. Einmal im Jahr, am Johannistag in der Mittagsstunde, erscheint auf dem Wasser eine silberne Schüssel mit einem silbernen Löffel darin.

In unruhiger Zeit wurde Rostock von den Preußen angegriffen und auch besetzt. Als man sah, daß die herannahenden Feinde nicht mehr aufzuhalten waren und die Übergabe der Stadt unmittelbar bevorstand, stürzte man die besten Kanonen, mit denen die Wälle damals gespickt waren, darunter auch die berühmte »lange Greet«, in die Düwelskuhl hinab, wo sie noch immer liegen sollen, denn spätere Versuche, sie herauszuziehen, sind sämtlich mißglückt.

Zwei Sagen von der Marienkirche

Die Marienkirche in Rostock hatte einmal einen Küster, der es sich gern bequem machte und sein Hausmädchen die Betglocke läuten ließ, morgens um sechs, vormittags um elf und abends um fünf Uhr. Nicht jede hätte das getan, vor allem nicht im Winter, wenn es des Abends und des Morgens um diese Zeit völlig dunkel ist, und der Glockenstrang hing noch dazu mitten in der Kirche. Doch das Hausmädchen war eine beherzte, echte Mecklenburgerin, die abergläubische Furcht nicht kannte. Bewunderte man ihren Mut, sagte sie nur: »Wat de Lüd blots hebben mit Gespenstern un Spöök un all son Kram, ick glööw nicks, gor nicks glööw ick dorvon!«

Der Verlobte des Mädchens war ein Rostocker Schustergeselle. Als er sie an einem Winterabend besuchte und gerade die Zeit des Glockenläutens herankam, meinte auch er, es sei wahrhaftig keine Kleinigkeit, allein im Dunkeln in die große Kirche zu gehen, er jedenfalls würde es kaum wagen. Das Mädchen lachte ihn aus, nannte ihn eine rechte Bangbüx und erwiderte, sie würde, wenn es sein müßte, selbst um Mitternacht die Kirche betreten. Der Schustergeselle sagte nichts weiter dazu, nahm sich aber insgeheim vor, sie auf die Probe zu stellen.

Obwohl ihm etwas beklommen zumute war, schlich er, in ein Bettlaken gehüllt, schon am nächsten Abend dem Mädchen in die Kirche nach und begann laut zu heulen und zu poltern. Sein Hund, ein großer schwarzer Pudel, war ihm, ohne daß er es wußte, gefolgt.

Dem Mädchen erstarrte vor Schreck fast das Blut in den Adern, als die weiße Gestalt langsam auf sie zukam und hinter ihr eine schwarze mit glühenden Augen, aber geistesgegenwärtig schrie sie:

»Swartpoot, grip Wittpoot,
Wittpoot, grip Swartpoot!«

Gleich war eine tolle Jagd im Gange, daß es schaurig durch die Kirche hallte. Das Mädchen lief hinaus, so schnell es die Füße trugen, und schlug die schwere Tür hinter sich fest zu. Am Morgen fand man den Schustergesellen und seinen Hund im breiten Mittelgang der Kirche in ihrem Blut liegen. Das Hausmädchen aber hatte bei dem tiefen Schreck am Abend seine frische rote Farbe eingebüßt. Trauernd und totenbleich siechte sie seit dieser Stunde dahin und starb, noch ehe ein Jahr vergangen war.

Um diese Zeit lebte in Rostock ein junges Bleichermädchen. Es war hübsch von Angesicht, aber arm an Geld und Gut. Wie es so geht, eines Tages warf der Sohn eines reichen Kaufmanns ein Auge auf sie und verdrehte ihr den Sinn mit Schmeichelei und schönen Worten. Bald wiegte sich das junge, arme Ding in kühnsten Träumen und sah sich schon als Kaufmannsfrau im großen Patrizierhaus.

Wie glücklich sie war mit ihrem Geliebten! Doch wie bitter war ihre Enttäuschung, als sie sich eines Abends auf der Bleiche am Wasser trafen und er ihr eröffnete, sein Vater habe ihn mit der Tochter eines wohlhabenden Ratsherrn versprochen. In vier Wochen sei die Hochzeit.

Sie flehte ihn an und drang in ihn. Wie oft hatte er gesagt, er werde sie zu seinem Weib machen! Sollten das alles nur leere Worte gewesen sein?

Er blieb dabei, es sei von seinem Vater nun einmal so abgemacht, er könne nichts mehr dazu tun. Da endlich bekannte sie, daß sie ein Kind haben würden.

Erregt griff er das Mädchen am Arm. Wohl eine ganze Stunde lang gingen sie auf der Bleiche auf und ab, das Mädchen laut weinend und klagend, der Kaufmannssohn aber mit finsterer Miene, denn nun wurde er den Gedanken nicht mehr los, daß sie, aus armem Hause kommend, seinem Glück nur im Weg stünde. Er haderte mit seinem Geschick, bis er seinen Groll nicht mehr meistern konnte und der Unglücklichen einen derben Stoß versetzte, daß sie mit lautem Aufschrei ins tiefe Wasser fiel und elend ertrank.

Fischer fanden ihre Leiche am anderen Morgen. Da jedermann glaubte, das Bleichermädchen sei in seinem Zustand freiwillig aus dem Leben geschieden, sollte es am selben Abend noch, ohne Geleit und Glockenläuten, in einer abgelegenen Ecke des Kirchhofs verscharrt werden.

Am Dienstagabend, als dies geschah, erstrahlten plötzlich alle Lichter der Marienkirche in seltsamem Glanz, die Glokken fingen ganz von selbst zu läuten an, und die Orgel klang ernst und feierlich, als würde ein Vornehmer zu Grabe getragen und nicht eine arme Selbstmörderin.

Darauf liefen die Menschen zusammen, und Erregung bemächtigte sich ihrer, als der Kaufmannssohn plötzlich die Fassung verlor und seine Untat eingestand.

Nach drei Tagen war es dann die Armesünderglocke, die mit dünnem Klang dem Mörder auf seinem letzten Weg nachtönte und erst schwieg, als er auf dem Richtblock den Todesstreich erhalten hatte.

Lange Zeit noch hielt man daran fest, jeden Dienstagabend um die gleiche Zeit die Glocken feierlich zu läuten. In der Stadt sagten sie dann: »Hürt, dat Bleikermäten ward begrawen!«

Der habgierige Kaufmann

In Rostock fand einmal ein habgieriger Kaufmann nach seinem Tod im Grab keine Ruhe. Als ein Geist kehrte er wieder in sein Wohnhaus zurück und spukte dort umher. Oft neckte er die Leute bei der Arbeit, dann wieder schreckte er sie nachts mit lautem Gepolter aus dem Schlaf, am liebsten aber saß er im Keller zwischen den Geldsäcken und wühlte in den Gold- und Silberstücken, wie er es all sein Lebtag gern getan hatte.

Als er den Bewohnern des Hauses gar zu lästig wurde, fing ihn einer, der sich auf so etwas verstand, in einem Sack, schleppte ihn ein gutes Stück aus der Stadt hinaus in den einsamen Wald und wies ihm eine sumpfige Stelle zu. Hier blieb er eine Zeitlang auch ganz ruhig sitzen, und im Haus freuten sich alle, vor dem Plagegeist endlich Ruhe zu haben. Doch lange währte die Freude nicht.

Eines Tages fuhr an dem Sumpf ein Bauer vorbei, den der Kaufmann gut gekannt hatte. Er rief ihn beim Namen und bat, mitgenommen zu werden. Obwohl der Bauer erst tödlich erschrocken war und ablehnte, ließ er sich doch dazu herbei, als ihm vom Kaufmann eine Tonne Heringe als Entgelt versprochen wurde.

Da sprang der Geist auf den Wagen und kroch sogleich in einen Sack.

Als der Bauer an dem bewußten Haus vorüberkam, schlüpfte er behende heraus und gelangte, von niemandem bemerkt, in den Keller.

Nun ging das alte Leiden mit dem Unruhestifter von vorne an. Jedermann im Haus war mehr denn je seinen arglistigen Neckereien ausgeliefert, bis es am Ende doch gelang, seiner

Herr zu werden, indem man ihn in eine Ecke des Kellers trieb und dort kurzerhand einmauerte.

Niemand weiß, ob er noch heute dort sitzt, und niemand weiß auch, ob der Bauer jemals seine Tonne Heringe bekommen hat.

Vertell mi doch mal wat!

De Buer is twee Dag to Stadt west. As he nu wedder trüchkümmt, halt Jehann em mit'n Wagen von'n Bahnhoff af.

»Na, Jehann«, seggt de Buer, »wat gifft Nies?«

»Oh«, seggt Jehann, »Nies gifft't nich.«

»Is bi ju gornicks passiert, as ick wegweer?«

»Ne, uns' Herr, passiert is dar nicks.«

»Och wat, Jehann, dar passiert doch ümmer wat op'n Hoff. Schull dar nu in de Dag gornicks passiert sin?«

»Ne, passiert is nicks.«

»Och, denk mal 'n beten nah, Jehann! Wes doch nich so tüffelig! In twee Dag, dar kann doch allerhand passiern. Vertell mi doch mal wat!«

»Jä –«, seggt Jehann, »wat kann dar denn passiert sin? – Och so, ja: Korl hett sien brun Metz afbraken.«

»Na, dat is ja nich veel. Wo hett he dat denn bi afbraken?«

»Ja, he hett dar 'n Peerd mit dodsteken, dar is dat bi afbraken.«

»Wat denn, Jehann? Wat hett he? Wat för'n Peerd denn?«

»Ja, unsen swarten Hingst, den hett he dodsteken.«

»Jehann! Minsch! Büst du des Deubels? Unsen swarten Hingst? Worüm dat denn?«

»De harr sick ja 'n Been braken.«

»De harr sick 'n Been braken? Wo dat denn bi?«

»Bi't Waterföhren.«

»Wat hebt ji denn för Water to föhren?«

»Nah dat Füer, wi müssen ja löschen.«

»Füer?? Wat för Füer, Jehann? Vertell mi dat doch mal orntlich!«

»Jä, de Schün is ja doch aufbrennt ...«

»De Schün is afbrennt?! Dat vertellst du mi nu erst? Un denn seggst du Schapskopp, dar is nicks passiert?«

»Ne, passiert is dar ok nicks, uns' Herr. Dit sünd all Loegen. De Herr wull je, ick schull em 'n beten wat vertellen.«

Der Name Doberan

Das Wappen von Doberan zeigt einen springenden Hirsch, darunter einen Schwan, und dazwischen liegt ein Bischofsstab. Die Sage erzählt davon:

Als vor nunmehr achthundert Jahren das Kloster zu Althof nach erbittertem Kampf zwischen Gegnern und Anhängern des neuen Glaubens in Trümmer sank, sollte in demselben anmutigen Wiesental westlich der Warnow ein neuer Klosterbau aufgeführt werden. Das wurde zwischen den Zisterziensermönchen und dem Fürsten Borwin vereinbart. Nur über den genauen Ort im Talgrund kam es zu keiner Einigung, bis der Fürst beschloß, dort bauen zu lassen, wo er den ersten Hirsch erlegen würde.

Mit lautem Hörnerschall begann die Jagd. Bald hatte die kläffende Meute einen gewaltigen Hirsch aufgeschreckt. Hartnäckig verfolgte ihn der Fürst und brachte ihn schließlich zur Strecke. Dies geschah aber gerade in dem sumpfigsten, undurchdringlichsten Gebiet des ganzen Tales, so daß die Mönche nun erst recht ratlos waren, denn es wäre natürlich günstiger gewesen, das Gebäude auf festem, sicherem Grund zu errichten.

Wie sie nun standen und berieten und wieder nicht aus noch ein wußten, erhob sich unmittelbar neben den Jägern ein wilder Schwan in die Lüfte und stieß schrille Schreie aus: »Dobr, dobr – dobr, dobr!«

Da dieses Wort in der Sprache der slawischen Bewohner »gut« bedeutete, nahmen es die Mönche gleich als ein gutes Zeichen und fügten noch das Wort »an« hinzu, das soviel wie »Platz« hieß. Dann gingen sie an diesem »guten Platz« ans Werk, das mit dem Trockenlegen des sumpfigen Geländes und wochenlangem Roden schon vor dem eigentlichen Bau mühsame und harte Arbeit kostete.

Später war das Kloster eines der reichsten im Land, weil Bauern zu immer neuen Abgaben und Dienstleistungen gezwungen wurden, während die Mönche ein Wohlleben führten und der Abt sogar die Bischofswürde erhielt. Im Jahre 1552, im Verlauf der Reformation, verließen dann die Mönche diese Stätte.

Heute erinnert die in unvergleichlicher Schönheit wohlerhaltene Klosterkirche noch an jene Zeit. Eng mit der Sage verknüpft, findet sich an einem Pfeiler des Chorumgangs ein alter Hirschschädel mit mächtigem Geweih, und an dem Bach nahe bei der Kirche steht auf einem Postament das steinerne Abbild des Schwans von Doberan, gerade an der Stelle, wo einst der wilde Schwan seinen Ruf erschallen ließ.

Die Mönken in Doberan

Vor vielen Jahren lebten in Doberan die kleinen Unterirdischen. Man nannte sie dort »Mönken«. Diese Zwerge waren gutartig und verkehrten mit den Menschen. Besonders gern liehen sie sich einen Backtrog, um darin den Teig für Brot oder Kuchen zuzubereiten. Brachten sie den Backtrog zurück, lag stets etwas von dem Gebäck darin als Dank. Eine Frau namens Trin-Lischen war ihnen auf diese Weise öfter gefällig.

Da beschlossen die Unterirdischen eines Tages fortzuziehen. Trin-Lischen, die immer freundlich zu ihnen gewesen war, wollten sie noch belohnen. Deshalb gingen einige der Zwerge nachts in ihre Wohnung und weckten sie mit den Worten: »Trin-Lischen, kumm mit, di is en Schatz beschert!«

Doch die Frau fürchtete sich davor, ins Dunkel hinauszugehen, und erwiderte: »Ick kann nich, mi grugt.«

Darauf ließen sich die Mönken vernehmen: »Nu kamen wi noch tweemal, un denn trecken wi von hier weg.«

Am nächsten Morgen erzählte die Frau ihrem Mann davon. Der meinte, der Schatz käme ihnen gerade recht, denn viel zu beißen hätten sie schon immer nicht gehabt. Sie solle ihn nur wecken, er werde sie dann begleiten.

Wirklich kamen die Mönken in der zweiten Nacht wieder und riefen: »Trin-Lischen, kumm mit!«

Da rüttelte die Frau ihren Mann und packte ihn derb bei den Schultern, doch vergeblich, er schlief fest wie ein Stein. Bevor die Zwerge gingen, sagten sie noch: »Nu kamen wi noch eenmal, un denn trecken wi von hier weg.«

Aber auch in der dritten Nacht kam Trin-Lischen nicht zu dem Schatz, den ihr die Mönken zugedacht hatten. Sie wollte nun einmal nicht allein hinaus in die stockfinstere Nacht, und die Zwerge wiederum wollten nicht, daß ihr Mann mitkam, denn niemand sonst sollte sehen, wo sie ihre Schätze verborgen hielten. Darum ließen sie bei ihrem Auszug den Schatz in der Klostermühle zurück, die sich im Seitenflügel der alten Brauerei am Mühlbach befand.

Nach vielen Jahren pachtete ein armer Müller diese Mühle, und siehe da, seine Kinder fanden alsbald beim Spielen im Sand das Gold und brachten es ihrem Vater. Der machte große Augen, denn es war ein hübscher Batzen Gold. Sogleich führte er mit Frau und Kindern einen Freudentanz auf. Alle Sorgen hatten nun für ihn ein Ende, und durch den Schatz der Mönken war er von Stund an ein gemachter Mann.

Der Buchenberg

Ein Arbeiter aus Bartenshagen, der am Abend in Doberan seinen Heimweg angetreten hatte, sah auf dem Buchenberg plötzlich ein kleines Feuer aufflackern. Sein Pfeifchen war im Ausgehen, und er hob eine glühende Kohle auf, um sie aufzulegen. Kaum hielt er das Kohlestückchen in der Hand, da war es schwarz und kalt, jegliche Glut war erloschen. Er griff nach einem zweiten, aber damit ging es ebenso, auch mit vier, fünf anderen. »Ach was, Teufelszeug!« brummte er, warf die Stücke fort und erzählte zu Hause seiner Frau davon.

»Aber, Mann, weißt du denn nicht? Dort liegt Gold vergraben!« rief sie aufgeregt und verlangte, er solle auf der Stelle umkehren und ein Tuch ins Feuer werfen, dann werde ihnen der Schatz gehören. Doch der Mann, todmüde, wie er war, wollte nichts mehr davon wissen.

Am anderen Morgen kam er wieder dort vorüber. Diesmal war kein Feuer zu sehen, wohl aber lagen sieben glänzende Goldstücke da, die er sich schmunzelnd einsteckte. Seine Frau hatte also ganz richtig vermutet. Nun konnten sie etwas zurücklegen für schlechte Zeiten.

Aber im Buchenberg sollen noch andere Geheimnisse verborgen gewesen sein. Mitten im Sommer war es einmal, am Tag vor Johannis, als in glühender Mittagshitze ringsumher alles still war und die Schafe dicht bei den Buchen im Gras lagen. Der Schäfer, ein Knecht, der auf dem Kammerhof in Diensten stand, ging ein paar Schritte weit in den kühlen Hain auf dem Buchenberg. Plötzlich erblickte er eine fremde Frau in schneeweißem Gewand. Sie war sehr schön von Angesicht und trat freundlich näher.

»Verweilt ein wenig, lieber Mann, und hört, was ich Euch sagen will!« begann sie. »Schon lange muß ich tief unten im Berg leben. Wenn hundert Jahre um sind, darf ich einmal hinauf ans Tageslicht, um einen Menschen zu suchen, der mich erlöst. Welch ein Glück, daß ich Euch heute hier finde! Nun gebt gut acht! Ihr wißt, morgen ist Johannistag. Kommt Ihr in der Mittagsstunde wieder hierher, werdet Ihr mich in Gestalt einer Kröte sehen. Wenn Ihr Euch dann ein Herz faßt und mir einen Kuß gebt, ist alles gut. Damit Ihr aber sicher seid, daß ich es bin, werde ich ein rotes Band um den Hals tragen.«

Der Knecht hatte aufmerksam zugehört und versprach, ihr zu helfen. Die Dame dankte freundlich und verschwand.

Auch am nächsten Tag brannte die Sonne vom wolkenlosen Himmel herab. Wieder ging der Knecht ein Stück zwischen den Buchenstämmen bergan, als ihm eine dicke Kröte entgegenkroch, die ein rotes Bändchen trug. Schon bückte er sich nieder. Als er aber ihr breites, feuchtes Maul sah und die hervorquellenden, rot und grünlich schillernden Glotzaugen, die starr auf ihn gerichtet waren, durchfuhr ihn ein heftiger Schauder. Er fuhr zurück und lief auf und davon. Hinter ihm erscholl lautes Jammern, doch er kehrte sich nicht daran.

Ein andermal versuchte es die weiße Frau in Gestalt einer Schlange. Wieder war es ein Schäfer, der sich bereitfand, den Zauber von ihr zu nehmen. Er sollte sich in der Nacht zum Johannistag zwischen zwölf und eins am Buchenberg aufhalten und dann seinen Mut beweisen.

Kein Lüftchen wehte in der lauen Sommernacht, Sterne blinkten zwischen den Buchenwipfeln herab. Eine halbe Stunde mochte der Schäfer dort im Wald verharrt haben, als er ein Rascheln hörte.

O grausiger Schreck! Von allen Seiten ringelten sich viele kleine Schlangen auf ihn zu. Dicht vor ihm kroch eine große Schlange hoch aufgerichtet auf ihn los und begann ihn zu umschlingen. Er stieß einen lauten Schrei aus und rannte, was das Zeug hielt, den Buchenberg hinab.

Erst als er im Freien war, blieb er stehen und vernahm nun

lautes Schluchzen und Wehklagen und dazwischen die Stimme der weißen Frau. Nun müsse wieder lange Zeit vergehen, jammerte sie. An der Stelle, wo er eben noch gestanden habe, werde eine Buche hochwachsen. Wenn aus ihren Brettern eine Wiege gezimmert worden sei, solle der Knabe, der darin gewiegt werde, sie dereinst erlösen können.

Die Legende vom Heiligen Damm

Zu der Zeit, als der Bau des Klosters Doberan von den Mönchen in mühseliger Arbeit vollendet worden war, drohte eine furchtbare Sturmflut ihr Werk zu vernichten. Weite Strecken an der Küste hatte die tobende See bereits verschlungen und ergoß sich immer tiefer in das Land hinein.

Inbrünstige Gebete sandten die Mönche zum Himmel. Dann wieder besannen sie sich auf ihrer Arme Kraft. Gemeinsam mit den Siedlern warfen sie Erdwälle auf und legten starke Barrieren aus gefällten Baumstämmen davor.

Doch noch stärker war die Kraft des entfesselten Elements. Mit Sturm und Blitz und Donner raste in der nächsten Nacht ein entsetzlicher Orkan über das Land hinweg. Die wild wogenden Fluten rissen alle Dämme fort.

Unübersehbar war die Verheerung am Tag darauf. Die Mönche waren am Verzagen. Die folgende Nacht mußte das Verhängnis bringen, denn bedrohlich nahe schon kam die aufgewühlte See den Mauern ihres Klosters.

Noch spät am Abend wütete der Sturm mit unverminderter Gewalt. Doch in der Nacht trat Stille ein. Überrascht schraken die Mönche auf. Ängstlich traten sie hinaus und lauschten. Verstummt war das Heulen des Sturmes. Auch aus der Ferne war das Brausen und Tosen der See nicht mehr zu vernehmen.

Am Morgen sahen sie erleichtert, wie sich das Wasser in der Niederung langsam verlief. Vom Strand kam seltsame Kunde: Ein Damm war dort entstanden; so weit das Auge reichte, lagen Steine, in fester Lage zusammengeschoben und aufgebaut, unendlich viele runde, glatte Steine, wie sie Menschenhand kaum jemals hätte zusammentragen können. Hatte das Meer den Damm aus sich selbst heraus geschaffen – war etwa ein Wunder geschehen? Oder hatten die anstürmenden Wassermassen mit kaum vorstellbarer Wucht all die vielen Steine aus der Uferwand der weiter westlich gelegenen Steilküste herausgeschleudert und hier angespült?

Wir wissen heute, daß das letzte zutrifft. Die schicksalsgläubigen Mönche jedoch nahmen es als unbegreifliches Ereignis hin und nannten den Steinwall darum den »Heiligen Damm«. Seit jener Zeit hat er das Land um Doberan vor mancher Sturmflut geschützt.

Riesen, Zwerge und Geister in der Kühlung

Es gibt wohl kaum einen Ort an der mecklenburgischen Küste, wo die Menschen früher nicht von Riesen zu erzählen wußten, die hierzulande in grauer Vorzeit gelebt haben sollen, und von ihren Gräbern, die reiche Schätze bargen. Die Hünen, wie man sie auch nannte, waren von gewaltigem Körperwuchs und maßen sechzig Fuß, also mehr als achtzehn Meter. Man glaubte sogar, daß alle Höhenzüge und Berge im Land ein Werk der Hünen seien, und wollte daran ihre Stärke erkennen. Auch die Schluchten, die oft den Namen »Hölle« tragen, die zahlreichen Seen und Teiche – alles das haben die Riesen einst ausgehoben. Wenigstens will das die alte Überlieferung.

Konnten die Hünen nun im wahrsten Sinne des Wortes Berge versetzen, einmal hatten sie sich doch zuviel vorgenommen, und zwar wollten sie nicht mehr und nicht weniger als die ganze Ostsee zuschütten. Fleißig schafften sie Erde herbei und hatten bald so viel aufgeschichtet, wie man heutzutage auf den Höhen der Kühlung bei Diedrichshagen sehen kann.

Eines Morgens jedoch, als sie wieder von allen Seiten Schürzen voll Erde heranschleppten, kamen sie überein, von ihrem Vorhaben abzulassen, denn gar zuviel Erdreich wäre nötig gewesen – und wozu auch? Sie hätten dann an vielen Stellen die Erde tief wegnehmen müssen, und dort wären neue Seen entstanden. Also war es nichts damit, die Ostsee sollte bleiben. Einer sagte es dem anderen weiter, und plumps! leerten sie die Schürzen zum letzenmal aus und ließen alles liegen, wo es nun einmal lag. Aus jeder Schürze voll Erde entstand einer jener zahlreichen kegelförmigen Hügel an der

Nordseite der Kühlung. Wer sie zählt, kann ungefähr erkennen, wie viele Riesen hier einst am Werk waren.

Später, als die Hünen ausgestorben waren, nisteten sich die kleinen Unterirdischen in den Schlupfwinkeln der Kühlung ein. Auch von ihnen hat man bis in unsere Tage manches wunderliche Stücklein berichtet.

Zwei Bauern aus Unterhagen, das später Brunshaupten hieß und heute ein Teil von Kühlungsborn ist, zogen eines Tages mit dem Hakenpflug lange Furchen um einen Hügel auf ihrer Feldmark, dessen eine steile Seite allenthalben »Speisekammer« genannt wurde, weshalb, wußte eigentlich kein Mensch. Es war lediglich bekannt, daß es dort nicht mit rechten Dingen zugehen sollte, vor allem in der Mittagsstunde, und daß jedermann um diese Zeit den Ort ängstlich mied.

Die beiden Pflüger hatten davon gehört und hielten von Zeit zu Zeit an, um zu lauschen, ob der Ton der Mittagsglocke zu hören war. Er mußte ihnen entgangen sein, denn wie der eine wieder an der Speisekammer vorbeikam, stieg ihm dort ein lieblicher Duft in die Nase.

»Schnell, Nachbar, kommt her!« rief er aus Leibeskräften. »Hm, hmmm, hier riecht es nach einem prächtigen Mahl, wie ich es mein Lebtag nicht gegessen habe.«

Er sollte nicht enttäuscht werden, denn als sie näher an den Abhang herantraten, stand da eine Schüssel mit köstlichem Braten und feinstem Gemüse vor ihnen, und blankes Silberbesteck lag dabei. Staunend betrachteten die das dampfende Essen, alles war auf das Appetitlichste zurechtgemacht und duftete verlockend. Hunger hatten sie nicht zu knapp. Sie langten tüchtig zu und ließen sich den saftigen Braten schmecken.

Als die Schüssel bis auf den Grund geleert war, sagte der eine Bauer satt und zufrieden: »Schönen Dank auch!«, legte einen Schilling hinein und wandte sich wieder seinen Pferden zu, während der andere zu solchem Tun nur den Kopf schüttelte und sich den Schilling verstohlen wieder herausnahm.

Was geschah dann mit ihm für so schnöden Undank? Von einem Tag zum anderen fühlte er sich elend und schwach und kam bald von Kräften, daß er sich kaum mehr auf den Beinen halten und nur das Allernötigste zum Leben schaffen konnte. Der andere dagegen lebte gesund und froh seinen Tag.

Auf der alten Landstraße, die von Kröpelin über Diedrichshagen nach Kühlungsborn führt, war einmal ein Wanderer, kaum daß er den Wald erreicht hatte, vom Weg abgekommen. Es dunkelte bereits, aber ihm war nicht bange. Er wußte, daß er nur in gerader Richtung quer durch die Kühlung zu gehen brauchte, um nach Brunshaupten zu gelangen. Doch er wanderte stundenlang hügelauf und hügelab, und noch immer umgab ihn dichter Wald. Mittlerweile war es völlig finster geworden. Endlich ein Licht! Der Wanderer hielt nun darauf zu und schritt rüstig aus. Kein Haus war es, was er da erreichte, vielmehr eine große Tafel, die mitten im Wald aufgestellt war. Mehr als hundert Menschen saßen daran und ließen sich's wohl sein bei Speise und Trank. Merkwürdig, so beherzt sie zulangten und die Becher ansetzten, um sich zuzutrinken, alles geschah ohne den geringsten Laut. Manche Leute schienen ihm von früheren Jahren her bekannt, andere hatte er nie gesehen.

Da hatten einige den Neuankömmling wahrgenommen und winkten ihn heran. Durstig und hungrig nach dem stundenlangen Umherirren, nahm er an der Tafel Platz und hatte über ausgesucht feinen Leckerbissen und köstlichem Wein schnell seine Verwunderung über die stumme Gesellschaft, die ihn umgab, vergessen.

Bald überkam ihn eine bleierne Müdigkeit. Während er noch in der Rechten einen goldenen Pokal mit Wein hielt, sank ihm schon der Kopf schwer auf die Brust.

Er schlief lange und tief. Als er die Augen aufschlug, war es heller Tag. Verwundert suchte er nun die Tafel der nächtlichen Mahlzeit und seinen Stuhl. Statt dessen saß er auf moosigem Waldboden, gestützt auf einen morschen Baumstumpf, das Tischtuch war eine alte Kuhhaut, und statt des goldenen Pokals hielt er in der Hand einen Kuhfuß.

Sollte alles nur ein Traum gewesen sein? Aber er fühlte sich angenehm satt, und auch den Geschmack süßen, schweren Weines spürte er auf der Zunge. Eine Weile sann er hin und her. Dann sprang er kurzentschlossen auf, schleuderte den Kuhfuß fort, nahm hurtig seine Wanderung wieder auf und hatte binnen kurzem den Wald in seinem Rücken.

Nicht weit vom Diedrichshäger Berg erhebt sich am Südrand der Kühlung, noch im Wald verborgen, der Schloßberg, der in alter Zeit das Schloß Gammelin getragen hat. Wie man sagt, ist die letzte Bewohnerin ein schönes Jungfräulein mit Namen Sarah gewesen. Als sie eines Tages einen Freier abwies, der ein großer Zauberer war, wurde sie mit all ihrer Herrlichkeit verwünscht. Ihr Schloß sank in die Tiefe, wo es von schweren Eisenketten festgehalten wird, und Schön-Sarah soll seit jenem Tag dort unten hausen. Diener und Untertanen haben sie längst verlassen, nur ein Mädchen ist in ihren Diensten geblieben.

Daß sie mitunter auch ans Tageslicht gekommen ist, erfuhr ein Kuhhirte aus Wittenbeck, der dicht an der Kühlung sein Vieh weiden ließ. Plötzlich trat Schön-Sarah auf ihn zu und bat ihn, er möge ihre beiden Kühe namens Rörick und Brünick in seiner Herde mithüten. An gutem Lohn solle es natürlich nicht fehlen, fügte sie schnell hinzu, als der Hirt zögerte. Da sagte er zu. Nun kamen jeden Morgen Schön-Sarahs Kühe aus dem Wald hervor und zogen mit seinen Tieren über die Weide. Um die Mittagszeit stand dann ein Mädchen mit weißer Schürze am Waldrand. Sie trug einen Melkeimer und rief mit heller Stimme: »Rörick! Brünick!«

Die Kühe gehorchten auf der Stelle und liefen geschwind zu ihr. Nach dem Melken schlossen sie sich wieder der Herde an, während das Mädchen in den Wald zurückkehrte und in eine verborgene Öffnung am Abhang des Schloßberges eintrat. Am Nachmittag holte sich der Hirt bei einem ganz bestimmten Stein nahe am Wald sein Vesperbrot und eine Kruke Bier. Am Johannistag lag dort zu seiner Freude auch der Hütelohn.

So ging es Jahr um Jahr. Der Vertrag wurde von beiden Seiten getreulich eingehalten, bis einmal ein neuer Hirt die Wittenbecker Herde übernahm. Bei ihm hat sich Schön-Sarah dann nicht mehr sehen lassen.

Die drei Hunde

Ein armer Fischer am Ostseestrand fing eines Tages einen Fisch, der begann zu reden und bat, er möge ihn leben lassen. Das tat der Fischer auch, warf ihn wieder hinein und ging nach Hause. Als er seiner Frau davon erzählte, schalt sie ihn aus.

Den andern Tag fing er den Fisch wieder, und er warf ihn wieder hinein, und seine Frau schalt ihn noch ärger.

Den dritten Tag fing er wiederum den Fisch. »Nun lasse ich dich nicht mehr leben«, sagte er, »nun nehme ich dich mit.«

»Wenn du mich doch kochen willst«, sprach da der Fisch, »dann schneide mich in drei Stücke, eins für dich, eins für deine Frau und eins für deinen Sohn. Die Knochen grab im Garten ein, und nach einem Jahr grab sie nur wieder aus.«

Also tat es der Fischer, nur dachte er, als das Jahr vorüber war, nicht mehr an die Knochen, erst als sein Sohn schon erwachsen war. Aber was grub er dann aus? Ein langes Schwert.

»Vater«, sprach der Sohn, »Ihr wißt, ich will in die Fremde ziehen, gebt mir zu Euerm Pferd auch noch das Schwert.«

Nun gut, er hat beides bekommen und ist ein paar Tage unterwegs, da kehrt er ein in einen Krug. Dort ist gerade ein Mann mit drei Hunden, die will er verkaufen. Schöne Tiere, denkt der junge Fischer, bietet sein Pferd dafür, und bald sind sie handelseinig. Ein Hund heißt »Packan«, der zweite »Brich-Eisen-und-Stahl« und der dritte «Zerreiß«.

Dann wandert er weiter und kommt in die Stadt des Königs, und aus allen Häusern hängen schwarze Fahnen. Wieder kehrt er ein und fragt gleich den Wirt, weshalb die ganze Stadt in Trauer sei.

»Unsere Stadt muß alle Jahre dem Drachen ein junges

Mädchen schicken«, lautet der Bescheid, »und in diesem Jahr ist die Königstochter an der Reihe.«

»Kann denn keiner sie erlösen?« fragt der junge Fischer.

»Kein Mensch kann gegen den Drachen an«, sagt der Wirt. Da läßt sich der Fischer den Weg zur Höhle des Drachen erklären, geht mit seinen Hunden hin und versteckt sich dort im Unterholz.

Bald kommt ein schwarzer Wagen angefahren, der Kutscher hält, und das Mädchen steigt aus. Der junge Fischer tritt heran und fragt, was das zu bedeuten habe. Sie wolle zum Drachen gehen, sagt sie leise und traurig. Dann wolle er sie begleiten, sagt er. Sie reicht ihm einen Becher Wein, und sie machen sich auf den Weg, während der Kutscher noch wartet und neugierig Ausschau hält, wann der Drache wohl kommen mag.

Es dauert gar nicht lange, da wälzt sich das Untier heran und speit Feuer und giftigen Rauch.

»Packan!« ruft der Fischer, und der Hund packt auch sofort an und beißt sich fest.

»Brich-Eisen-und-Stahl!« ruft der Fischer, und der Hund springt zu und bricht dem Drachen die Knochen entzwei, daß es nur so kracht.

»Zerreiß!« ruft der Fischer, und der Hund reißt dem Drachen das Fell herunter.

Schon liegt das Untier todwund am Boden. Der Fischer tritt heran und schlägt ihm alle neun Köpfe ab mit seinem langen Schwert.

Die Königstochter ist vor Freude außer sich und sagt, er solle immer bei ihr bleiben und sie möchte seine Frau werden.

Er erwidert: »Gern würde ich Euch zur Frau nehmen, aber ich gehe noch einmal fort. Über ein Jahr und einen Tag komme ich wieder zurück, dann soll die Hochzeit sein. Könnt Ihr aber so lange warten?«

Ja, das will sie. Da löst er die Zungen aus den neun Drachenköpfen, wickelt sie sorgfältig in ein Tuch, pfeift seinen Hunden und geht davon.

Der Kutscher läßt die Königstochter einsteigen, doch dann redet er drohend auf sie ein. Schwören soll sie, daß er es war, der den Drachen getötet hat. Sie gerät in große Angst und sagt es zitternd und zagend zu, es bleibt ihr keine andere Wahl. Dann holt sich der Kutscher die neun Köpfe des Drachen und fährt los.

Bei ihrer Rückkehr ist allenthalben eitel Freude, daß das Ungeheuer tot ist, und der Kutscher soll die Königstochter zur Frau bekommen. Sie aber schiebt die Hochzeit auf, immer wieder von neuem, um ein ganzes Jahr, aber dann ist es soweit, endlich soll gefeiert werden.

Um diese Zeit kommt der Fischerssohn wieder in die Stadt des Königs, und diesmal hängen aus allen Fenstern Fahnen in vielen Farben. »Ich bin vor einem Jahr hiergewesen«, sagt er zu dem Wirt im Krug, »damals war alles schwarz, und heute ist alles bunt?«

»Ja«, sagt der Krüger, »das ist nun gerade ein Jahr her, daß der Kutscher den Drachen erschlagen hat, und nun soll er die Königstochter heiraten.«

»Na«, meint der Fischer, »wenn ich da einen von meinen Hunden hinschicke, dann holt er mir was von der Hochzeit. Nicht wahr, das glaubt Ihr mir?«

»Nein«, sagt der Wirt, »wenn ich auch alles mögliche glaube, das bestimmt nicht, da setze ich meinen ganzen Krug dagegen!«

»Es gilt!« spricht der Fischer, läßt sich einen Korb geben, hängt ihn dem Hund um den Hals, legt einen Zettel hinein und zeigt dem Hund den Weg zum Schloß.

Bis zur Stunde hat die Königstochter immer gehofft, er werde noch kommen und um ihre Hand anhalten. Als der Hund zum Tor hineinläuft, paßt sie ihn ab und findet auch den Zettel. Darauf steht nur, sie möge ihm einen Offiziersanzug schicken. Sie läßt einen herbeibringen, legt ihn in den Korb und dazu einen Zettel, er sei zum Polterabend geladen. Dann läuft der Hund wieder hinaus.

Nun ist der Wirt ganz kleinlaut und glaubt nichts anderes,

als daß er seinen Krug hergeben muß. Aber nein, der Fischer wehrt ab, was soll er denn mit dem Krug, wo ihm etwas viel Schöneres winkt.

Er zieht die Uniform an und geht aufs Schloß. Dort ist er allen ein Fremder. Nur die Königstochter erkennt ihn. Er setzt sich zu ihr und läßt sich alles erzählen, warum sie nicht auf ihn warten konnte, ein Jahr und einen Tag, obwohl sie es ihm doch versprochen hat, und wie sie dem Kutscher in Not und Bedrängnis hat schwören müssen, ihn als den Drachentöter auszugeben. »Wie konnte er es aber beweisen?« fragt er schließlich.

Sie deutet auf die neun Köpfe. Er besieht sie sich näher und bemerkt, daß ihnen die Zungen fehlen. »Vielleicht haben Drachen gar keine Zungen?« meint die Königstochter.

»Ich glaube, sie haben doch welche«, sagt er nur und zieht das Bündel mit den neun Zungen hervor. »Hier sind sie, so wie ich sie damals herausgeschnitten habe!«

Es gibt ein großes Aufsehen, und die Königstochter sorgt dafür, daß es jeder gleich erfährt, wer in Wahrheit der Held gewesen ist.

Auf der Stelle wird der Kutscher in Ketten gelegt und ins finstere Verlies geworfen, und Hochzeit ist mit dem Fischerssohn, der endlich die Königstochter heimführen kann.

Das Flötenmädchen

Im Jahre 1298 kam über den Ort Alt Gaarz ein seltsames Unheil. Im Monat Juni wehte tagelang heißer Wind von Süden und wirbelte Sand und Staub vor sich her. Kaum konnten die Menschen ihre Wohnungen verlassen. Sie warteten sehnlichst, daß sich der Wind drehen und ihnen vom Meer Kühlung bringen würde.

Eines Nachmittags erhoben sich ungeheure Schwärme geflügelter Insekten aus der See und überzogen den Ort wie mit einem dichten Schleier. Immer neue Schwärme folgten, bald hingen Bäume und Büsche voll davon. Das Geflügel, das zuerst gierig nach den Insekten schnappte, konnte sich ihrer nicht mehr erwehren, als sich ganze Wolken herabsenkten, und wurde schließlich getötet.

Die Insekten hatten buntschillernde, durchsichtige Flügel und raupenähnliche Leiber. Man erkannte sie als Seelibellen, die sonst nur ganz vereinzelt vorkamen. Den Menschen wurde diese Plage immer unerträglicher, und bange Verzweiflung erfüllte die Gemüter. Auch als sich am Abend die Altväter des Dorfes trafen, um gemeinsam zu beraten, wußte keiner einen Ausweg aus der Not.

Am anderen Morgen war alles wie zuvor, Sonnenbrand mit Staub und schwülem Wind. Die Insekten wichen nicht, und die Menschen waren ratlos und verzweifelt.

Am Ende des Dorfes wohnte eine arme Witwe mit ihrer kleinen Tochter, einem überaus zarten und stillen Kind. Nur einen Gespielen hatte die Kleine, einen Fischerjungen, der ihr beim Schafehüten eine Flöte geschnitzt hatte. Diese Flöte war ihr liebstes Spielzeug, und sie verstand ihr süße, wundersame Melodien zu entlocken.

An jenem Morgen, als die Insektenplage immer unerträglicher wurde, öffnete sich die Tür des Häuschens, und die Kleine trat heraus, in der Hand die Flöte. Sie setzte sie an die Lippen und blies eine liebliche Weise, daß es wie ein Locken klang. Hin und wieder setzte sie die Flöte ab und sang leise:

»Litt, litt, litt. litt ...
kommt alle mit!«

Durch das ganze Dorf ging das Mädchen und über die Wiesen zum Strand hinab. Da geschah etwas Wunderbares. Die Libellen lösten sich von Bäumen und Büschen, von Gräsern und Blumen, kamen aus Häusern und Ställen und folgten in dichten Schwärmen der Kleinen und ihren lockenden Melodien. Die leise plätschernden Wellen netzten ihr schon die nackten Füße, als sie stehenblieb und sich umschaute. Dicht schwirrten die Libellen um sie, eine riesige dunkle Wolke.

Nicht weit von ihr saß der Fischerssohn, ihr Freund, in einem Boot. Nach kurzem Bedenken lief das Mädchen zu ihm, stieg ins Boot und bat ihn hinauszurudern. Sobald sie ein Stück vom Land entfernt waren, setzte sie die Flöte an und spielte wieder die süße, lockende Weise. Immer weiter fuhren die Kinder hinaus, die Libellen folgten ihnen, und ganze Schwärme sanken nun in die Wellen.

Inzwischen hatten die Bewohner von Alt Gaarz mit Staunen das seltsame Geschehen vom Ufer aus verfolgt. Der Wind hatte sich nach Osten gedreht und brachte die ersehnte Kühlung.

Als aber das Boot mit den Kindern am Abend nicht heimgekehrt war, machten sich die Fischer auf die Suche. Erst gegen Morgen fanden sie es. Auf einer Sandbank vor der Insel Poel war es mit den Kindern angetrieben, die noch in tiefem Schlaf lagen, und das Mädchen hielt die Flöte fest in den Händen.

Ein jubelnder Empfang wurde den Kindern zuteil, als sie in Alt Gaarz von den Fischern an Land gebracht wurden. Von diesem Tag an nannte jedermann im Dorf die Kleine voller Dankbarkeit das Flötenmädchen.

Der ewige Blüser

Wenn die Zeit des Aalfangs kam, bedienten sich früher die Fischer an windstillen Abenden der Blüsefeuer, um die Fische anzulocken. Aber oft geschah es, daß sich kein einziger Fischer auf dem Wasser befand und man dennoch ein helles Blüsefeuer erblickte, das auf dem Salzhaff zuweilen stundenlang umherirrte. »Dat is de ewige Blüser«, sagten dann die Wustrower und dachten an das Schicksal Claus Steffens, eines Fischers aus Alt Gaarz, der früh seine Frau verloren hatte und zum Trinker geworden war. Immer brauchte er Geld für Schnaps und Kartenspiel und war darum ganze Nächte lang draußen beim Aalblüsen.

Auch am Abend des Gründonnerstages litt es ihn nicht im Haus. Er holte Blüspfanne und Aalspeer, raffte ein Bündel Kienspäne zusammen und ging zum Haff hinunter.

»Was, heute abend willst du blüsen?« fragte ein alter Fischer erschrocken und fügte warnend hinzu: »Das geht nicht gut, Claus Steffen, du weißt doch, morgen haben wir Karfreitag!« Steffen wehrte ab. »Wenn nur das Wetter so bleibt. Die See ist spiegelglatt, das gibt einen guten Fang.« Damit ließ er den Alten stehen und wandte sich zum Bootssteg. Im Handumdrehen war das Boot losgemacht und trieb unter seinen hastigen Ruderschlägen schnell hinaus. Er wußte, vor Wustrow waren die besten Fischgründe. Dort steckte er den Kien in Brand, und sogleich erhellten die trotz der stillen Luft unruhig zuckenden Flammen das Wasser an der Seite des Bootes mit ihrem gespenstischen Schein bis auf den Grund.

Nun ergriff der Fischer den Speer und stach zu, immer wieder, und einen Aal nach dem anderen zog er heraus und warf ihn ins Bootsfaß. Stunde um Stunde verging. Steffen arbeitete fieberhaft, kaum daß er den Ton des Mitternachtsläutens vom Alt Gaarzer Kirchturm hörte, der dumpf über die nachtschwarze Wasserfläche hallte.

Da fuhr ein Windstoß heran, daß dem Fischer die Flammen ins Gesicht schlugen. Erschrocken ließ er den Speer sinken. Was war das für ein Brausen, das die Luft erfüllte? Schon begann sich das eben noch stille Wasser zu kräuseln. Nun war es vorbei mit dem Blüsen, und Steffen zog den Aalspeer ein. Er wollte gerade sein Boot zur Heimfahrt wenden, als dicht neben ihm ein zweites auftauchte, auch dieses mit einem Blüsfeuer, an dem hochaufgerichtet ein Fremder stand, die Rechte drohend gegen ihn erhoben.

Der Wind war unterdessen zu einem wild tobenden Sturm geworden, der die beiden Boote wie Bälle auf den Wogen hin und her warf. Im nächsten Augenblick erloschen die Flammen der Blüsfeuer, ein dröhnendes Krachen folgte und ein Schrei, der sogleich im Heulen des Orkans unterging.

Am Morgen wurden die Trümmer von Steffens Boot am Wustrower Strand angespült. Er selber blieb verschwunden, doch war von diesem Tage an zuweilen der ewige Blüser zu sehen, vor allem in der Nacht auf Karfreitag.

Wohl hat es nicht an Versuchen gefehlt, ihm auf die Spur zu kommen. Aber meist wich das Boot seinen Verfolgern in weitem Bogen aus. Gelang es einem beherzten Fischer doch einmal, sich ihm zu nähern, so hielt der Fremde plötzlich in schneller Fahrt auf ihn zu und schien ihn bereits in Grund und Boden zu rammen. Nur mit letzter Anstrengung hatte der Wagehals immer noch den Strand erreicht, wohin ihm der Blüser offenbar nicht folgen konnte.

Nachdem dies einige Male glimpflich abgelaufen war, verging den Fischern die Lust zu weiteren Abenteuern, und sie ließen den ewigen Blüser in Ruhe.

Die goldene Wiege im Schmiedeberg

Wo heute die Wellen der Ostsee an den Strand von Rerik branden, lag vor langer Zeit nur Weideland. An einer einsamen Stelle der hohen Düne stand eine Windmühle, und der Müller, der dort lebte, war nebenbei auch Fischer. Seine Frau war früh gestorben und hatte ihm einen Knaben hinterlassen, den blonden Frieder, der die Schafe hütete und, als er größer wurde, dem Vater in der Mühle half und mit hinaus zum Fischen fuhr.

Die Wirtschaft besorgte die alte Lene. An langen Winterabenden, wenn der Sturm tobte und die Wogen wild ans hohe Ufer schlugen, saß Frieder mit seinem Vater am Herdfeuer. Sie flickten Netze, und Lene strickte. Eines Abends bat Frieder, sie möge ihm doch die Sage von der goldenen Wiege im Schmiedeberg erzählen, und die Alte begann: »In uralten Zeiten stand auf dem hohen Ufer eine Burg. Der Ritter Peder Holgar, ein wilder und streitbarer Mann, wohnte hier mit seinen Waffenknechten und einer wunderschönen Frau, die er eifersüchtig hütete. Frau Oda durfte nie die Burg verlassen, und ihr Kind, ein blonder Knabe, war ihre einzige Freude.

Eines Tages nun zog Ritter Peder mit seinen Leuten weit über Land und ließ nur eine Handvoll bewaffneter Knechte zum Schutz seiner Frau zurück. Sie saß auf dem hohen Söller der Burg und schaute über das weite Meer, auf den Knien ihren Knaben wiegend.

Da stürzten zwei Knechte schreckensbleich zu ihr hinauf und verkündeten, daß Feinde des Ritters mit großem Troß nahten. Schon bald erscholl Waffenlärm. Todesmutig verteidigten die Knechte die Burg, aber vergeblich, die Übermacht der Feinde war zu groß. Sie stürmten die Tore und rächten sich an dem Ritter, indem sie mordeten und raubten.

Als Ritter Peder heimkehrte, fand er alles verwüstet und sein Gesinde erschlagen. Oben auf dem Söller lagen sein Weib und Kind ermordet. Da rief er alle Männer und Frauen aus der Umgebung zusammen und tat einen furchtbaren Racheschwur. Sein Kind ließ er in eine goldene Wiege legen. Frau Odas Leiche wurde in kostbare Gewänder gekleidet und aufrecht in einen hohen geschnitzten Stuhl neben die Wiege gesetzt.

So brachte man sie in die Grabkammer. Alle, Männer, Frauen und auch die Kinder, trugen nun in großen Schürzen Erde herbei und häuften sie als Grabhügel zu einem großen Berg, und auf diese Weise ist der Schmiedeberg entstanden. In mondhellen Nächten«, schloß die alte Lene, »kann man um Mitternacht Frau Odas Wiegenlied hören, das sie ihrem Knaben singt, und in der Neujahrsnacht soll man auch die Wiege und Frau Oda sehen können.«

Immer wenn Frieder dann am Schmiedeberg die Schafe hütete, kam ihm die alte Sage in den Sinn. Auch als Jahr um Jahr verging und er ein stattlicher junger Mann wurde, vergaß er sie nicht. Eines Abends stand er wieder am Fenster und schaute sehnsüchtig nach dem Dorf hinüber, wo der Schmiedeberg im goldenen Schimmer der untergehenden Sonne lag. Frieder dachte an die goldene Wiege. Ob er sie einmal finden würde?

Es wurde Winter, und die Neujahrsnacht kam heran. Schnee lag auf den Dünen und glitzerte silbern im Mondlicht, als Frieder am Schmiedeberg stand. Einmal hatte er nach einer Sturmnacht im Berg eine Höhle entdeckt. Dort mußte es sein! Hastig fing er an zu graben.

Plötzlich hört er ein Grollen und Krachen. Erschrocken sinkt er in die Knie. Vor ihm öffnet sich der Berg. Er blickt in eine schimmernde Grotte aus rötlichem Gestein. Eine Frau in prächtigem Gewand sitzt in einem hohen Stuhl. Leise bewegt ihre Hand die goldene Wiege mit ihrem Knaben hin und her, und mit zarter Stimme singt sie:

»Schlafe, mein Kindelein,
in deinem Wiegelein.
Die Wellen raunen, es flüstert der Wind,
sie singen in süßen Schlummer mein Kind.«

Frieder lauscht wie verzaubert. Als ihn die Frau freundlich anblickt, will er sich erheben und auf sie zugehen. Aber schon schließt sich der Berg wieder. Alles ist fort, und Frieder schwinden die Sinne.

Am Neujahrsmorgen fanden Leute, die vorüberkamen, den Erstarrten und trugen ihn ins Dorf.

Als Frieder erwachte, fand er in der Tasche seines Rockes einen schönen Klumpen Gold. Frau Oda hatte es gut mit ihm gemeint und ihn reich beschenkt.

Sturmfluten haben im Laufe der Jahrhunderte die Küstenlandschaft verändert und auch den größten Teil des Schmiedeberges hinweggerissen. Aber die Sage lebte weiter, und noch lange ging die Rede von Frau Oda, die in mondhellen Nächten zur Mitternachtsstunde an der goldenen Wiege im Schmiedeberg ihr Wiegenlied singt.

Riesen und Zwerge in Wismar

As dat noch Riesen geef, wullen se bi Wismar giern 'n Haben hebben. »Dat willn wi woll krigen!« säd en Riesenfru, nehm 'ne Göpps vull Ierd in de Schört – dor wier de Haben farig. As se 'n bäten wider gahn wier, donn fööl wat rut – dat wier de Wischbarg. Donn güng se wider, donn fööl wedder 'n Klacks rut – dat wier de Nonnenbarg, un de letzt Klacks, dat wier de Papenbarg bi Luttersdörp.

In Wismar is ees 'n Schipper wäst, de hett lange Tiet keen Fracht hatt. Dor kümmt 'n ganz lütten Mann bi em un fröggt, wat em fählen ded. – Je, so un so. – Ob he denn Ballast laden wull? – Ja. – Na denn süll he hüüt abend na de Sünn mit sien Lüd von sien Schipp runner gahn un sick so inrichten, dat he morgen vör de Sünn buten Boomhuus wier mit sien Schipp.

As de Schipper den annern Morgen vör Dagwarden na sien Schipp henkümmt, seggt de lütt Mann to em, dat wier alles in Ordnung, un se führen los.

As se midden uppe See sünd, seggt de lütte Mann to den Schipper, ob he woll wüßt, wat he laden hadd. – Ja, Ballast. – Na, denn süll he sick dat mal besehn. As de Schipper rinkickt na de Roof (Mannschaftsraum), sünd dor luter lütte Lüd in. Dor fröggt de Schipper, wat dat to bedüden hadd. – Je, de Petermännken müßten nu rut ut'n Land, dat Brot wier hier nu to dull gesägent, se hadden hier keen Nahrung mihr. De Schipper bringt nu sien Ladung dorhen, wo de lütte Mann bestimmen deit, un geit mit sien Lüd an Land. As se annern Dags wedder kamen, is dat Schipp leddig.

An Frachten hett dat den Schipper nie wedder fählt, un he hett keen Not wedder kennenlihrt.

Das Teufelsgitter

Im Jahre 1344 hatten die Schlosser in Wismar alle Hände voll zu tun. Viele Schlösser und Riegel wurden für das Innere der Marienkirche gebraucht. Die meisten davon waren bei Meister Velten in Auftrag gegeben, der als geschickter Handwerker in gutem Ansehen stand. Mit Eifer waren seine vier Gesellen am Werk, schmiedeten und bogen, hämmerten und feilten von früh bis spät. Da immer noch eine Menge Arbeit für den nächsten Tag liegenblieb, griff der Meister kräftig mit zu. So kam es, daß Mechthild, seine Tochter, in der Mittagszeit nun oft vergeblich zum Essen rief und selber in der Werkstatt erscheinen mußte. Dann freilich ließen die Nimmermüden die Arbeit ruhen und folgten ihr gern. Sie war reizend anzusehen, ihr Wesen war frisch und natürlich, und jeder, der sie anblickte, war ihr gleich von Herzen zugetan. Das einzige Kind des Meisters, war sie sein ein und alles, und seit dem Tod der Mutter versorgte sie Küche und Haus.

Unter den Gesellen war Kurt dem Meister besonders ans Herz gewachsen. Vor Jahren schon hatte er ihn, dem die Eltern früh gestorben waren, zu sich genommen. Da er sich anstellig und überaus fleißig zeigte, war er nun Geselle. Kunstreiche Schlösser ersann er und kannte sich aus in seinem Fach.

War er jedoch oft mit einem fröhlichen Lied bei der Sache gewesen – was der Meister gar nicht ungern sah, denn um so flotter ging dabei den anderen die Arbeit von der Hand –, so erschien er jetzt wie verwandelt. Zwar war er nicht weniger fleißig als zuvor, nur derart in sich gekehrt und einsilbig, daß schon keiner mehr eine Frage an ihn richten mochte, da eine Antwort doch nicht zu erwarten war. Wenn Mechthild die

Werkstatt betrat, schaute er auf und warf ihr einen schnellen, sehnsüchtigen Blick zu.

Das war es, was ihn bedrückte: Vor einem Jahr hatte er ihr seine Liebe gestanden, und sie hatte ihn auch nicht abgewiesen. Am Morgen darauf war dann der Meister an seinen Arbeitsplatz getreten und hatte in barschem Ton gesagt: »Kurt, du bist mir wert als tüchtiger Geselle, aber meine Tochter ist für dich zu hoch gewachsen, fürchte ich. Oder kannst du hundert Gulden mitbringen, wenn's ans Freien geht?« Der Geselle senkte nur traurig den Kopf. »Nun, ich wußte es. Also schlag dir das Mädchen aus dem Sinn, je schneller, desto besser, und wenn nicht, so mußt du aus meinem Haus!«

Das war unmißverständlich gewesen. Doch so leicht gab Kurt nicht auf. Während er sich über seine Schlösser beugte, grübelte er unablässig, wie er zu dem Geld kommen könnte, denn dann wäre ja alles gut.

Am Sonntag ging er hinaus über die Felder, und wieder gab es nur einen Gedanken für ihn: Wie konnte er es anfangen, hundert Gulden zu bekommen? Wie, wenn ihm jemand dazuverhelfen würde ...

Unterdessen hatte er den Galgenberg erreicht. Er schrak zusammen, als ihm von hinten auf die Schulter geklopft wurde. »Heda, so traurig, junger Freund?«

Ein Fremder, fein gekleidet, sah ihn an mit seltsam durchdringendem Blick. »Ihr habt Liebeskummer, nicht wahr, das ist es, was Euch bedrückt? Nun wohl, ich kann's verstehen. Aber sagt, kann ich Euch behilflich sein? Nur immer heraus mit der Sprache!«

Die freundlichen Worte blieben nicht ohne Wirkung. Kurt faßte sich ein Herz und sprach sich seinen Kummer von der Seele.

»Wahrhaftig, Ihr jammert mich«, sagte der Fremde nachdenklich, »aber ich glaube, wir kommen mit Euerm Meister schon noch überein.« Ungläubig blickte ihn der Geselle an. »Hört nur gut zu! Morgen werde ich bei Meister Velten ein Gitter für den neuen Taufstein in der Marienkirche bestellen.

Er wird die Arbeit nicht übernehmen wollen, denn ich werde verlangen, daß das Gitter aus einem Stück geflochten sein soll. Dann müßt Ihr Euch melden, hört Ihr? Nehmt nur den Riß zur Hand und sagt: ›Mit Verlaub, Meister, ich würde mir die Arbeit wohl zutrauen.‹ Könnt Ihr sie dann vom Hahnenschrei bis in die Nacht um eins vollenden, sind hundert Gulden Euer Lohn. Gelingt es Euch aber nicht, gehört Eure Seele mir.«

Bei diesen Worten wurde dem Gesellen beklommen zumute, denn nun wußte er, mit wem er es zu tun hatte. Doch er mußte es wagen. Mit verzweifeltem Mut unterschrieb er den Kontrakt, den der Fremde im Handumdrehen ausgefertigt hatte.

Alles geschah wie angekündigt, und am Dienstagmorgen machte sich Kurt schon in aller Frühe ans Werk. So glatt war ihm kaum je zuvor die Arbeit von den Händen gegangen: Er glühte das Eisen, bog es zurecht, schmiedete, feilte und maß und verglich genau mit der Zeichnung. Die Stunden verrannen, er merkte es kaum. Als er einmal aufsah, war es schon Abend. Hastig aß und trank er ein wenig, es galt jede Minute zu nutzen. Dabei spürte er nicht die geringste Müdigkeit. Seine Kräfte schienen eher zu wachsen als abzunehmen, je mehr er sah, wie das kunstvolle Gitter unter seinen Händen der Vollendung entgegenwuchs. Zehnmal schlug die Glocke vom Turm, da stellte er das Gitter am Taufstein auf. Noch waren viele Nieten einzuschlagen. Er hämmerte mit voller Kraft, daß es in dem weiten Kirchenschiff dröhnend widerhallte. Mit Windeseile schwand die Zeit dahin. Zwölf Uhr war lange vorbei. Da, endlich, die letzte Reihe war fast geschafft, als die Turmuhr eins ansagte und sich ein entsetzliches Getöse erhob. Wie Sturmesheulen raste es heran. Kurt blickte auf. Da sah er den leibhaftigen Satan mit hämisch grinsendem Gesicht über sich schweben, in der einen Hand den Kontrakt haltend, in der anderen einen Beutel mit klingender Münze.

Dem Gesellen war vor Schreck der Hammer entglitten. Er sah sich schon in den Händen des Bösen. In seiner Not sandte er schnell ein Stoßgebet zum Himmel. In diesem Augenblick schlug die Glocke eins. Der Teufel stieß ein ohrenbetäubendes Geheul aus, dann gab es einen schweren Fall. Indem der Geselle zu Boden stürzte, schwanden ihm die Sinne.

Als er erwachte, dämmerte bereits der Morgen. Neben ihm stand der Beutel voll Geld. Da lag auch der Kontrakt, in der Mitte durchgerissen.

Meister Velten wurde ganz kleinlaut, als er den Bericht des Gesellen vernahm und die hundert Gulden sah. Auf der Stelle mußte Mechthild kommen, und er gab die Hände der beiden zusammen.

Viele Jahre lebten sie in glücklicher Ehe. Kurt hat noch manches meisterliche Schlosserwerk gefertigt. Das Gitter um den Taufstein in der Marienkirche wurde unter dem Namen Teufelsgitter bald weithin bekannt. Immer wieder wird es durch die Jahrhunderte in Berichten von Reisenden erwähnt. Da die Marienkirche stark zerstört wurde, steht das Teufelsgitter, das unversehrt erhalten ist, jetzt in der Nikolaikirche. Wer genau hinsieht, wird bemerken, daß ein Loch tatsächlich ohne Niet geblieben ist.

Zwei Alt-Wismarer Sagen

Einst standen nicht weit vom Mecklenburger Tor, dicht an der Stadtmauer, sieben riesige alte Linden, gerade dort, wo heute der Lindengarten liegt, und jedermann nannte sie nur »die Preußische Barmherzigkeit«. Gewiß ein sonderbarer Name für sieben alte Bäume, und hatte doch seinen Sinn, denn als die Stadt in Kriegszeiten einmal von preußischen Truppen belagert wurde, litten die Wismarer schlimme Not. Nicht nur, daß Hunger sie quälte, Seuchen holten sich Tag für Tag erbarmungslos ihre Opfer. Es wäre noch viel ärger gewesen, hätte nicht ein Getränk von Lindenblüten manchem Kranken Heilung oder zumindest Linderung gebracht. Daher waren die Bürger vollends der Verzweiflung nahe, als sie eines Morgens sehen mußten, wie die Preußen darangingen, von den stattlichen Bäumen rings um die Stadt einen nach dem anderen umzuhauen. Sogleich sandten sie eine Abordnung zu ihnen mit dem flehentlichen Ersuchen, doch wenigstens die sieben Linden am Mecklenburger Tor zu verschonen. Die Preußen zeigten Verständnis und ließen diese Bäume stehen. So ist es zur »Preußischen Barmherzigkeit« gekommen.

Wie in vielen Städten gab es natürlich auch in Wismar früher einen langen unterirdischen Gang, nur wie lang er eigentlich war, das wußte niemand genau zu sagen. Im Franziskanerkloster begann er, aber wie weit führte er? Einige meinten, bis St. Jakob, andere wieder bezweifelten, daß er so lang sei.

Nun kam es in der Schwedenzeit einmal zu einem Todesurteil gegen einen Trommelschläger wegen einer schlimmen Gewalttat. Als er dennoch begnadigt wurde, aber nur unter der Bedingung, daß er den unterirdischen Gang bis zum Ende abgehen sollte, und dies unter beständigem Trommeln, denn oben wollte man den Verlauf des Ganges nach dem Trommelschlag genau verfolgen.

Das geschah, und eine große Schar Neugieriger bewegte sich langsam durch die ABC-Straße und die Altböterstraße, wo man deutlich die Trommelschläge vernahm, bis sie unter dem Markt leiser wurden und sich allmählich ganz verloren. Der Trommler kam nie wieder ans Tageslicht, und man wußte noch immer nicht, wo der unterirdische Gang aufhörte.

Um dem Rätselraten ein Ende zu machen, befahl der Stadtkommandant, den Eingang zuzumauern. Noch mancher hat später im Franziskanerkloster die Stelle gesehen, wo sich einst die Tür befand.

Wenn aber zu vorgerückter Stunde Wismarer Bürger auf dem Heimweg vom Ratskeller den Marktplatz überquerten, blieben sie zuweilen stehen und lauschten, war es ihnen doch, als drängen leise Trommelschläge herauf. Dann stießen sie sich an und flüsterten: »Hört Ihr ihn auch, unsern Trommler?«

De Wauld drifft

De Wauld oder de Wode, das war der Wilde Jäger. »De Wauld drifft«, sagten die Leute früher auf der Insel Poel, wenn der Sturm nachts ums Haus heulte, und erzählten diese Geschichte dazu:

Ein Mann war noch spät nach seinem Dorf unterwegs, als er vor sich eine laut polternde Stimme hörte und ungeduldiges Hundegekläff. Mitten auf dem Weg hielt ein Wagen mit schwarzen Pferden davor, umringt von einer Hundemeute. Als er näher kam, rief ihn der Mann oben vom Wagen her an und bat, er möge die zerbrochene Deichsel wieder herrichten. Der andere, ein Radmacher, besann sich nicht lange, zog ein scharfes Messer aus der Tasche und machte sich an die Arbeit.

Weil er die beiden Enden erst geradeschneiden mußte, fielen einige Späne dabei ab.

Bald war er fertig. Der Mann auf dem Bock sagte, daß er nichts habe, was er ihm geben könnte als Lohn für seine Mühe, und ob er vielleicht mit den heruntergefallenen Spänen vorliebnehmen wolle.

Natürlich war der Radmacher nicht wenig enttäuscht, aber was sollte er schon sagen. Er war müde und wollte nach Hause. Da klaubte er eben ein paar Späne auf und steckte sie in die Tasche. Zu Hause legte er sie auf den Herd und ging schlafen.

Um so freudiger war er überrascht, als er am anderen Morgen sah, daß jeder Span zu einem blitzblanken Goldstück geworden war. Rasch lief er noch einmal zu der Stelle, aber da war keins mehr zu finden.

Noch eine Geschichte konnte man vom Wode hören, der

einsamen Wanderern oft Schaden zufügte. Nur wer mitten auf dem Weg blieb, dem tat er nie etwas zuleide.

Einst kam ein Bauer in der Nacht aus der Stadt. Als er durch den Wald ging, hörte er die Wilde Jagd heranbrausen. Gleich darauf erscholl durchdringend die Stimme des Jägers: »Mitten in den Weg! Mitten in den Weg!« Aber der Bauer hielt sich lieber am Rande unter Bäumen. Da sprang ein großer, finsterer Mann auf einem Schimmel aus den Wolken herab dicht vor ihn auf den Weg und warf ihm eine schwere Eisenkette zu. »Hier, angefaßt, wollen sehen, wer am stärksten ziehen kann!«

Schon schwang er sich hoch. Der Bauer griff zu und schlang sie geschwind um eine alte, knorrige Eiche am Weg. Der Jäger zog und zerrte nach Kräften, kam aber wieder herunter. »Hast die Kette doch nicht um die Eiche da geschlungen?« stieß er drohend hervor.

»Aber nein«, versicherte der Bauer, der sie flink wieder losgewickelt hatte, »hier halte ich sie ja in meinen Händen.«

»Also, noch einmal, gib acht!« rief der Jäger. »Jetzt mußt du mit hinauf und mit mir ziehen durch Wolken und Wind!«

Von neuem stieg der Schimmel steil in die Höhe. Doch der Bauer, nicht faul, legte wiederum die Kette zweimal, dreimal um die Eiche. Da lag sie fest, der Wode zog vergeblich.

Wutschnaubend stieg er abermals hernieder und schrie: »Und doch schlingst du sie um die Eiche, elender Wicht, gesteh's nur!«

Der Bauer hatte sie längst wieder los und entgegnete ruhig: »Hier, seht, so und nicht anders halte ich sie mit meinen Händen.«

Da trat der Wode seinem Schimmel hart in die Weichen, daß der mit ungestümem Ruck blitzschnell nach oben sprang. Die Hunde bellten, als seien sie außer Rand und Band, laut wiehernd zerrte das Roß, die alte Eiche ächzte, ihre Wurzeln knarrten und krachten, daß dem Bauer angst und bange ward, aber der Baum hielt stand. Es half nichts, der Wode mußte auch jetzt wieder herunter.

»Das nenne ich kräftig gezogen!« rief er, noch ganz außer Atem. »Schon viele Männer mußten mit, ob sie wollten oder nicht. Du bist der erste, der mitgehalten hat. Sollst auch deinen Lohn bekommen!« Mit lautem Hoiho-Geschrei ging die Jagd nun weiter.

Der Bauer setzte seinen Weg fort, als vor ihm plötzlich ein Hirsch aus den Bäumen sprang. Gleich war der Wode heran und schmetterte das Tier zu Boden. Unverzüglich begann er das Wild zu zerlegen, dabei sich an den Bauern wendend: »Hier, Blut sollst du haben und eine Keule dazu!«

Der Bauer zögerte. »Ich hab weder Topf noch Eimer bei mir.«

»Nun komm schon«, rief der Wode ungeduldig, »zieh deinen Stiefel aus!« Der Bauer tat, wie ihm geheißen. »So, nun geh mit Fleisch und Blut zu Weib und Kind.«

Der Bauer nahm den Stiefel über die Schulter und ging seines Weges. Schwer drückte ihn die Last und immer schwerer, bis er stöhnend und schwitzend und mit krumm gebeugtem Rücken endlich sein Haus erreichte, in der Diele die entsetzlich schwere Last abwarf und selber fast mit zu Boden stürzte. Da, er traute seinen Augen kaum, war der Stiefel mit Goldstücken gefüllt, und die Keule war ein Lederbeutel, voll von silbernen Talern.

Von Poeler Kobolden und Hunden

Früher wußte man auf Poel mancherlei von Kobolden zu erzählen. In Einhusen gab es einen, der immer gern die Kühe fütterte. Als ein Knecht einmal verstohlen durch eine Türspalte lugte, sah er den kleinen Kerl in Kniehose und kurzer Jacke.

Auch in Seedorf hatten sie ein Pöttermännchen im Stall, das den Pferden Futter gab. Die Knechte konnten morgens noch so zeitig kommen, Pöttermännchen hatte den Pferden immer schon reichlich Futter gegeben, daß sie sich die Bäuche dick und rund gefressen hatten.

Fuhr der Bauer abends herein, ging Pöttermännchen ihm stets entgegen. Wenn die Pferde matt und lahm waren und über und über mit Schweiß bedeckt, dann war es traurig und weinte. Fühlten sie sich aber wohl und gingen frisch und stramm, sprang es vor Freude hoch und klatschte in die Hände.

Ebenso fütterte in Neuhof ein Pöttermännchen gern die Pferde. Wer ihm dazwischenkam und in die Krippe langte, bekam heftig eins auf die Finger. Oft gab es den Pferden Lein als Futter, den es erst ordentlich naß gemacht hatte, und die Tiere schlürften mit wohligem Behagen, man hörte es bis vor die Tür.

Die Hunde auf der Insel Poel genossen seit alters das Recht, am ersten Tag einer jeden Woche Fleisch zu bekommen. Einmal hielten sich die Bauern nicht mehr daran und warfen ihnen an diesem Tag, wie sonst auch, bloß Knochen hin. Aber die Hunde, klug, wie sie sind, wußten sich Rat und strengten einen Prozeß an beim Kloster Redentin. Und siehe da, sie gewannen ihn und erhielten sogar ein Protokoll darüber ausgehändigt.

Um das wertvolle Dokument, in dem ihr Recht verbrieft war, beim Hinüberschwimmen zur Insel nicht zu verlieren, klemmten sie es dem größten Hund unter den Schwanz. Natürlich hob er beim Schwimmen nach alter Gewohnheit seinen Steert, und alle waren verdutzt und konnten's kaum begreifen, als es nachher nicht mehr da war.

Daher sehen sich zwei Hunde, wenn sie sich treffen, auf Poel und anderswo, schnell einmal unter den Schwanz, denn sie glauben immer noch, das Protokoll dort zu finden.

Die Frau im Poeler Schloßberg

Der Schloßberg auf der Insel Poel, auf dem heute die Kirche steht, hat in früherer Zeit tatsächlich ein Schloß getragen. Groß und stattlich war es und hatte mächtige, weite Gewölbe, in denen reiche Schätze verborgen liegen sollten.

Auch als die Schloßmauern längst verfallen waren, wollte das Gerede von den kostbaren Schätzen nicht verstummen. Einmal machte sich ein halbes Dutzend Kinder, von Neugier getrieben, am überwucherten Eingang des »ollen Slot« zu schaffen. Plötzlich gab der Boden nach, und sie standen in einem der alten Kellergewölbe. Schon tasteten sie sich weiter vor und gelangten in einen zweiten Raum, der aber leer zu sein schien wie der erste. Ein schwacher Lichtschein wies ihnen den Weg zu einem dritten Gewölbe. Dort blieben sie betroffen stehen.

Dieses Gemach war zu einem Saal erweitert und wurde von einer Ampel erleuchtet, in deren Schein an den Wänden wunderbare Perlen schimmerten, während in den Nischen goldene Prunkgefäße glänzten. Dem Eingang gerade gegenüber stand ein schwerer Eichentisch. Daneben saß eine steinalte Frau, in Schlaf versunken. Einen goldenen Kamm hielt sie in ihrer Rechten, und zu Füßen lag ihr ein großer schwarzer Pudel, dessen Augen die Kinder zornig anfunkelten. Im nächsten Augenblick sprang er auf und fletschte die Zähne, daß die Kinder erschrocken zurückwichen.

Da blinzelte die Alte, und als sie die Kinder sah, sprach sie mit zittriger, krächzender Stimme: »Kamt man ran na mi, Kinnings, dei Pudel deit juch nicks.« Aber die Kinder hielten sich scheu zurück. »Nu kamt doch man, ji hefft dat Hoor jo gor nich kämmt. Kiekt, mit dissen golden Kamm will ick juch kämm'n.« Allein, die Kinder zögerten noch immer. Da lockte die Alte: »Wer kümmt, sall sick ok von dat Gold de Taschen vull stäken.« Dabei hob sie den Deckel einer neben ihr stehenden Truhe, in der es vor kostbarem Geschmeide nur so glitzerte und blitzte. Staunend reckten die Kinder die Hälse, noch nie hatten sie etwas Schöneres gesehen.

Nun trat ein Junge vor die Alte hin und ließ sich kämmen. Doch was geschah? Wie sie mit ihrem goldenen Kamm dem Jungen durch das Haar fuhr, wurde es mit jedem Strich lockiger und zottelig wie Pudelhaar, und damit auch das Gesicht, die Arme, die Hände, alles veränderte sich, je länger die Alte kämmte. Schließlich war das Kind zu einem Pudel geworden.

Erst standen die anderen starr und bleich vor Schreck. Dann rannten sie, was sie konnten. Zwei stießen sich im Dunkel so heftig, daß sie tot hinstürzten. Drei kamen glücklich ins Freie und ruhten nicht eher, als bis sie zu Hause angelangt waren. Dort brach das eine zu Tode erschöpft zusammen, ein anderes starb am Tag darauf. Lediglich ein Kind kam mit dem Leben davon, und das nur, weil es sich bei alldem nicht so nahe herangewagt hatte wie die anderen.

Alle zehn Jahre um Mitternacht schickte die Alte mit dem goldenen Kamm ihre beiden Pudel auf den Schloßberg, wo sie das Vieh, das dort auf der Weide lag, aus dem Schlaf schreckten und wild umherhetzten, bis man die Eingänge zu den unterirdischen Gewölben vor nicht allzulanger Zeit vermauerte. Dann war endlich Ruhe.

Die Leuchte

Auf der Insel Poel gab es vor einiger Zeit zu nächtlicher Stunde eine seltsame Erscheinung: Ein feuriger Ball wälzte sich urplötzlich heran und verbreitete hellen Schein, wandte und drehte sich dahin und dorthin und irrte noch eine Weile umher, bis er in der Dunkelheit verschwand. »Dat is de Lücht!« sagten die Poeler und schlugen, wenn irgend möglich, einen weiten Bogen um die feurige Leuchte, die schon manchen vom Weg abgebracht und in den Sumpf gelockt haben sollte.

Auf der Insel hatte einmal ein Bauer, dem es nicht gerade schlecht ging, einem Bettler ein ganz geringes Almosen gegeben, wofür der ihm gleichwohl mit den Worten dankte: »Gottes Segen dafür!«

Der Bauer sagte unwillig: »Macht, daß Ihr weiterkommt, und Gottes Segen brauche ich nicht!« Zur Strafe fand er nach seinem Tod keine Ruhe im Grab und ging des Nachts als Feuerkugel um.

Da kamen eines Abends, als die Sonne längst untergegangen war, zwei Männer aus Wismar zurück, die aber in der Finsternis die kleine Brücke hinter Strömkendorf, die über den Breitling zur Insel hinüberführte, einfach nicht finden konnten. Immer wieder gerieten sie bis dicht ans Wasser und holten sich nasse Füße. Sollten sie denn gar nicht mehr nach Hause kommen? Halb unbewußt sagte der eine in seiner Verzweiflung vor sich hin: »Wenn nu dei Lücht blot kamen wull!«

Da kam sie auch schon aus den Wiesen jenseits des Breitlings herauf, kam näher auf sie zu und tauchte alles in ihren hellen Feuerschein, daß die Männer die Brücke nun vor sich sahen und sicher hinübergelangten. Als sie den Boden der Insel betraten, sagte der eine voll Dankbarkeit: »Gottes Segen dafür!« Worauf es dumpf zurücktönte: »Dor heww ick lang up luert!« Dann erlosch die Leuchte und ist nie wieder erschienen.

Dükermudder

Eine geizige Bauersfrau auf der Insel Poel soll sie gewesen sein, die den Kindern, wenn sie am Fastnachtsabend von Tür zu Tür gingen und treuherzig ihren Spruch aufsagten, Eier mitgab, die schon faul waren und gräßlich stanken, und klopfte ein Bettler an ihre Tür, wurde er genauso abgespeist. Deswegen geriet sie allmählich in Verruf. Überall auf der Insel nannte man sie bald nicht mehr anders als Dükermudder, was Teufelsmutter bedeutet.

Nachdem sie verwünscht worden war, wo immer sie sich hatte sehenlassen, verschwand sie endlich ganz, wenn auch nicht für immer, denn nach einiger Zeit tauchte sie in Neuhof wieder auf, wo sie der Köchin heimlich bei der Arbeit zur Hand ging. Stets trug sie ein altes rotbuntes Kleid, dazu eine weiße Haube mit zwei »Pipen«, Zipfeln also, die rechts und links von ihrem Kopf abstanden. Aber nicht einmal ein Hemd hatte sie auf dem Leib, weshalb ihr die gutmütige Köchin eins schenkte.

Lange hielt es Dükermudder nicht an einem Ort, und bald war sie der Schrecken der ganzen Insel. Obwohl sie flink zu Fuß war, fingen beherzte Leute sie doch einmal ein und brachten sie in den Schwarzen Busch, wo sie sie festbannten an einen großen Stein.

Darunter saß sie dann noch lange Zeit in einer Höhle an einem goldenen Spinnrad und ließ fortwährend das Rad schnurren. Manche Leute wollen es ganz deutlich gehört haben, als sie dort stehenblieben und das Ohr auf den Stein legten.

Die Frau im Berg

Vor vielen Jahren war eine Frau von Wismar nach einem Dorf bei Klütz unterwegs. Vor ihr ging eine andere Frau, die, als sie einen Hügel am Strand der Wohlenberger Wiek erreicht hatte, von der Landstraße abbog und sich geradewegs der Anhöhe zuwandte. Plötzlich öffnete sich der Abhang vor ihr, und sie ging hinein. Da ein Spalt offen blieb, beeilte sich die andere, ihr zu folgen, denn sie hätte gern gewußt, was das zu bedeuten hatte.

Zuerst sah sie nichts als einen engen, dunklen Gang. Dann wurde es strahlend hell um sie her, und sie stand in einem wunderschönen Garten mit unendlich vielen Bäumen, Sträuchern und vor allem Blumen von solcher Pracht, wie sie es nie gesehen hatte. Fast wie im Traum ging sie nun durch Laubengänge, dann wieder zwischen Beeten hin, eines immer schöner angelegt als das andere. Doch über all der bunten Blütenfülle vergaß sie nicht ihre Heimkehr, und als sie wieder den Gang vor sich sah, durch den sie gekommen war, verließ sie eilig den zauberhaften Garten, denn sie glaubte, sich schon eine halbe Stunde versäumt zu haben.

Es dauerte auch nicht lange, bis sie das Dorf erreichte. Seltsam, vertraut waren ihr Häuser, Weg und Steg, aber fremd die Menschen, unbekannt die Gesichter. Zu Hause angekommen, rief sie nach ihren Kindern, doch es liefen Leute herbei, die weder sie noch die Kinder kannten.

Fassungslos sagte die Frau: »Wo geit dat tau? Ick bünn man ein halw Stunn in den Barg west ...« Sie berichtete von dem herrlichen Garten. Als sie dann ihren Namen nannte, schüttelten die Leute verwundert den Kopf. Schließlich entsannen sich einige, es sei wohl hundert Jahre her, daß in dem

Haus eine Familie dieses Namens gewohnt habe. Alle seien längst gestorben, und sie selbst hätten die Stelle schon von ihrem Vater übernommen und der von seinem Vater.

Schreckensbleich murmelte die Frau ein über das andere Mal: »Wo geit dat tau? Wo is dat blots mäglich?« So tief betroffen und verzweifelt war sie von ihrem traurigen Schicksal, daß sie binnen kurzem tot zur Erde niedersank.

Vogel Fenus

Es war einmal ein König, der hatte eine hübsche Tochter. Als sie sich aber in einen Soldaten verliebte, wollte der König das nicht zulassen, doch geradeheraus verbieten wollte er es nun auch wieder nicht. Wie er darüber nachsann, was zu tun sei, hatte er einen Gedanken. Er ließ den Soldaten rufen und sprach zu ihm: »Ich will dir meine Tochter geben, wenn du mir drei goldene Federn vom Vogel Fenus bringst.«

Darauf sagte der Soldat: »Jawohl, das werde ich tun.« Sogleich machte er sich auf den Weg. Der König dachte aber, er werde nicht wiederkommen, denn Vogel Fenus fraß alle Menschen auf, die ihm etwas anhaben wollten.

Als der Soldat in das nächste Königreich kam, traf er den König unterwegs. Der fragte ihn, wohin er wolle. – Ja, so und so, und wenn er drei goldene Federn bringe, wolle ihm der König seine Tochter geben, und ob er ihm den Weg zu Vogel Fenus zeigen könne.

Der König sprach: »Wenn du schon einmal zu Vogel Fenus gehst, dann frage ihn doch auch, wie das wohl zugehen mag: Ich habe da drei große Lindenbäume vor dem Tor stehen, die sind immer schön grün gewesen, nun vertrocknen sie auf einmal. Wenn du fragst und guten Rat mitbringst, will ich dir so viel Geld mitgeben, wie du nur tragen kannst.«

Darauf sagte der Soldat: »Jawohl, das werde ich tun.« Nachdem der König ihm den Weg gewiesen hatte, ging er weiter. Als er in das nächste Königreich kam, traf er auch hier den König unterwegs. Der fragte ihn, wohin er wolle. – Ja, so und so, und wenn er drei goldene Federn bringe, wolle ihm der König seine Tochter geben, und ob er ihm den Weg zu Vogel Fenus zeigen könne.

Der König sprach: »Wenn du schon einmal zu Vogel Fenus gehst, dann frage ihn doch auch, wie das wohl zugehen mag: Ich habe schon manchen Krieg führen müssen und dann auch gewonnen, aber nun verliere ich jedesmal. Wenn du fragst und guten Rat mitbringst, will ich dich hoch dafür belohnen.«

Darauf sagte der Soldat: »Jawohl, das werde ich tun.« Nachdem der König ihm den Weg gewiesen hatte, ging er weiter, bis an den Strand des Meeres, und dort rief er: »Fährmann, hol über!«

Der Fährmann kam auch bald heran und fragte ihn, wohin er wolle.

»Ach, ich will zu Vogel Fenus.«

»Was willst du denn da?«

»Ich will drei goldene Federn von ihm holen. Wenn ich die meinem König bringe, dann will er mir seine Tochter zur Frau geben.«

Da sagte der Fährmann: »Wenn du schon einmal zu Vogel Fenus gehst, dann frage ihn doch auch, wie lange ich noch übersetzen soll und ob ich nicht bald abgelöst werde. Ich bin nun lange genug hiergewesen.«

Darauf sagte der Soldat: »Jawohl, das werde ich tun.«

Als er nun auf einer Insel ankam, traf er dort eine alte Frau, das war die Wirtschafterin bei Vogel Fenus. Sie backte gerade Pfannkuchen, und wie sie ihn sah, erschrak sie ordentlich und sagte: »Ach du meine Güte, wo kommt Ihr denn auf einmal her?«

Er sagte: »Ich will drei goldene Federn von Vogel Fenus holen. Wenn ich die meinem König bringe, will er mir seine Tochter zur Frau geben. Dann ist da ein König, der hat drei große Lindenbäume vor dem Tor stehen, die sind sonst immer schön grün gewesen, nun vertrocknen sie auf einmal. Wie das wohl zugehen mag, soll ich fragen. Dann ist da noch ein König, der hatte immer Glück, wenn er Krieg führen mußte, und nun verliert er jedesmal. Wie mag das wohl zugehen? Ja, und der Fährmann will wissen, wie lange er noch fahren muß, bis er endlich abgelöst wird. Er meint, er habe nun lange genug übergesetzt.«

Da sagte sie zu ihm: »Aber wenn Vogel Fenus nach Hause kommt und trifft Euch hier, dann frißt er Euch auf.« »Ach, das wird er doch wohl nicht tun«, sagte der Soldat. »Ihr habt da so schöne Pfannkuchen, und ich bin so hungrig, gebt mir ein paar ab.«

Na, das tat sie dann auch. Als er genug gegessen hatte, fing sie wieder an: »Vogel Fenus kann nun jeden Augenblick nach Hause kommen. Ich will Euch mal etwas sagen: Kriecht unters Bett, dann wird er Euch wohl nicht bemerken. Ich schlafe mit in seinem Zimmer, und wenn ich ihn dann frage, könnt ihr hören, was er dazu sagt.«

Sofort versteckte er sich unterm Bett. Kaum war er dort verborgen, da kam Vogel Fenus schon angebraust. Er roch gleich, daß jemand da war. »Hier sind wohl Menschen?« fragte er mißtrauisch.

»Ach nein, das kommt Euch gewiß nur so vor, und hier sind schöne Pfannkuchen, wie Ihr sie gern mögt. Sie duften noch und sind ganz frisch und knusprig!«

Nach dem Essen ging er bald zu Bett, und auch sie legte sich nieder.

Als er nun ein wenig eingeschlafen war, schlich sie an sein Bett, riß ihm eine Feder aus und huschte gleich zurück. Vogel Fenus fuhr in die Höhe und sagte: »Was reißt mich denn da so sehr?«

Sie sagte flink: »Ach, verzeiht, aber mir träumte gerade von einem König, der hat drei große Lindenbäume vor dem Tor stehen, die waren sonst immer schön grün, nun vertrocknen sie auf einmal. Wie mag das wohl zugehen?«

Ja, sagte er, darunter seien Menschen begraben worden, deren Knochen solle der König nur wieder ausgraben lassen, dann würden auch seine Bäume wieder grün.

Der Soldat unterm Bett hörte das genau mit an, und Vogel Fenus schlief wieder ein. Nach einer Weile riß ihm die Wirtschafterin die zweite Feder aus. Vogel Fenus fuhr wieder hoch und krächzte wütend: »Was reißt mich denn da so sehr?« Sie sagte: »Ach, verzeiht noch einmal, aber mir träumte wieder von einem König, der hatte manchen Krieg führen müssen und dann gewonnen, und nun verliert er jedesmal. Wie mag das wohl zugehen?«

Ja, sagte er, daran seien die Generäle schuld, die seien ihm untreu geworden. Er solle seinen ersten General hinrichten lassen, dann werde es anders.

Der Soldat unterm Bett hörte auch das genau mit an, und Vogel Fenus schlief wieder ein. Nach einer Weile riß ihm die Wirtschafterin die dritte Feder aus. Vogel Fenus wurde nun aber böse und schrie, wild mit den Flügeln schlagend: »Was reißt mich denn da so sehr?«

Sie sagte: »Ach, verzeiht doch nur noch dieses eine Mal, aber mir träumte von dem Fährmann hier. Der hat nun schon so lange gefahren und ist noch immer nicht abgelöst. Wie lange muß er wohl noch fahren?«

»Was mußt denn du das wissen?« fragte Vogel Fenus ärgerlich und wollte zuerst gar nichts mehr sagen. Dann aber fuhr er fort: »Wenn er mal wieder einen übersetzt, soll er dem nur seine Ruder über die Schulter legen, dann ist er erlöst, und der andere muß so lange fahren, bis er wieder mal einem die Ruder überlegen kann.«

Der Soldat unterm Bett hörte auch das noch mit an, und Vogel Fenus schlief wieder ein.

Als Vogel Fenus am anderen Morgen aufwachte, kam es ihm wieder so vor, als seien Menschen da. Er flatterte unruhig hin und her und durch das ganze Haus. Dann setzte er sich zu Tisch, und als es heller Tag war, flog er davon.

Nun endlich konnte der Soldat unterm Bett hervorkommen. Er war ganz lahm und steif, und die Wirtschafterin mußte ihm viele Pfannkuchen backen, damit er wieder zu Kräften kam. Als er genug gegessen hatte, gab sie ihm die drei goldenen Federn und sprach: »Es ist jetzt höchste Zeit, daß Ihr Euch auf den Weg macht. Vogel Fenus kann wiederkommen, und Ihr wißt, es würde Euch übel ergehen.«

Dann ging der Soldat los, und als er wieder beim Fährmann anlangte, fragte der ihn gleich: »Na, was hat Vogel Fenus gesagt?«

Der Soldat hatte sich inzwischen die Antwort gut zurechtgelegt und sprach: »Ach, er hat nichts weiter gesagt, als daß du selber einmal kommen und ihn fragen sollst, dann wird er's dir wohl sagen.« Erst als er wieder an Land war und ein Stück vom Fährmann weg, rief er ihm zu: »Dann hat Vogel Fenus noch gesagt, wenn du einem deine Ruder über die Schulter legen kannst, bist du erlöst, und dann muß der andere so lange fahren, bis er sie wieder einem überlegen kann.«

Der Fährmann rief noch zurück: »Warte Freundchen, das sollte ich vorher gewußt haben, dann hätte ich aber dir die Ruder übergelegt!«

Als der Soldat nun zum ersten König kam, sagte er ihm, wie es mit dem Kriegführen stand, daß also die Generäle daran schuld seien, wenn er verliere. Vor allem sein erster General sei ihm untreu geworden, den solle er bestrafen.

Da ward der König über die Maßen zornig. Er ließ einer Tonne den Boden ausschlagen und seinen ersten General gefangennehmen und steckte ihn da hinein, daß er halb darin festsaß. Dann ließ er vier Ochsen anspannen, die mußten ihn so lange in der Tonne durch die Straßen schleifen, bis er tot war.

Der Soldat bekam eine Kutsche mit vier Pferden und einen Kutscher und zwei Bediente, da brauchte er nicht mehr zu Fuß zu gehen.

Als der Soldat nun zum zweiten König kam, sagte er ihm, wie es um die Linden bestellt war, daß also darunter Menschen begraben seien, und er solle deren Knochen ausgraben lassen, dann würden die Bäume wieder grün. Auf der Stelle ließ der König nachgraben und die Knochen hervorholen. Dann setzte er die Bäume wieder ein. Für den Soldaten ließ er eine ganze Kutsche mit Geld beladen.

Als der Soldat nun wie ein vornehmer Herr bei seinem König Einzug hielt und ihm auch die drei goldenen Federn von Vogel Fenus überreichte, hatte der nichts mehr einzuwenden und gab ihm seine Tochter zur Frau, und die beiden wurden miteinander sehr glücklich.

Das Bullenfest in Dassow

Wo die alte Handelsstraße von Wismar nach Lübeck die Stepenitz überquert, unmittelbar an der Dassower Brücke, erhob sich einst eine feste Burg. Schele von Nunnendorf, der Burgvogt, war seinen holsteinischen Herren als getreuer Diener wert geworden und als ein überaus gefügiges Werkzeug, wenn es darum ging, die Wagen der Handelsleute zu überfallen und nach Kräften auszurauben. Aufträge dieser Art wurden ihm nicht gerade selten überbracht.

Besonders übel erging es den Lübecker Kaufleuten. Man kann sich denken, daß den Bürgern dieser Stadt die Burg mitsamt ihrer sauberen Besatzung längst ein Dorn im Auge war. Sie taten sich mit den Mecklenburgern zusammen, aber die Mauern der Dassower Burg waren stark und trotzten jedem Ansturm.

Da versuchte es ein Fischer aus Schlutup mit List. Er schickte seine junge Braut, ein bildhübsches Mädchen, unter einem Vorwand in die Burg, wo sie alsbald sehr anmutig auftrat und dem Vogt und seinen rauhen Kumpanen mit nettem Plaudern und allerlei Schmeicheleien ganz und gar den Kopf verdrehte.

Inzwischen hatten unten an der Burg ein paar Boote angelegt. Als es auf Mitternacht zuging, fiel an der Mauer ein starker Strick herab. Oben hielt das Mädchen fest, und katzengewandt kletterten zwölf Schlutuper Fischer daran empor, vorneweg der Bräutigam. Es war ihnen dann ein leichtes, das trunkene Räubergesindel zu überwältigen.

Die Burg wurde daraufhin niedergerissen, und seit dieser Zeit konnten die Kaufmannswagen die Dassower Brücke unbehelligt passieren. Seit dieser Zeit war die Brücke aber jedes

Jahr im Mai auch Treffpunkt für alle, die nach Dassow kamen, um das Bullenfest zu feiern. »Bullen« war der Dassower Ökelname für die Fischer aus dem Lübeckischen.

Weil aber bei dem Handstreich gegen die Räuberburg ein Mädchen kühn vorangegangen war, gebührte bei dem Fest den Frauen und Mädchen der Vortritt. Auf geschmückten Wagen trafen sie schon an der Brücke ein, während die Männer noch traveabwärts und über den Dassower See ruderten. Gemeinsam zogen sie dann mit Sang und Klang und vielen Blumen nach Dassow hinein, wo alt und jung bei frohem Spiel und Tanz bis zum frühen Morgen beisammen blieb.

Der Priwall

Wie ein schützender Schild liegt die Halbinsel Priwall vor dem Land. Wo sich die Trave kurz vor ihrer Mündung in die Ostsee zur Pötenitzer Wiek verbreitert, bricht der Priwall den Ansturm der See. Wie mag er entstanden sein?

Als in den ältesten Zeiten noch Riesen im Lande wohnten, warfen und spielten sie gern mit Steinen, die deshalb überall verstreut sind. Ein besonderes Vergnügen war es für sie, wenn die Steine, mit geschicktem Schwung geworfen, weit übers Wasser glitten. Deshalb ist die See an vielen Stellen voll von Steinen.

In der Gegend, wo heute Travemünde liegt, wohnte auch so einer, Möwes hieß er und gehörte zu denen, die nie genug davon bekamen. Tagaus, tagein warf er viele Steine übers Wasser, immer auf die Plate zu, den Eingang zur Trave, daß der Grund dort mit der Zeit immer höher wurde und schließlich sogar das Wasser des Flusses aufzustauen begann. Das Wasser stieg und stieg. Schon drohten andere Riesen vom Land aus zu ihm herüber.

Da mußte er wohl oder übel sein Lieblingstreiben aufgeben, eine Zeitlang wenigstens. Er räumte also, damit die Trave wieder ablaufen konnte, die Steine beiseite und türmte sie dabei wallartig auf – und so entstand der Priwall.

Ein großer Stein, der nach dem Riesen Möwenstein heißt, liegt noch dort. Die anderen sind nun alle in Bollwerke eingebaut.

Luba

Im Jahre 1066 erhoben sich an der Travemündung die Wenden gegen ihre Unterdrücker, beseitigten ihren allzu willfährigen König Gottschalk und erwählten Kruto, den Fürsten von Rügen, zu ihrem Oberhaupt. Dieser ließ auf dem Werder zwischen Trave und Wakenitz alsbald eine Burg mit festen Mauern und Türmen errichten und nannte sie, weil ringsum prächtige alten Buchen standen, Buku oder auch Bukowitz.

Einmal war Kruto fern von seiner Burg auf See. Diese Gelegenheit wollte Buthue, der Sohn des einstigen Königs Gottschalk, benutzen, um seinen Vater zu rächen. Mit Hilfe der Sachsen rüstete er ein paar Dutzend Kriegsknechte aus, zog vor die Burg und schnitt jegliche Zufuhr ab. Die völlig überraschten Bewohner hatten keinerlei Lebensmittelvorräte. Fast wäre die Burg in die Hand des Feindes gefallen, hätte sie nicht ein Fischer mit kluger List davor bewahrt.

Er trug alles, was er in der Burg noch an Brot, Fleisch und anderer Nahrung auffinden konnte, zusammen. Es war wenig genug, gemessen an der Zahl der Leute, doch belud er seinen kleinen Kahn damit so, daß alles gleich zu sehen war, und fuhr direkt auf die Schiffe der Feinde los, die dort die Trave sperrten.

Er wurde angehalten, und die Feinde wiesen erstaunt auf den Proviant und fragten, was er damit wolle. Er gab Bescheid, sie hätten davon in der Burg noch reichlich und er wolle ihn in den Dörfern der Umgebung verkaufen.

Das hatten die Feinde nicht erwartet, ihre Gesichter wurden lang. Einnehmen ließ sich die neue, festgebaute Burg auf keinen Fall, hatte die Belagerung denn überhaupt noch Sinn?

Am besten, man zog davon, ehe Kruto heimkehrte und es womöglich zu offenem Kampf kam.

In der Burg konnte man die gute Nachricht bei der Rückkehr des Fischers kaum fassen, aber es war schon so, die Belagerung war aufgehoben und die Burg damit gerettet. Für seine Tapferkeit erhielt der Fischer einen Wunsch frei. Er bat für sich und die anderen Fischer der Ansiedlung um das Recht, sie allein sollten künftig lebende Fische öffentlich feilbieten dürfen.

Das wurde ihm gern gewährt. Dazu nannte man nach ihm, der den Namen Luba trug, die Burg und dann auch die neue Stadt. Daher heißt sie Lübeck bis auf den heutigen Tag.

Von Lübecker Kirchen

Eine neue Kirche sollte gebaut werden, das hatten die Lübekker beschlossen. Bald war der Grundstein gelegt, und als dann der Bau von Tag zu Tag höher emporwuchs, fanden sich viele Neugierige ein. Manche hatten erfahren, daß hier die Marienkirche entstand, andere wußten davon noch nichts, unter diesen war auch der Teufel. Er hörte nur einmal einen Handwerker zum andern sagen, nach Vollendung des Baues sei ein großes Gedränge zu erwarten. Daraufhin glaubte er, ein Weinhaus werde errichtet. Oho, das war ja etwas für ihn, da wollte er gern ein wenig nachhelfen!

Am nächsten Tag schon verdingte er sich als Geselle und legte tüchtig mit Hand an. Kein Wunder, daß die Mauern doppelt so schnell in die Höhe stiegen, nur mußten die Löcher für die Fenster frei bleiben, und der Teufel wunderte sich. Warum so groß und hoch, warum so viele? Aber vielleicht waren auch Türen dabei? Doch als sich dann ein Kuppeldach über dem Ganzen zu wölben begann, hörte er von dem wahren Zweck des Bauwerks und schäumte vor Wut. Rasch warf er sein Werkzeug hin und eilte mit Riesenschritten davon. Bald kehrte er, einen mächtigen Felsblock schleppend, zurück und schickte sich an, den Kirchenbau zu zertrümmern. »Schert Euch beseite!« schrie er die Gesellen an.

Die sahen nun, mit wem sie es zu tun hatten. Nach kurzem Besinnen trat ein junger Handwerker auf ihn zu und sprach:

»Herr Düwel, will he dat bliewen la'n,
dieweil wi enen Utweg ha'n;
's wör better, he vergleek sick mit uns in Göde,
als dat he sick erst mit den Wurf bemöhte!«

Für ihn gebe es nur einen Vergleich, sagte der Teufel mürrisch. Er habe ein Weinhaus bauen wollen, und wenn es nun eine Kirche werde, müßten sie ihm eben eins dazu errichten. Unter der Bedingung wolle er das Gebäude stehenlassen. Darauf gingen die Bauleute gern ein. Der Teufel schleuderte seinen schweren Stein unweit der Marienkirche so heftig in den Boden, daß ein tiefes Loch entstand. Er bestimmte, dort habe das Weinhaus zu stehen.

Die Gesellen mauerten ein Gewölbe darüber, und später entstand da der Ratsweinkeller. Nicht selten fanden seine düsteren, geschwärzten Räume weit mehr Zuspruch als die hohen, lichten Hallen der Marienkirche, weshalb die Leute auch sagten, der Teufel sei noch ganz gut auf seine Rechnung gekommen.

Auch beim Bau des Domes soll er seine Hände mit im Spiel gehabt haben. Daß dessen Türme schief stehen, wie bei genauerem Hinsehen jeder bemerken wird, hat allerdings einen anderen Grund. An der Stelle, wo sie sich heute erheben, sprudelte einst eine Quelle, die den Slawen heilig war. Heinrich der Löwe ließ sie zuschütten und darauf die gewaltigen Türme aufführen, um aller Welt den Triumph des neuen Glaubens über den alten zu zeigen. Tief im Grund soll die Quelle aber noch immer rieseln und wühlen, um sich von der ungeheuer schweren Last zu befreien. Daher neigen sich die Türme ein wenig zur Seite.

Am Dom selbst arbeiteten zwei Baumeister, Vater und Sohn, gemeinsam. Nachdem sie das Kirchenschiff fertig hatten, trat eines Tages wie von ungefähr der Teufel an den Vater heran und begann auf ihn einzureden. Ob er seiner großen Kunstfertigkeit im Bauen nicht ein bleibendes Denkmal errichten wolle? Es werde ihm doch wohl ein leichtes sein, die Arbeit seines Sohnes zu übertreffen, der dabei sehen werde, wieviel er von ihm, seinem Vater, noch lernen müsse.

Mit all dem fand der Teufel auch Gehör. So kam es, daß der Vater anderntags seinem Sohn eröffnete, an den beiden Türmen werde nun jeder für sich arbeiten, er überlasse ihm den

südlichen. Am Ende werde jeder sehen, wessen Geschick größer sei.

Solchermaßen herausgefordert, wandte der Sohn all seine Kunst an das Bauwerk, das bald weit prächtiger erstand als das seines Vaters. Der rief deswegen den Teufel herbei und stellte ihn ärgerlich zur Rede.

Ja, meinte der Teufel, sein Plan sei schon ganz richtig. Was noch fehle, sei der Pakt. Um ihn abzuschließen, müsse er sich auf der Stelle verpflichten, ihm nach sieben Jahren mit Leib und Leben zu gehören.

Dem alten Baumeister war es recht. Er dachte nur noch an den Turm, an seinen Turm. Alles andere war ihm gleich. Er unterschrieb den Pakt mit seinem Blut.

Am Tag darauf polterte der Teufel auf dem Gerüst am südlichen Turm so laut herum, daß der Sohn vor Schreck fehltrat und sich beim Sturz den Hals brach. Entgeistert stellte der Vater den Teufel zur Rede. Der Böse schlug nur ein höhnisches Gelächter an und fuhr von dannen.

Nun ging die Arbeit zügiger voran, doch als der alte Baumeister den nördlichen Turm vollendet hatte, war die Schönheit des südlichen längst nicht erreicht. Darum wurde der Alte seiner Arbeit und seines Lebens nicht mehr froh und nahm nach Ablauf der sieben Jahre ein schlimmes Ende.

Die beiden ungleichen Türme waren aber für jedermann ein Ärgernis, bis nach einer Reihe von Jahren der nördliche Turm abgerissen und ein neuer errichtet wurde, der dem südlichen an kunstvollen und ausgeglichenen Formen nicht mehr nachstand.

Der Krötenring

In der alten Hansestadt Lübeck feierte man früher zu Pfingsten ein Volksfest, bei dem der Maigraf gewählt wurde. Einst aber hat ein angesehener Bürger, der Ratsherr Alexander Soltwedel, bei einem solchen Fest die Herrschaft der Dänen gebrochen, und dies mit Hilfe eines Krötenringes. Eine Sage erzählt, wie es dazu kam:

Es war an einem Tag zwischen Weihnachten und Neujahr. Alexander Soltwedel hatte viele Stunden im Rathaus zugebracht. Die fremde Bedrückung brachte täglich neue Schwierigkeiten und Lasten für die Stadt, und die Beratungen der Ratsherren zogen sich lange hin. Endlich, gegen Mitternacht, brach er auf und wanderte durch die stillen, dunklen Straßen seinem Haus zu.

An den Schleusen erblickte er plötzlich eine schattenhafte Gestalt mit einem großen dreieckigen Hut, unter dem die Locken einer weißen Perücke hervorquollen. Als er verwundert stehenblieb, wandte sich die Gestalt um und winkte mehrmals ganz deutlich zu ihm herüber.

Soltwedel, sonst durchaus nicht furchtsam, wurde unheimlich zumute. Hatte er zuerst an einen Mummenschanz geglaubt, wie ihn Kinder in diesen Tagen gern in allerlei närrischer Verkleidung auf den Straßen trieben, so kam ihm nun die Geschichte von einem reichen, hartherzigen Amtmann in den Sinn, der im Grab keine Ruhe fand und bei den Schleusen umgehen sollte.

Ein alter, gebrechlicher Mann, der den Zins nicht zahlen konnte, hatte sich aus Verzweiflung in die Schleuse gestürzt, als ihn der Amtmann aus seiner Behausung setzen ließ. Der mußte dann zur Strafe in den Zwölf Nächten so lange in dieser Gegend ruhelos umherirren, bis ihm durch einen mutigen Mann Erlösung zuteil wurde.

Soltwedel nahm sich vor, dem Spuk ein Ende zu machen, und ging der Gestalt nach, die sich immer wieder umdrehte und winkte, bis sie hinter einer Mauer verschwand. Soltwedel folgte ihr und sah sich zu seiner Überraschung vor dem Eingang des Friedhofes. Fahles Mondlicht fiel auf die Grabmäler. Ein kalter Schauder überlief ihn, als er von der Mauer her leises Wimmern und Klagen vernahm. Doch er ermannte sich und schritt durch den Eingang gerade auf die Stelle zu. Beim Schein des Mondes sah er in einem großen Stein eine Kröte fest eingeklemmt sitzen, die ihn mit großen Augen wehmütig anstarrte. Das Tier tat ihm leid. Behutsam griff er zu und zog es aus der engen Spalte hervor. Doch dann ließ er den weichen, feuchtkalten Krötenleib schnell zur Erde gleiten. Im selben Augenblick war das Tier verschwunden, und vor ihm stand wieder die dunkle Gestalt mit dem Dreieckhut, der er bis dorthin gefolgt war. Sie sprach: »Dank sei Euch, weil Ihr mutig wart. Ihr habt mich endlich erlöst. Ich hatte schwere Schuld auf mich geladen. Deshalb hatte ich keine Ruhe mehr und war in diese Kröte verwandelt. Nur in der Weihnachtszeit durfte ich in meiner früheren Gestalt durch die Straßen Lübecks gehen, um einen Mann zu finden, der den Mut besaß, mir zu folgen und mich aus dem Stein zu befreien. Zum Dank für meine Erlösung nehmt diesen Ring. Solange Ihr und Eure Nachkommen ihn werthalten, wird er Euch zu Macht und Reichtum verhelfen. Ihr müßt den Ring stillschweigend dreimal am Finger drehen, dann wird er Euch Hilfe bringen, auch in der Not.« Mit diesen Worten verschwand die spukhafte Gestalt und ward nie wieder gesehen.

Nun war es Mai geworden, und trotz der Dänenherrschaft sollte das Maifest gefeiert werden. Das befahlen die fremden Herren und ihr Anhang. Prächtig mußte das Rathaus geschmückt werden zum Empfang der Gäste. Aber die gewohnte Freude wollte unter der Bevölkerung nirgends aufkommen, zu groß war die Schmach der Unterdrückung.

Am Vortag hatte bei Soltwedel eine heimliche Versammlung von Verschworenen stattgefunden. Sie hatten beschlossen, am Tag des Maifestes die Dänen zu verjagen, denn während des Festtrubels würden sie sich am unauffälligsten bewaffnen und zusammenrotten können.

Anderntags begaben sich die vornehmsten Dänen mit den Heerführern zur Festlichkeit auf das Rathaus, nichts Böses denkend und die gewöhnliche Wachsamkeit nicht beachtend. Während eifrig gezecht und geschmaust wurde, war Soltwedel mit seinen Genossen am Werk, um in aller Eile die Lübecker Bürger zu bewaffnen und für den Handstreich vorzubereiten.

Als das Zechen und Feiern im Rathaus und in anderen Häusern auf dem Höhepunkt war und schwerer, süßer Wein den Dänen die Besinnung geraubt hatte, begann der Überfall. Die Dänen hatten in ihrer Festesfreude schon nicht mehr bemerkt, daß sie gänzlich unter sich waren, da drangen die Lübecker, völlig nüchtern und gut bewaffnet, überall zu gleicher Zeit auf sie ein. Auf jubelnde Freude folgte lähmendes Entsetzen. Die meisten ergaben sich oder wurden niedergestochen, nur wenigen glückte die Flucht.

Soltwedel stürmte mit seinen engsten Freunden das Rathaus. Zuvor hatte er den Krötenring an den Finger gesteckt, um dessen geheimnisvolle Macht zu erproben. Aber die dänischen Heerführer hatten Waffen bei sich und verstanden auch, eine gute Klinge zu schlagen. Soltwedel war unversehens von den Seinen abgeschnitten und geriet in einen Zweikampf mit dem dänischen Hauptmann. Da, in höchster Not, drehte er seinen Ring dreimal und focht dann erbittert mit seinem Gegner. Plötzlich zerbrach diesem das Schwert, und er mußte sich ergeben. Als die Dänen ihren Obersten gefangen sahen, streckten sie alle die Waffen.

So war es Soltwedel mit Hilfe des Krötenringes gelungen, Lübeck von den Dänen zu befreien. Der Ring wurde in der Familie treu bewahrt und soll noch öfter seine heimliche Macht bewiesen haben.

Die Sövenbröderen

In der Tilgenstraße zu Lübeck stand um 1290 ein Haus, groß und geräumig, aber von niemandem bewohnt, denn es war nicht ganz richtig darin. Zu nachtschlafender Zeit war in den leeren Räumen ein Seufzen und Stöhnen, Heulen und Zähneklappern zu hören. Zuweilen schlugen gelbe Flammen aus den Fenstern, weshalb es bei jedermann nicht anders als die »Hölle« hieß.

Nun war unter den Reitern, die beim Rat der Stadt in Diensten standen, einer, der hatte im Kampf gegen Straßenräuber stets besondere Tapferkeit gezeigt. Dieser Reiter fand auf einem Zug gegen einen räuberischen Ritter sieben Knaben in zartem Kindesalter, die in dem zerstörten Schloß wie durch ein Wunder am Leben geblieben waren. Er nahm sie mit in die Stadt und nannte sie, weil er's nicht anders wußte, die Sövenbröderen (die sieben Brüder). Der Rat wies ihm das große, leere Haus in der Tilgenstraße zu, in dem sie aufwachsen und von ihm zu rechtschaffenen Menschen erzogen werden sollten.

Der höllische Spuk war nun vorbei. Für die Jungen kam aber bald die Zeit, da sie sich im Reiten und Fechten üben mußten. Das taten sie denn auch den lieben langen Tag mit Leidenschaft. Bei dem fortwährenden Hauen und Stechen gab es ein mächtiges Getöse in den alten Mauern, so daß man das Haus weiterhin die »Hölle« nannte.

Daneben stand noch ein großes Haus, das war eines Ratsherrn Eigentum. Dem lagen die Geschicke der Stadt sehr am Herzen, und er war bei Verhandlungen oft des längeren von zu Hause fort. So vertraute er die sieben Töchter, die ihm seine Frau, als sie starb, hinterlassen hatte, einer älteren Verwandten zur Erziehung an. Dazu erbot sich ein Priester, in seinem Haus jeden Tag nach dem Rechten zu sehen. Ihm ging es aber in Wahrheit nur darum, den Ratsherrn am Ende zu veranlassen, alle seine Besitztümer der Kirche zu übereignen. Freilich sagte er vorerst davon kein Wort, übte aber um so eifriger die Mädchen in allem, was zum Gottesdienst gehörte, weshalb man in diesem Haus nur noch Singen und Beten hörte und es alsbald das »Himmelreich« nannte. Damit die sieben Schwestern auch ja nicht weltlichen Sinnes würden, hielt der Priester sie streng im Haus. Nur in dem dahinterliegenden Rosengarten war es ihnen erlaubt spazierenzugehen, dies aber erst, nachdem der Priester den Garten mit einer hohen Mauer hatte umgeben lassen. Was er aber trotzdem nicht verhindern konnte, war, daß der Lärm der »Hölle« bis zu den Mädchen herüberdrang.

An der Mauer wuchs ein starker Rosenstock in die Höhe, und wilde Tauben nisteten darin. Dann und wann pickten sie in den Mörtel, und eines Tages löste sich ein Stein und fiel herunter. Das jüngste Mädchen hätte gern gewußt, wie's in der »Hölle« zuging. Als sie durch die Öffnung blickte, sah sie zu ihrem Erstaunen, daß die sieben Brüder still und traurig in ihrem grünen Garten saßen. Sie hatten erfahren, daß sie voneinander Abschied nehmen mußten, um hinauszuziehen in die Welt und ihr Glück zu versuchen.

Das Mädchen winkte die Schwestern herbei. Bald kamen auch die jungen Männer heran. Zum Trost schenkten die Mädchen einem jeden von ihnen einen schönen blanken Goldpfennig, dem auf der Rückseite das Wappen ihres Geschlechts eingeprägt war. Dann gingen sie ins Haus zurück, denn um diese Zeit pflegte der Priester zu kommen.

Am anderen Morgen spähten die Mädchen wieder hinüber, aber die jungen Männer waren schon fort. Die Sövenbröderen, wie sie sich auch fernerhin nannten, da sie ihre wahren Namen nicht wußten, taten nun als Kriegsleute Dienst und kamen bald in verschiedenen Städten und Reichen zu Ehren.

Als daher zu Brügge einmal ein großer Bund geschlossen

werden sollte, um den Räubern, deren Unwesen in jener Zeit zu einer wahren Landplage geworden war, energisch das Handwerk zu legen, trafen dort alle Sövenbröderen als Gesandte in ihrer Herren Auftrag zusammen. Da war die Freude groß und des Erzählens kein Ende. Auch von den sieben Mädchen sprachen sie, und es zeigte sich, daß jeder in seinem Herzen treu das Bild des Mädchens trug, das ihm den Goldpfennig gereicht hatte.

Der Vorsteher des Hansischen Kontors zu Brügge war zu jener Zeit ein lübischer Ratsherr, und zwar kein anderer als der Vater jener Mädchen. Mit Erstaunen bemerkte er das Wappen seines eigenen Geschlechts auf den Goldpfennigen, die die sieben jungen Männer an goldenen Kettlein um den Hals trugen. Auf seine Fragen erfuhr er dann, wie es sich zugetragen hatte, und freute sich darüber von Herzen. Zugleich faßte er, da seine Amtszeit in Brügge zu Ende ging, den Plan, alle sieben mit in die Heimat zu nehmen, da die Stadt tüchtige Männer brauchte. Dies teilte er ihnen mit und fügte hinzu, er wolle sich ihrer in Lübeck aufs beste annehmen. Sie waren mit Freude dabei und traten schon am folgenden Tag die Heimfahrt an.

In Lübeck ließ der Ratsherr seine Begleiter ohne viel Aufhebens erst einmal in die »Hölle« ziehen, erbat sich jedoch vorher von ihnen noch die Goldpfennige.

Bei seine Ankunft stattete er zuerst dem Priester den schuldigen Dank ab und verschrieb der Kirche eines seiner Güter. Dann trat er in den Rosengarten und bemerkte gleich das Loch in der Mauer, das in der Zwischenzeit um etliches größer geworden war. Seinen Töchtern berichtete er, wie ihn unterwegs sieben Räuber bedroht hätten, wie er ihrer am Ende Herr geworden sei und sie in Fesseln legen ließ. Ein jeder habe zu seiner aufrichtigen Bestürzung einen Goldpfennig mit dem Wappen ihres Geschlechts an einem goldenen Kettlein um den Hals getragen, und eben diese Pfennige bringe er ihnen nun als Geschenk.

Die Mädchen ließen darauf die Köpfe sinken. Tiefer Kummer bedrängte sie, ausgenommen die Jüngste, die bald bemerkt hatte, daß der Ratsherr sie nur auf die Probe stellen wollte, und die deshalb schnell beiseite ging und einen Blick in den Nebengarten warf. Da saßen die sieben jungen Männer wie vor Jahr und Tag im Grünen.

Es gab lauten Jubel und große Freude. Auch die »Hölle« wurde nun zu einem Himmelreich. Noch lange haben die Sövenbröderen mit Frauen und Kindern in den beiden großen Häusern beieinander gewohnt. Alle waren sie in Ehren angesehen, und drei von ihnen leisteten sogar als Ratsherren der Stadt Lübeck wertvolle Dienste.

Stadthauptmann Jäger

Üm 1300 rüm weert up de Landstraten bi Lübeck heel unseker. Dat Roben von Kopmannsgöder reet gor nich af. Nu dröppt mal de Börgermeister uppe Straat mit den Lübecker Stadthauptmann Jäger tosamen un seggt to em, he heet woll Jäger, aber fangen det he nicks. De Börger kömen ut de Klagen gor nich rut.

»Ja«, seggt de Stadthauptmann, »wenn't mir anbefahln ward, dat ick up de Röwers Jagd mak, denn will'ck wull ok wat fangen.«

Dor seggt de Börgermeister, dat weer sien Amt, to stüern un to wehrn, he sull dor man driest up dal gaan.

Dat leet sick de Hauptmann nich tweemal seggen. He rüst sien Lüd ut un reed denn in alle Still los na de Junkerhoew. Den Racker, de sien Richtbiel mitnehmen müß, un enen Mönck nöhm he up en Wagen mit.

As se nu bi den ersten Hoff ankamt, geit de Hauptmann mit en poor Lüd an't Dor un lett den Junker rutbirren, he harr mit em wegen en frischen Roftoog wat aftoreden. As de Junker nu rutkümmt, nimmt em de Hauptmann bi Sied un seggt em en poor von sien Röbereien batts up den Kopp to, un de Junker mütt den Mönck nu sien Sünden bichten. De Schinner sned em denn den Kopp aff un stickt em in en leddern Sack. Dennso riet he wieder na dem tweeten, drüdden, veerten un föften Hoff, wo't ebenso makt ward.

Morrns, in alle Herrgotts Fröh, kümmt de Hauptmann mit sien Lüd wedder in die Stadt. Klock acht geiht he up't Rathus, de Racker mit den leddern Sack mütt mit. He lett sick bi versammelten Rat anmellen un seggt: »De Herr Börgermeister hett mi vörgistern up apen Straat vörhollen, ick harr minen

Namen nich mit Rechten, ick heet woll Jäger, künn awers nicks fangen. Nu heff ick vergangen Nacht mien Jagent in't Wark stellt un allerhand Hochwild fungen.« Damit wenk he den Racker, un de schürrt de Junkerköpp in den Ratssaal.

De Ratsherrn verfeerten sick nich slecht. De Börgermeister seggt, he harr woll mit em redt, awer sonn Schelmstück harr he em doch nich anbefahlen.

De Hauptmann verdeffendier sick; de Straatenröbers weer nicks anners andaan, as wat se ehrlich verdeent harrn, un he wull sick dorvör verbörgen, dat se nu woll dat Röbern nalaten sulln. Dor harr he woll Recht in, awer de Frün von de henrichten Junkers weern nu hellschen scharp up den Hauptmann, de siens Lebens nich mehr seker weer. He nöm sien Afscheed un güng in kaiserlich Deensten.

Een vun den Holsteenschen Adel awers sä: »In Lübeck is nich god balbieren, dor ward so scharp schoren, dat ok de Kopp mit weggeiht.«

Dar danzt Bornholm hen!

Die Insel Bornholm, inmitten der Ostsee gelegen, war im 14. Jahrhundert den Lübeckern vom dänischen König für tatkräftige Unterstützung im Kampf gegen Seeräuber zu Lehen gegeben worden. Dankbar nutzten die hansischen Kaufleute diesen günstigen Ankerplatz.

In demselben Jahrhundert trat jedoch ein jäher Umschwung ein. Die Hanse mit den Lübeckern an der Spitze sagte dem dänischen König sogar Krieg an. Wieder hatte das Seeräuberunwesen in dänischen Gewässern überhand genommen, doch richtete es sich diesmal allein gegen die Kauffahrtschiffe der Hanse und wurde vom König offensichtlich geduldet. Auf die Kriegserkärung der siebenundsiebzig Hansestädte antwortete er nur verächtlich:

»Söven un söventig Hense
sünd söven un söventig Gense.
Biten mi nich de Gänse,
frag ick en Schiet na de Hense!«

Aber die Lübecker wollten's ihm schon zeigen. In aller Eile rüsteten sie eine große Hanseflotte aus, ernannten ihren Bürgermeister Johann Wittenborg zum Admiral und setzten die Schiffe gen Dänemark in Fahrt. Der König war auch nicht untätig und ließ seine Flotte unter dem Kommando seines Sohnes Christopher den Hansischen entgegenlaufen.

Es kam zu einem harten Gefecht. Erbittert wogte der Kampf hin und her und hätte sich wohl in die Länge gezogen, wäre nicht der Sohn des Königs von einem Schuß in die Stirn tödlich getroffen worden. Da sank den Dänen der Mut, und sie suchten das Weite. Doch die Hansischen blieben ihnen auf den Fersen und kamen schließlich mit ihnen zusammen in Kopenhagen an. Bei dieser Wendung der Dinge war der König sogleich zu Waffenstillstand und Frieden bereit und lud die Offiziere der Hanseflotte zu Verhandlungen auf sein Schloß. Da auch gerade der Geburtstag seiner Gemahlin war, sollten sie ihn dann alle miteinander feiern.

Nun gut, sagten sich die hansischen Offiziere, der Kampf war vorbei und zu ihren Gunsten entschieden, und jetzt sollte wieder Frieden sein. Daher erschienen sie alle, aufs beste ausstaffiert, zum Geburtstagsempfang der Königin. Wie es sich geziemte, bat der Bürgermeister Johann Wittenborg als Befehlshaber der hansischen Flotte die Königin um den ersten Tanz.

Sie zögerte jedoch und meinte, es stehe ihr nicht gut an, vor allem Volk mit ihrer Feinde Oberstem zu tanzen. Allein der Lübecker bestand darauf. Nur dann wollte sie es zugeben, wenn sie vorher ein Zeichen seiner aufrichtigen Freundschaft erhielte. Als er zu wissen begehrte, woran sie dabei denke, sprach sie wie nebenher: »An die Insel Bornholm!« Vom Glanz des Festes geblendet und von ihrer Schönheit entzückt, sagt er's ihr zu. Nun tanzte sie den ganzen Abend mit ihm allein und mit niemandem sonst.

Die Lübischen sahen's mit grimmiger Miene und stießen einander an: »Süh, dar danzt Bornholm hen!«

So war es in der Tat. Als die Dänen Bornholm erst wieder in Besitz genommen hatten, geschah den Hanseschiffen größerer Schaden als zuvor. In Lübeck aber mußte Johann Wittenborg im Turm sitzen und übers Jahr sein Haupt auf den Richtbock legen für die Schande, die er als Bürgermeister seiner Vaterstadt angetan hatte.

Aus dem Erlös seines Besitzes wurde ein schwerer Silberpokal geschmiedet und darauf zu unauslöschlicher Warnung die Inschrift eingetrieben: »Dar danzt Bornholm hen!« Daraus mußten die Bürgermeister reihum trinken, wenn der Hippokras, ein stark gewürzter Wein, gereicht wurde, wie denn diese Worte auch lange Zeit ein Sprichwort geblieben sind, womit man einen erlittenen Verlust bedauerte.

Junker Schwerin

Im Jahre 1512 lebte in Lübeck Junker Schwerin, der letzte dieses Namens und Stammes. Er war der Sohn reicher Eltern, und das ganze Gehölz vor dem Burgtor, das »der Schwerin« hieß, war sein eigen.

Als seine Eltern tot waren, wurde er ein arger Schlemmer und geriet in eine üble Gesellschaft, in der ein Astrolog das große Wort führte. Zu jener Zeit verkündete er gerade, nach Ablauf einer ganz bestimmten Frist werde unfehlbar der Jüngste Tag anbrechen.

Da die Dummköpfe offenbar nie aussterben, nahmen einige das ganz ernsthaft als bare Münze, unter diesen auch Junker Schwerin. Er hatte nichts Eiligeres zu tun, als seinen Besitz zu überschlagen, und stellte dann eine Rechnung auf, nach der er jeden Tag mit seinen Zechkumpanen fröhlich leben konnte, um bis zum Ende der angegebenen Frist sein Auskommen zu haben.

Nicht lange, und er hatte all sein Geld und Gut verjubelt und verpraßt. Aber der Jüngste Tag ließ auf sich warten, er kam nicht heute und nicht morgen. Was blieb dem Junker übrig, er mußte ums liebe tägliche Brot betteln gehen. Da lief er nun von Tür zu Tür, streckte seine Hand hin und sprach: »Bittet für einen, der sich verrechnet hat, und und gebt ihm etwas um Gottes willen!«

Mühsam schleppte er sich von einem Tag zum andern durch die Straßen und bot ein Bild des Jammers. Einige Leute, die es noch immer gut mit ihm meinten, legten zusammen und ließen ihm eine kleine silberne Schale anfertigen. Er mußte einen heiligen Eid darauf schwören, sie weder zu verkaufen noch zu versetzen, wenn ihm daran liege, jeden Tag wenigstens zu essen und zu trinken zu haben. Unter den Bürgern galt es als ausgemacht, daß ihm, sobald er die Schale vorwies, niemand Speise oder Trank verwehren durfte.

Für die Nacht mußte er selber zusehen, wo er blieb, denn ein Unterkommen wollte ihm niemand gewähren. Dann suchte er gewöhnlich den Klingberg auf, wo die Frachtwagen abgestellt waren. Er raffte sich ein wenig herabgefallenes Stroh zusammen und legte sich darauf nieder.

Manchmal fand er schon allerlei Tiere vor, die sich's auf der Streu bequem gemacht hatten, mitunter auch große Säue mit ihren Ferkeln. Die stieß er mit den Füßen fort und sagte dabei: »Auf, auf, ihr Säue, packt euch, hier muß ein lübscher Junker liegen!«

So ging es aber nicht mehr lange. Eines Morgens fand man ihn, den Schlemmer und Faulpelz, tot auf der Streu, und das silberne Schälchen lag noch auf seiner Brust.

Sülfstdaan!

In eenen Waankeller in de Marlschgroov in Lübeck waan en oll Wittfru, de harr bi't Etenkaken keen Freden vör de Unnererdschen. Mannigmal weren twintig, dörtig un noch meer bi ehr rümmer in blaag Röck un dreetimpten Höd. De wullen immer snacken mit ehr, und de een, en ganz driesten, son breetköpten, bleew ümmer bet toletz un wull ehren Namen weten.

Nu klag de Fru dat mal ehr Nawersch, un de geef ehr den goden Raad, se süll man seggen: »Sülfstdaan!«, wenn de Lütt ehr wedder fragen deh, un süll em denn en Grapen vull kaken Water beber den breden Kopp geten.

Annern Dag deit se dat denn ok. De Lütt schriet je nu gottsjämmerlich. Ut all Ecken un Kanten kamen de Unnererdschen un wenen un jammern üm den Dickkopp, de ehr Herr un Meister west is. Se woelt nu von em weten, weckeen em dat to Leed daan hett, denn woelt se em dat to Hus bringen. De Lütt seggt awers: »Sülfstdaan!«, un denn starwt he.

De ganz Hood üm un rüm röppt nu: »Sülfsdaan is wolldaan!« Vun de Tied af is se weg west un nich meer wedder kamen.

Die lübschen Ratsherren und die Bauern

Ein mecklenburgischer Bauer kam einmal nach Lübeck auf den Markt, um Eier feilzubieten. Als ein Ratsherr vorbeiging, rief er ihn an: »Sie sind doch ein Ratsherr, nicht wahr? Raten Sie doch mal, wie viele Eier ich hier in meiner Kiepe habe. Wenn Sie das können, sollen Sie auch alle hundert haben.«

»Na«, versetzte der Ratsherr, »da sind ja wohl fünf Stiegen drin.«

»Den Teufel auch«, rief der Bauer, »das haben Sie aber getroffen! Hätt ich nicht gedacht.« So bekam der Ratsherr die hundert Eier.

Ein paar Tage danach stand der Bauer wieder da, diesmal mit einem Sack, der unten ein wenig entzwei war, und heraus hingen das Bein und der Schwanz einer Katze.

»Na, Herr Ratsherr«, sagte er freundlich, »wollen wir mal wieder raten? Aber heute treffen Sie das nicht, darauf will ich zehn Taler wetten.« Und dabei legte er das Geld auf den Tisch.

»Ja, was soll ich denn raten?« fragte der Ratsherr.

»Was ich in dem Sack hier habe. Ob Sie das wohl raten können?«

»Da setze ich zehn Taler gegen«, sagte der Ratsherr überlegen lächelnd. Dieser Tölpel, wofür hielt er ihn? Schließlich hatte er Augen im Kopf. »In dem Sack hast du eine Katze.«

»Nein«, sagte der Bauer, »diesmal haben Sie's nicht getroffen, ich hab's ja gleich gesagt. Das ist ein Kater!« Damit schob er das Geld in seine Tasche, hob den Sack auf die Schulter und ließ den verdutzten Ratsherrn stehen. Der hatte ihm die Eier gut bezahlt!

Jedes Jahr in der Fastnachtszeit schickte der Lübecker Senat einige alte Ratsherren in die Probstei, wo sie alles gründlich zu inspizieren und den Zehnten und andere Abgaben zu holen hatten.

In Stakendorf war, als sie kamen, gerade der Fastnachtsstrubel in vollem Gang. Die Ratsherren erhielten, wie sie glaubten, einen besonderen Ehrenplatz unter dem Schwibbogen am großen Feuer zugewiesen. Draußen war es bitter kalt, und das Probsteier Getränk wärmte angenehm. Immer noch einmal machte der Krug mit dem heißen starken Bier die Runde, bis die alten Herren schläfrig wurden und ihnen der Kopf schwer auf die Brust sank.

Die Stakendorfer rieben sich die Hände. Die ungebetenen Fastnachtsgäste sollten ihren Besuch nicht so bald vergessen! In die beiden Pfosten, die den Schwibbogen neben der Feuerstelle trugen, bohrten sie ebenso viele Löcher, wie Ratsherren da waren, stopften dann in jedes einen der langen Bärte und schlugen einen Pflock drauf, der ordentlich fest saß.

Dann meinten sie, die lübschen Herren hätten nun genug geschlafen. Sie machten darum kräftigen Lärm und schrien: »Feurio, das Haus brennt!« Dazu bliesen die Musikanten in die Waldhörner, was das Zeug hielt.

Entsetzt fuhren die alten Ratsherren aus dem Schlaf. Nun, keiner von ihnen hat seinen Bart mit nach Hause genommen, auch ist keiner jemals wieder nach Stakendorf um Geld gefahren.

Der ruchlose Ritter

Zwei Meilen von Eutin entfernt wohnte einst ein Ritter, der mit eigener Hand schon elf Menschen hingemordet hatte. So grausam war er dann, so ruchlos und roh, daß er darauf schwor, er wolle des Teufels sein, wenn er nicht das Dutzend vollmachte.

Doch dazu sollte es nicht mehr kommen. Nach einem Zechgelage ritt er halbtrunken aus Eutin hinaus und hielt sich nur mit Mühe auf dem Pferd, als ihm ein Bauer entgegenkam, mit dem er seit geraumer Zeit in Streit lag. Wild stieß er dem Pferd die Sporen in die Seiten, sprengte auf den Überraschten los und brüllte: »Warte, Bursche, dir werd' ich's zeigen, du sollst der zwölfte sein!«

Der Bauer rief: »Erbarmen, Herr, Erbarmen!« und warf sich hinter einem Stein zu Boden, um dem Hieb des Ritters zu entgehen. Seiner Sinne kaum noch mächtig, spornte der sein Pferd aufs neue, stürzte aber, als das Tier verzweifelt ansprang, und brach sich das Genick, während sich die Eisenbeschläge der Vorderhufe seines Pferdes unauslöschlich in den Stein preßten, so daß ihr Abdruck noch heute vom Ende des ruchlosen Ritters kündet.

Der Uklei

Nicht weit von der Küste entfernt liegt der Uklei, Schleswig-Holsteins bekanntester See, inmitten dichter Buchenwälder und anmutiger Hügel in Dämmerlicht und feierliches Schweigen gehüllt. Nie kräuselt ein Windhauch das spiegelglatte Wasser. Kein Lot hat bisher den Grund erreicht.

Von vielen Jahren bot sich hier ein ganz anderes Bild. Auf einer grünen Waldwiese stand eine Kapelle mit rundem Türmchen. Am Rand der Lichtung, schon halb unter mächtigen Buchen verborgen, lag ein kleiner Hof mit einem Gärtchen und ein paar Streifen Ackerland davor. Der alte Veit lebte dort und mit ihm seine Tochter Anna, die nun siebzehn Jahre alt und von seltener Schönheit war. Jeden, der mit ihr sprach, nahm ihr Liebreiz gleich gefangen, und man nannte sie nicht anders als »das blonde Ännchen«.

Auch wußte man, daß sie im Haushalt tüchtig war und ihren alten Vater gut versorgte.

Schon früh am Morgen waren beide auf den Beinen. Der Vater ging aufs Feld und seine Tochter mit einem Körbchen in den Wald, um Beeren zu sammeln, die ihnen nach des Tages Arbeit köstlich mundeten.

Eines Morgens trat Anna ein junger, schmucker Jäger in den Weg, bot ihr höflich guten Morgen und begann freundlich und gewandt auf sie einzusprechen, so daß sie, ihre Scheu überwindend, auch bald munter drauflos plauderte.

Am nächsten Tag und ebenso an den folgenden stellte sich der Grünrock um dieselbe Zeit wieder ein. Immer verbrachten sie eine Stunde in lebhafter und fröhlicher Unterhaltung.

Nicht lange, und der stattliche junge Mann hatte mit vielen schönen Worten und seinem sicheren Auftreten das arglose, unerfahrene Waldkind aus seinen Träumen geweckt und ihm den Sinn betört, daß es sich jeden Tag nach ihm sehnte wie nach einem Liebsten.

An einem Sonntag stand Anna in der Mittagsstunde mit ihrem Vater am Haus, als aus dem Wald das Schnauben von Pferden drang, dazu Gerassel und Geklirr. Bald nahte eine Schar Ritter und Knappen und zog am Haus vorüber.

Mit finsterer Miene sah der alte Veit ihnen nach. »Dieser Lump, dieser Schuft, mag ihn der Teufel holen!« stieß er hervor. Dann wandte er sich an seine Tochter. »Kennst du ihn?«

»Von wem sprecht Ihr, Vater?« fragte Anna unsicher.

Er blickte sie forschend an. Was war auf einmal mit ihr? Verflogen war ihre frische Farbe, sie zitterte und senkte die Augen. »Von dem Junker von Meinsdorp«, fuhr der Alte verdrossen fort, »er ritt vorneweg, wie ein eitler Pfau in seinem bunten Staat. Ihm gehört aller Grund und Boden hier ringsum. Erst vor kurzem kam er aus fremden Landen zurück und hat nun viele Gäste auf sein Schloß geladen. Da sind sie unter sich, die Leuteschinder. Er ist einer der schlimmsten und ein arger Mädchenjäger dazu, vor dem ist keine sicher – ja, Änne, was hast du denn?« Betroffen wandte er sich an seine Tochter, die ihn bleichen Gesichtes anstarrte, in lautes Schluchzen ausbrach und schnell ins Haus lief.

Kopfschüttelnd murmelte der alte Veit: »Sie wird sich doch nicht in ihn vergafft haben, in diesen üblen Patron? Ach was, woher sollte sie ihn auch kennen!«

Er konnte freilich nicht wissen, daß es tatsächlich so war. Der Reiter an der Spitze des Zuges in dem kostbaren, farbenprächtigen Gewand war niemand anders als ihr Liebster, der junge Jäger, gewesen, und sie hatte ihn erkannt.

Nach ein paar Tagen war sie wieder bei klarem Verstand und machte sich morgens mit ihrem Beerenkörbchen auf den gewohnten Weg, nun aber voll heimlicher Furcht.

Da, nach wenigen Schritten schon, trat der Jäger aus den Buchen hervor, legte seinen Arm um sie und nannte sie zärtlich sein geliebtes Mädchen und sein süßes Herz. Willenlos folgte sie ihm, als er der Kapelle zuschritt. Vor dem kleinen Altar kniete er mit Anna nieder und versicherte ihr mit eindringlicher Stimme: Hier, vor dem gerechten Gott, nehme er sie zu seinem Eheweib, und der Himmel solle ihn an eben dieser Städte vernichten, wenn er sie nicht öffentlich zu seiner Gemahlin mache und ihr auf immer die Treue halte.

Nunmehr kam das reine, unschuldige Mädchen von den Zusammenkünften im morgenfrischen Wald stets aufs neue von inniger, aufrichtiger Liebe erfüllt zurück. Vor Gott hatte er es ihr zugeschworen. Anna fühlte sich ganz als des Junkers rechtmäßige Gattin und gab mit Freuden alles, wonach er verlangte.

So ging des Jahres schönste Zeit dahin.

Als es Herbst wurde, blieb der Junker des öfteren aus, zuweilen einen Tag, dann auch mehrere, doch wußte er auf Annas bange Fragen jedesmal eine rasche Entschuldigung und vertrieb ihren Kummer mit den zärtlichsten Schmeichelworten, bis er schließlich gar nicht mehr kam, obwohl Anna von ihrem Vater hörte, er sei auf dem Schloß. Nun war sie vollends verzweifelt und wußte sich vor Traurigkeit und Trostlosigkeit keinen Rat. Sie ging nicht aus dem Haus und weinte von früh bis spät, und als die Tränen versiegten, wurde sie krank und elend.

Einmal schrak sie hoch von ihrem Lager: Jagdhörner, Hundegebell, Pferdegetrappel, lautes Klirren von Rüstungen und Waffen. Ihr Vater stand am Fenster. »Der Junker von Meinsdorp ist's, brummte er mißmutig, »und neben ihm zu Pferde seine Braut, die schöne und reiche Freifrau von Bokwald. Nächste Woche soll ihre Trauung in der Waldkapelle sein.«

Minutenlang blickte Anna wie erstarrt. Dann entrang sich ihr ein dumpfer, qualvoller Aufschrei, und sie sank zurück. Erschrocken eilte der alte Veit ans Bett und griff nach ihrer Hand. Seine Tochter war tot. Das brach ihm das Herz vor Gram, und nur wenige Tage, dann verschied auch er.

Bald trug man die beiden Toten aus dem Haus, um sie zur letzten Ruhe zu betten. Als der Junker dem Leichenzug begegnete, fragte er nach den Namen der Verstorbenen. »Das blonde Ännchen, Herr, mit ihrem Vater!« war die Antwort. Da verdüsterte sich sein Gesicht, jäh riß er das Pferd herum und sprengte davon.

Der Freifrau von Bokwald, einer noch jungen und sehr wohlhabenden Witwe, hatte es die kleine, stille Waldkapelle angetan.

Als sie nach einem Ritt den Wunsch aussprach, lieber dort getraut zu werden als in der prächtig ausgestatteten Schloßkapelle, versuchte der Ritter ihr das auszureden, denn er wollte den Ort meiden, an dem er Anna die Treue geschworen hatte. Aber seine Braut blieb dabei.

Daher gaben ihnen am Hochzeitsmorgen nur die Trauzeugen das Geleit, denn für die vielen Gäste wäre die Waldkapelle zu klein gewesen.

Totenblaß schritt der Junker mit seiner Braut am Arm dem Altar zu. Dabei stieg immer bedrückender die Erinnerung an jenen Morgen in ihm auf, als er Anna sein Treueversprechen gegeben hatte. Unwillig wehrte er dem Bild, das vor seinen Augen wiedererstand, doch vergebens, die Erinnerung ward übermächtig. Schon glaubte er Anna hinter dem Altar leibhaftig hervortreten zu sehen, bleich und in schwarzem Gewand, ihn aus großen traurigen Augen unverwandt anblikkend. Das Bild ließ ihn nicht mehr los, und dann, als ihm die tote Braut deutlich zunickte, war er mit seiner Beherrschung am Ende. Mit einem durchdringenden Schrei brach er auf den Altarstufen ohnmächtig zusammen.

Draußen setzte ein furchtbares Unwetter ein. Der Sturm fauchte heran und stieß die Scheiben klirrend herunter. Plötzlich herrschte graues Dämmerlicht, grelle Blitze fuhren nieder, heftig rauschte der Regen, und von allen Seiten ergossen sich Wasserfluten von den Hügeln herab auf die Wiese. In wilder Flucht stürzte das Hochzeitsgefolge hinaus und barg sich, so gut es ging, unter den Buchen.

Nach Stunden erst ließ das Unwetter nach. Bald kam die Sonne wieder hervor, und als sich der kleine Zug den Hügel hinabbewegte, um nunmehr die Trauung vorzunehmen, lag dort, wo die Kapelle gestanden hatte, ein stiller, klarer Waldsee.

Sie alle waren gerettet, die Braut, die Trauzeugen, der Priester – alle außer dem Junker von Meinsdorp. Er war an derselben Stätte, wo er den Schwur geleistet hatte, den er nun brechen wollte, in den Abgrund gerissen worden.

Die witten Wiewer

Auf Mönchgut im Südosten Rügens sollen einst »witte Wiewer« gewohnt haben, in den Löchern und Höhlen, die von der Brandung am Steilufer ausgespült wurden, ein munteres Völkchen winzig kleiner kreideweißer Leute. Stets trugen sie kurze weiße Röcke und waren auf äußerste Reinlichkeit bedacht. Nichts taten sie lieber und eifriger als waschen, und die großen Blöcke am Ufergeröll waren ihre Waschsteine.

In Wagrien und auf der Insel Fehmarn lebten die witten Wiewer gern in den Höhlungen und Steinkammern abgelegener Hünengräber. Zäh und stark waren die kleinen Wesen, ja, man glaubte, sie hätten die mächtigen Findlingsblöcke auf den Feldern erst aufgestellt und die Erdmassen der Hügelgräber in ihren Schürzen herbeigeschafft. Auch konnten sie sich in allerlei Tiergestalt verwandeln. So waren manche Menschen schon einer Kröte begegnet, die unter einem Holunderbusch saß und ein glitzerndes Goldkrönlein auf dem Kopf trug.

Ein Wiesenberg bei Dahme, unweit des Ostseestrandes gelegen, war dafür bekannt, daß witte Wiewer in ihm Unterschlupf gefunden hatten. Abend für Abend stellten ihnen Leute einen Topf Milch hin. Jeden Morgen war die Milch ausgetrunken, und neben dem leeren Topf lag ein Goldstück.

Ein neuer Grundherr wollte freies Feld haben und hieß seine Gutsarbeiter den Hügel abgraben und das Erdreich übers Feld zu einer Mulde fahren. Am ersten Tag dieser Arbeit starb ihm seine beste Kuh, am zweiten stürzte sich ein Pferd zu Tode, am dritten endlich verlor er eines seiner Kinder, das in die Tränktonne fiel und elendiglich ertrank.

Da ließ er alles, wie es stand und lag, und auch später gab es keinen Besitzer mehr, der an den Wiesenberg rührte.

Der Riese am Staberhuk

In alter Zeit wohnte am Staberhuk, dem Südostende der Insel Fehmarn, in einer Höhle ein starker Riese, dem viele Inselbewohner untertan waren.

Eines Tages erspähte er bei diesen eine junge Frau, die er noch nie gesehen hatte und die ihm gleich gefiel. Er beschloß, sie zu seiner Frau zu machen.

Darum führte er sie, mit Schmeichelworten auf sie einredend, bis zu seiner Höhle. War sie ihm, dem täppischen, ungeschlachten Kerl, nur widerstrebend dahin gefolgt, so wich sie entsetzt zurück, als sie das finstere Loch am Fuß der Steilküste sah, wo sie mit ihm hausen sollte.

Da war es mit den Schmeicheleien vorbei. Der Riese packte sie mit rohem Griff und sperrte sie in eine kleine, niedrige Höhle dicht neben seiner Wohnstatt.

Verzweifelt suchte sich die junge Frau aus ihrem kalten, feuchten Gefängnis zu befreien, aber vergeblich. Schließlich begann sie mit einem Trinkbecher, den sie immer bei sich trug, an der Wand neben dem durch mächtige Blöcke verschlossenen Eingang zu schaben und zu schürfen, bis sie erschöpft zu Boden sank und einschlief.

Sie erwachte erst, als mitten in der Nacht durch die so entstandene Spalte das Wasser eindrang und immer höher stieg, bis es die Wand der großen Höhle fortriß und mit ihr den Riesen. Er hatte am Abend einen kräftigen Trunk getan. Nun lag er in tiefem Schlaf und merkte kaum, wie er von dem plötzlich hereinbrechenden Wasserschwall weit hinausgetragen wurde.

Die junge Frau jedoch wurde nicht weit davon ans Ufer gespült und soll noch lange Zeit in einem der Stabersdorfer Hünengräber gewohnt haben. Hin und wieder erschien sie am Ufer und suchte mit angstvollen Augen das Wasser ab.

Wenn der Riese, der jetzt auf dem Drummelstein vor der Küste saß, sie dort stehen sah mit wehendem Haar, das nun grau geworden war, peitschte er das Wasser in grimmiger Wut. Bald rannten schäumende Wogen wild gegen Staberhuk an, und voll Furcht eilte die Frau in ihr Steinhaus zurück.

Schauten Fischer vom Ufer aus zu, dann murmelten sie: »De Ries, de tow! Holt jo an Land!«

De Rolköpp

Bi Mummdörp up Fehmarn weer vör Tiden op de Steenbargskoppel en grot Riesengraff. Mal sünd da de Meisterknech un de Plogdriewer bi to plögen. Do seggt de Jung, de hett to Peerd seten: »Wat rükt dat hier fein nach Pannkoken!«

»Ja«, seggt de Meisterknech. »De Rolköpp sünd bi to bakken. Krup man gau na dat Riesengraff rin un hal di'n paar rut. Muß awer blots von dat Eten nehmen, all dat anner muß du ligg'n laten, süns kriegt wi hüt noch Malör!«

De Jung stiggt von dat Peerd raff un wrangt sick op all Veer na de Steenkist herin. As he dar mirrn in is, süht he en fein' golln Töller mit Pannkoken stahn, de sünd eben frisch backt. De Jung langt jo to, un as he den Töller lerrig hett, steiht dar en frischen Töller. As he satt is, kann he dat awer nich nalaten, he stickt den golln Töller still unner sin Jack un krüppt denn gau na buten un sett sick wedder to Peerd.

»Hest doch nix mitnahmen?« fragt de Meisterknech.

»Ne«, seggt de Jung so'n beten behäsbast.

As se nerrn na den Diek ran kamt, ward dat dar pultern, un bi er rüm is en grot Lock in de Eer. Dar sackt se mit Peerd un Plog un alls herin.

As de Bur middags Schicht bringen deiht, kann he wieder nix sehn as en lütten Rolkopp, de steiht op dat Riesengraff un droht em to.

Das versteinerte Brot

In Puttgarten auf Fehmarn lebten einmal zwei Schwester. Die eine war reich, dabei aber hartherzig. Die andere hatte ihren Mann verloren und wußte kaum noch, wie sie ihre Kinder ernähren sollte.

In ihrer Not nahm sie an einem Sonntagmorgen einen gelben Messingkessel, das einzige wertvolle Stück, das sie noch besaß, und machte sich auf den Weg zu ihrer Schwester. Sie reichte ihr den Kessel hin mit der Bitte, ihr dafür ein Stück Brot oder etwas Korn zu leihen, doch höhnisch wies die Reiche sie mit den Worten ab, sie habe selber kein Brot im Haus. Als die andere immer dringender bat, sie möge doch Mitleid mit den Kindern haben, schwor sie sogar: Wenn sie wirklich ein Brot hätte, sollte es zu Stein werden!

Weinend ging die arme Frau wieder fort, aber bald wurde ihr Hilfe zuteil. Sie traf einen Bauern, der ihr gutherzig einen Scheffel Korn für den Kessel gab.

Unterdessen war der Mann der reichen Frau vom Kirchgang heimgekehrt. Hungrig von dem weiten Weg, bat er seine Frau, ihm noch vor dem Mittagessen ein Butterbrot zu geben. Als die Frau den Brotkasten auftat, war der Brotlaib schwer und hart. Das Messer glitt ab, sooft sie auch zu schneiden versuchte – das Brot war zu Stein geworden.

Da mußte die Frau ihrem Mann den falschen Schwur eingestehen. Von diesem Tag an ging ihre Wirtschaft immer mehr zurück, bis sie im Elend endeten. Ihre arme Schwester hingegen fand ein gutes Auskommen durch redliche Arbeit und konnte ihre Kinder ernähren und großziehen.

Hislepis!

In einem Hafen in Wagrien diente eine Frau lange Zeit einem reichen Herrn als Wirtschafterin. Als sie nun alt und schwach wurde und ihr die Arbeit nicht mehr so recht von der Hand ging, wäre der Herr sie gern losgeworden. Darum riet er ihr einmal, wenn auch nur zum Scherz, sie solle sich doch aufs Besprechen verlegen. – Ach, das verstehe sie nicht, antwortete die Frau seufzend. – Nun, nun, meinte der Herr, sie brauche ja nur zu sagen:

»Hislepis, hislepis,
wenn't nich bäter ward,
so blift, as't is!«

Dabei müsse sie Feuer schlagen mit Zunderschwamm und Stein und kräftig pusten.

Im Armenhaus ging es der alten Frau nicht gut; es war, wie die Leute sagten: was es dort gab, war zum Leben zuwenig und zum Sterben zuviel. Eines Tages hörte sie von einem, der die Rose hatte. Sie ging hin und flüsterte geheimnisvoll den Spruch, schlug auch Feuer und pustete aus Leibeskräften. Ein andermal war es ein verschwollenes Auge, dann wieder ein verrenkter Fuß, und es schien zu helfen, auch öfter, und die Frau kam bald in Ruf.

Einmal blieb dem reichen Mann beim Fischessen eine spitze Gräte im Hals stecken. Das war sehr unangenehm, denn sie rührte sich nicht von der Stelle und drückte und plagte ihn Tag und Nacht. Da riet ihm jemand, die kluge Frau zu holen. Sie kam, und der Herr staunte nicht wenig, seine ehemalige Wirtschafterin wiederzusehen.

Als die Frau hörte, was ihm widerfahren war, sagte sie:

»Ach, ich kann ja nichts weiter, als was der Herr selber mich damals gelehrt hat.«

Doch der hatte längst vergessen, was er ihr im Scherz gesagt hatte, und war neugierig.

Ja, antwortete die Frau, sie wisse es noch ganz genau:

»Hislepis, hislepis,
wenn't nich bäter ward,
so blift, as't is!«

Das war doch der Spruch, den er sich einmal ausgedacht hatte. Nein, daß er ihn nun wieder hörte, das war wirklich zu spaßig! Der Herr mußte lachen, und so herzhaft und kräftig prustete er los, daß ihm dabei die Gräte aus dem Hals flog.

Das Land Morgenstern

Es war einmal ein Fischer, der fuhr einen Tag um den anderen hinaus, doch wenn er sein Netz hochzog, war gar nichts drin, kein einziger Fisch. Bald hatte er nichts mehr zu brechen und zu beißen.

Als er wieder einmal am Strand ist und den Kopf hängenläßt, kommt wie von ungefähr ein feiner Herr vorbei. »Na, wo fehlt's denn?« fragt er. »Du siehst ja aus, als sei dir die Suppe verhagelt.«

Darauf erzählt der Fischer von seinem Mißgeschick.

»Hör zu, du sollst so viele Fische fangen, daß es dir immer gut geht«, sagt der feine Herr, »du mußt mir nur das geben, was dir in deinem Haus zuerst entgegenkommt. Fünfzehn Jahre kannst du das noch behalten, dann ist die Frist verstrichen, und du mußt es um diese Zeit und Stunde hierherbringen.«

Der Fischer hofft im stillen, es werde sein Hund sein, der ihm immer entgegenspringt, wenn er die Tür öffnet, und der ist in fünfzehn Jahren alt und schwach. Deshalb zögert er nicht weiter und sagt zu.

Wie er aber die Tür auftut, läuft sein kleiner Junge auf ihn zu. Ach, was hast du getan, denkt der Fischer, jetzt hast du dem Teufel dein eigenes Kind versprochen!

Aber von diesem Tag an fängt er immer so viele Fische, daß er bald keine Not mehr kennt, ja, er wird sogar ein reicher Mann. Hans, sein Sohn, wird groß und stark und fährt auch mit hinaus. Unaufhaltsam vergeht die Zeit, nicht mehr lange, und die fünfzehn Jahre sind um.

Da blickt der Fischer wieder traurig drein, und eines Tages fragt ihn der Junge: »Vater, was fehlt dir, du siehst jetzt so ganz anders aus?«

»Das mag ich dir gar nicht sagen, mein Sohn«, sagt der Fischer verzagt.

»Ach was, Vater, mir kannst du es doch erzählen!«

Der Fischer hält seinen Kummer nicht mehr zurück: Morgen seien auf den Tag die fünfzehn Jahre um.

»Laßt nur, Vater«, sagt Hans darauf, »das mag sein, wie es will, ich jedenfalls habe mich dem Bösen nicht verschrieben und werde schon mit ihm fertig werden.«

Anderntags gehen die beiden hinunter an die See, und der Junge steigt ins Boot. Der Vater bleibt am Stand stehen. Es dauert nicht lange, da kommt der Teufel herbei. »Na«, ruft er, »wo ist nun das, was du mir zugesagt hast?«

»Da ist es«, sagt der Fischer, »nimm es dir!« Bei diesen Worten stößt er das Boot mit dem Fuß vom Land ab, denn auf dem Wasser kann der Teufel dem Jungen nichts anhaben. Nur auf dem Land kann er ihn bekommen, wo sie es damals auch vereinbart haben.

Der Teufel ruft, aber Hans stellt sich taub. Da wendet sich der Teufel zum Gehen, doch läßt er einen gewaltigen Sturm aufkommen, und der Junge treibt in seinem Boot weit fort.

Als der Wind endlich nachläßt, weiß Hans nicht mehr, wo er ist, doch treibt er alsbald einem fremden Strand zu. Er steigt aus und beginnt landein zu wandern. Irgendwo müssen doch Menschen wohnen. Er spürt nun auch Hunger, geht weiter und immer weiter, kommt schließlich auf einen festen Weg und sieht in der Ferne ein prächtiges Schloß, das glänzt und blitzt nur so aus allen Fenstern.

Er tritt ein, aber niemand ist zu sehen und zu hören. Er öffnet eine Tür und sagt: »Guten Tag!«, damit sich endlich jemand zeige.

»Guten Tag, Hans!« sagt da auch jemand. Aber wer? Nur einen Vogel sieht er, in einem kleinen Käfig, der dicht unter der Zimmerdecke hängt.

»Bist du das, der da redet?« fragt Hans.

»Ja«, sagt der Vogel, »und du sollst gleich noch mehr von mir hören. Ich bin eine Prinzessin und schon lange hier verzaubert. Du kannst mich nun erlösen, dann werde ich deine Frau, und du bist hier der König.«

»Das wäre schon etwas, darüber ließe sich reden, aber wie in aller Welt soll ich das anfangen?«

Der Vogel sagt: »Du mußt drei Nächte hier im Schloß schlafen. Mag kommen, was da will, und was man auch mit dir anstellt, du mußt still und stumm bleiben und darfst nicht Kuck und nicht Muck sagen. Wirst du das können?«

Hans nickt eifrig.

»Gut, dann geh hier in die nächste Stube, dort findest du den Tisch für dich gedeckt. Wenn du müde bist, das Bett steht schon da.«

Hans betritt die Stube und stärkt sich nach der langen Reise. Als er satt ist, legt er sich ins Bett und schläft ein.

Nach Mitternacht erhebt sich ein greulicher Lärm. Drei Kerle wie die Bären kommen in die Stube, zerren ein mächtiges Rad herein, packen ihn und machen alle Anstalten, ihn zu rädern. Aber wie sie ihn aufs Rad legen wollen, rutscht er immer darüber hinweg, nach der einen Seite, dann nach der anderen. Bald spürt Hans seine Knochen, doch er sagt nichts, er schweigt bickenboomstill, und wo sie ihn hinwerfen, da bleibt er liegen wie ein schwerer Sack.

Das grobe Hantieren geht bis ein Uhr. Dann verschwinden die drei Kerle, ohne sich weiter um ihn zu kümmern. Hans kann kaum noch ein Glied rühren, so sind sie mit ihm umgegangen. Aber da, ein schwarzes Wesen huscht zur Tür herein, die Prinzessin. Sie bringt ein Glas mit Lebenswasser und besprengt ihn damit. Dann hilft sie ihm aufstehen, gibt ihm schnell noch einen Kuß und ist schon wieder fort.

Als Hans am andern Morgen aufwacht, tut ihm nichts mehr weh. Er steht auf, der Tisch ist bereits gedeckt, er ißt und trinkt, geht dann durchs Schloß und sieht sich alle Zimmer und Säle an, danach den Garten, und als er hungrig ist, setzt er sich wieder an den Tisch und läßt sich's schmecken. Der Tag vergeht, und als es Abend wird, legt er sich ins Bett und schläft ein.

Um zwölf Uhr beginnt der Lärm von neuem. Sie kommen wahrhaftig wieder, die drei Kerle, diesmal mit einem großen, schweren Klotz und einem Beil, reißen ihn aus dem Bett und wollen ihn auf den Klotz werfen, um ihn in Stücke zu hacken. Zum Glück kommt es nicht dazu, sie werfen ihn immer nach rechts und links über den Klotz hinweg. Als die Stunde um ist, lassen sie ihn liegen und gehen fort.

Wieder kann er sich kaum noch regen, so haben sie ihm zugesetzt. Da kommt die Prinzessin, besprüht ihn mit Lebenswasser, hilft ihm auf, küßt ihn zweimal und geht wieder hinaus.

In der dritten Nacht schleppen sie einen großen Sarg heran. Da soll er hinein, doch werfen sie ihn wieder nur darüber hinweg und arbeiten angestrengt die ganze Stunde lang. Hans hält alles aus und schweigt. Nachher kommt die Prinzessin mit dem Lebenswasser, hilft ihm auf und küßt ihn dreimal.

Am nächsten Morgen, als Hans erwacht, tritt sie wieder ins Zimmer und sagt: »Guten Morgen, Hans!«

Darf er sprechen? Nein, lieber schweigt er noch. Da lacht die Prinzessin und sagt: »Nun kannst du reden, du hast mich ja erlöst!«

Das wird ein fröhliches Mahl. Dann gehen sie miteinander durch das ganze Schloß. Was sehen sie: Alles ist wieder lebendig. Damen und Herren, Diener und Soldaten und Pferde und der ganze Hofstaat. Das alles soll nun ihm gehören? Hans kann es noch gar nicht fassen. Jetzt soll auch die Hochzeit sein. Aber erst will er zu seinen Eltern reisen und von seinem Glück berichten.

Die Prinzessin steckt ihm einen Ring an den Finger. »Damit kannst du dich hinwünschen und wieder zurück. Nur darfst du ihn nicht verlieren, und du darfst auch von unserem Land und Schloß Morgenstern und von mir und meiner Schönheit nichts erzählen, hörst du? Solltest du es doch tun, wirst du weder das Schloß noch mich in deinem ganzen Leben wiedersehen.«

Hans versichert, er werde alles gut bedenken. Dann steckt

er sich die Taschen voll Goldstücke, um seinen Eltern etwas mitzubringen, und bricht auf. Als er nicht mehr lange laufen will, dreht er den Ring und wünscht sich nach Hause. Schon steht er bei seinen Eltern in der Stube. Wie groß ist die Freude, daß Hans wieder da ist, denn sie hatten ihn tot geglaubt!

Eine Woche bleibt er daheim, dann will er wieder zurück. »Warum willst du schon wieder fort?« sagen seine Eltern. »Bleib doch hier, Geld haben wir jetzt genug, und es geht uns gut.«

»Nein«, sagt Hans, »ich will wieder dorthin zurück, meine Braut wartet.«

»Eine Braut kannst du auch hier finden«, hält ihm sein Vater entgegen.

»Ja, aber nicht so eine, wie ich dort habe«, sagt Hans und fängt an, von der Prinzessin zu schwärmen. Wie er im schönsten Erzählen ist, muß er wohl am Ring gedreht haben, denn plötzlich erscheint neben ihm die Prinzessin, und voller Schreck weiß er nun, was er getan hat. Das gibt ein großes Erstaunen, als die Eltern das schöne fremde Mädchen sehen. Sie faßt Hans an der Hand und zieht ihn mit sich fort, hinunter an die See, und dort am Stand setzen sie sich nieder.

Nach einer Weile wird Hans schläfrig. Er legt den Kopf in ihren Schoß, und es dauert nicht lange, ist er eingeschlafen. Geschwind zieht sie ihm den Ring vom Finger und steckt ihm einen andern dafür an. »Nun will ich zurück nach dem Lande Morgenstern, leb wohl, lieber Hans!« flüstert sie noch und ist verschwunden.

Als Hans erwacht und sich verlassen sieht, dreht er den Ring, immer wieder, aber er bleibt allein am Strand. Da ist er todtraurig, denn er weiß ja nicht, wo er das Land Morgenstern suchen soll. Trotzdem geht er los und kommt nach einer Weile in einen großen Wald. Dort hört er es poltern und krachen, daß die Erde bebt. Beim Näherkommen sieht er, daß sich drei Riesen fürchterlich schlagen und aufeinander einhauen.

»Warum schlagt ihr euch denn?« fragt Hans.

»Ach, du kleiner Erdenwurm«, stößt der eine höhnisch hervor, »was geht denn dich das an?«

»Laß ihn doch, die kleinen Menschen sind manchmal klug im Kopf«, brummt der zweite.

»Ja«, stimmt ihm der dritte zu, »vielleicht kann er uns helfen, die Sachen richtig zu teilen.«

»Was habt ihr denn da?« fragt Hans.

»Ich hab ein Paar Stiefel«, sagt der erste, nun schon etwas umgänglicher, »mit denen komme ich bei jedem Schritt sieben Meilen voran.«

»Laß sie mich einmal anziehen.«

»Nein, dann reißt du aus, und ich bin sie los.«

»Wenn ich die Stiefel nicht anprobieren darf, kann ich dazu auch nichts sagen.«

Das leuchtet selbst einem schwerfälligen Riesen ein. Also darf Hans sie anziehen, und er macht zur Probe einen Riesenschritt hin und einen wieder zurück. »Ja, die sind ganz so, wie du gesagt hast. Was hast du denn da?«

»Ich hab einen Hut mit drei Ecken«, sagt der zweite Riese. »Wenn ich ihn drehe, fliegt aus jeder Ecke eine Kanonenkugel heraus. Nun paß auf: Was ist mehr wert, seine Stiefel oder mein Hut?«

»Laß mich ihn erst einmal aufsetzen«, sagt Hans. Er bekommt den Hut und dreht ihn. Rrrrums! donnern drei Kugeln davon. »Ja«, sagt er begeistert, »das ist ein Hut, wie ich noch keinen gesehen habe!«

»Siehst du, meinen Hut ist mehr wert als deine Stiefel!« sagt der zweite Riese zum ersten, und wie der Streit von neuem losgeht, tritt der dritte dazwischen und sagt: »Halt! Das Beste habe ich hier, einen Mantel. Wenn ich den anziehe, kann mich keiner mehr sehen.«

»Das kann doch wohl nicht möglich sein«, sagt Hans, läßt sich den Mantel geben, zieht ihn an – und weg ist er, sieben Meilen mit jedem Schritt, die Riesen haben ihn ja nicht sehen und festhalten können.

Nun geht es schnell voran, und auf einmal ist Hans schon bei der Sonne. »Guten Tag, Frau Sonne«, sagt er. »Ihr kommt doch weit herum in der Welt, könnt Ihr mir sagen, wo das Land Morgenstern liegt?«

»Nein«, sagt die Sonne, »ich kenne es nicht, aber frage einmal meinen Bruder, den Mond, der geht gleich auf, vielleicht kennt er es.«

Hans schreitet mit seinen Stiefel tüchtig aus und kommt bald zum Mond. »Guten Tag, lieber Mond«, sagt er. »Ihr kommt doch weit herum in der Welt, könnt Ihr mir sagen, wo das Land Morgenstern liegt?«

»Nein«, sagt der Mond, »das kann ich dir nicht genau sagen. Ich glaube, als ich dort schien, stand gerade eine Wolke davor. Aber warte einmal, mein Bruder, der Wind, wird das wissen.«

Hans macht sich auf den Weg. »Guten Tag, lieber Wind«, sagt er. »Ihr kommt doch weit herum in der Welt, könnt Ihr mir sagen, wo das Land Morgenstern liegt?«

»Ja«, sagt der Wind, »da kommst du gerade recht. Ich will Hochzeitswäsche hinbringen, und wenn du gut zu Fuß bist, kannst du mich begleiten.«

»Das bin ich«, sagt Hans. »Mehr als sieben Meilen mit jedem Schritt kannst du wohl auch nicht schaffen.«

Dann geht es los, der Wind voraus und Hans hinterher, in Riesenschritten über Wälder und Berge, über Land und Strand. Hans hat zu tun, daß er mitkommt. Zuletzt sagt der Wind: »Jetzt kannst du allein weitergehen. Ehe ich die Hochzeitswäsche hole, muß ich noch einen Schlag Tannenholz umreißen, damit sie bei der Hochzeit etwas zu brennen haben. Hinter dem Berg da vor uns triffst du ein paar Mädchen, die stehen dort und waschen. Dann ist es nicht mehr weit nach dem Land Morgenstern.«

Hans bedankt sich und ist bald bei den Mädchen, die da waschen. Sie fragen ihn: »Hast du nicht den Wind gesehen? Er soll doch kommen und die Hochzeitswäsche holen.«

»Ja«, sagt Hans. »Er reißt nur noch einen Schlag Tannenholz um, damit sie bei der Hochzeit etwas zu brennen haben. Lange wird es nicht mehr dauern, dann ist er hier. Aber sagt mir doch, wie komme ich nach dem Land Morgenstern?« Nun weisen sie ihm den Weg.

Als Hans vor dem Schloß steht, sieht er erst, daß er von dem weiten Marsch über Busch und Strauch, über Wälder und Berge so abgerissen ist, daß er sich gar nicht sehenlassen kann auf dem prächtigen Fest. Darum schlüpft er in seinen Mantel, zieht aber noch die Stiefel aus, damit er nicht zu weit ausschreitet. Dann geht er ins Schloß hinein.

Die Prinzessin, die glaubt, Hans werde nie wiederkommen, hat nun einen anderen Bräutigam. Gerade sitzt sie am Tisch bei dem letzten Mahl vor dem Hochzeitsfest, da tritt Hans leise hinter ihren Stuhl – sehen kann sie ihn ja nicht –, und als die Prinzessin trinken will, nimmt er ihr das Glas aus der Hand, leert es selber und läßt den Ring hineinfallen, den sie ihm noch an den Finger steckte.

Da weiß sie, daß Hans wiedergekommen ist. Wo mag er sein? Verwirrt steht sie auf und geht in ihr Gemach. Hans folgt unbemerkt und nimmt den Mantel ab. Da steht er plötzlich vor ihr.

»Ach Hans«, sagt sie, »wie bist du nur auf einmal wieder hergekommen?«

»Siehst du«, sagt er, »ich habe dich doch gefunden, und nun geh ich nie mehr fort.«

»Nein«, sagt sie, »das sollst du auch nicht.« Sie faßt ihn fest um den Hals und küßt ihn. »Du hast mich ja erlöst, dich will ich haben und keinen anderen!«

Sie läßt Sachen für ihn holen, und während er sie anzieht, geht sie zurück in den Saal, wo sich die Hochzeitsgäste gerade allerlei Rätsel aufgeben. Da sagt die Prinzessin, sie möchte ihnen auch eine Rätselfrage stellen, und beginnt: »Von meinem Schrank verlor ich den Schlüssel, da ließ ich mir einen neuen machen. Nun habe ich aber den ersten Schlüssel wiedergefunden. Welchen soll ich jetzt nehmen, den alten oder den neuen?«

Da sagen alle: »Den alten!«

»Ja, seht ihr«, setzt sie hinzu. »Ich hatte einen Bräutigam und verlor ihn und schaffte mir einen andern an. Aber der erste ist wiedergekommen, und nun werde ich den auch wieder nehmen.« Da tritt Hans zur Tür herein, mit seinem Hut auf dem Kopf. Er geht ans Fenster, dreht ihn und schießt mit Donnergetöse die Kanonenkugeln ab. Da hat es dem neuen Bräutigam vor Schreck die Sprache verschlagen. Hans hat die Prinzessin gefreit und ist König geworden im Land Morgenstern.

Hans Rantzau, ick kenn di!

Vor dreihundert Jahren war Seegalendorf bei Oldenburg in Holstein im Besitze derer von Rantzau. Eines Morgens fand man an die Stubentür des Gutshauses geschrieben:

»Sures Beer, verschimmelt Brod,
de Düwel slag Hans Rantzau dod
un gev uns bäter Beer un Brod!«

Darob herrschten im Haus Erregung und Furcht, denn jedermann wußte, daß die armen, elenden, ausgemergelten Leibeigenen des Gutsherrn allesamt weder lesen noch schreiben konnten. Nachforschungen blieben ohne Erfolg. Deshalb verfiel man darauf, der Böse selber müsse es getan haben, und der von Rantzau ließ an die Tür schreiben:

»Büst du en rechtschaffen Mann,
so nenn di!«

Worauf nach einigen Tagen als Antwort darunter stand:

»Dat lat ick na, Hans Rantzau,
ick kenn di!«

Der Junker war außer sich vor Wut und hätte am liebsten jeden Menschen um sich herum der Aufwiegelung gegen die Obrigkeit bezichtigt. Denjenigen aber, der dies tatsächlich zu sagen und sogar zu schreiben gewagt hatte, was freilich nichts als die lautere Wahrheit war, fand er trotz eifrigen Suchens nicht. Erst viel später kam zutage, daß es ein zugelaufener und wieder entlaufener fremder Landarbeiter gewesen war, von dem die Leute erzählten, sie hätten ihn zuweilen über unverständlichen Kreidekritzeleien gesehen.

Vom Wilden Jäger

Heute ist die Putloser Heide in Oldenburg in Holstein fruchtbares Ackerland. Einst hauste hier in Dickicht und Gebüsch der Wilde Jäger, ein finsterer Geselle, den jeder fürchtete, obwohl er kaum jemandem etwas zuleide getan hatte. Er trug einen grauen Rock und hielt, das war grauslich anzusehen, den Kopf unterm Arm. Sein kleiner Schimmel hatte nur drei Beine, lief aber pfeilschnell wie der Wind, kaum daß die Meute der Dachshunde zu folgen vermochte, weshalb sie oft die Hetzpeitsche zu spüren bekam.

Wieder einmal sauste die wilde Schar zur Nachtzeit über die Putloser Heide, da waren noch drei Arbeiter unterwegs, jeder mit einer Tracht Holz auf dem Rücken. Der eine sah den Jäger kommen und duckte sich schnell, indessen die andern, des Lärms nicht achtend, weiterschritten. Huiii! toste die Wilde Jagd vorbei und warf sie heftig zur Seite, daß sie mit der schweren Ladung Holz in die Knie brachen. Erst waren sie verdutzt, dann rafften sie sich auf und schalten laut und stritten, denn jeder glaubte, der andere habe ihm den Stoß versetzt, bis auch der dritte wieder auf den Beinen war und berichtete, was er gesehen hatte. Da rissen sie erstaunt die Augen auf, aber der Wilde Jäger war schon in der Ferne verschwunden.

In der Probstei, dem ein gutes Stück weiter westlich an der Kieler Bucht gelegenen Landstrich, wußte man früher von dem alten Jäger Au zu erzählen, der ständig von vielen ganz kleinen Hunden begleitet wurde, und jeder von ihnen trug auf dem Schwanz ein brennendes Licht. Düstere Stätten kannte man und abgelegene Häuser, wo der alte Au oft hauste und jedem, der zu später Stunde noch vorüberging, furchtbare

Angst einjagte, wenn plötzlich Geheul erscholl und zahllose Lichter flimmerten.

In Fiefbergen gab es ein Haus, durch das er mit Vorliebe mehrmals in der Woche seine Meute hindurchjagte, zur Hintertür hinein und zur Seitentür wieder hinaus, wobei er oft genug mit Lärm und wüstem Gepolter auch durch die Wohnstube und die übrigen Räume des Hauses tobte, die Bewohner in panischen Schrecken versetzend.

Als die Wilde Jagd wieder einmal heranbrauste, warf ein Beherzter gerade noch die Tür zu und verschloß sie. Steil bäumte sich das Pferd des Jägers, als er es mit jähem Ruck dicht an der Tür zum Halten brachte. Der Abdruck des Hufeisens soll noch immer auf dem flachen Stein vor dem Haus zu sehen sein.

De Scheper sökt sin Schap

Dar is mal ’n Scheper weß, de het fief Schap verlarn, veer witt un een swatt. Do will he ähr je söken, un as he na de Wisch kümmt, röppt de Kiwitt: »Fief witt, fief witt, fief witt!«

»Nä«, säggt de Scheper, »dat’s ni wahr, dar is een swatt mit mank.«

De Kiwitt blifft dar aewer bi: »Fief witt, fief witt, fief witt!«

»Dar warr eener klok ut«, denkt de Scheper, »schust du di vertällt häbben?«

He geiht to Hus un tällt sin Schap na. Nä, veer witt fehlt ehm un een swatt. Do geiht he je wedder los to söken. Na de Wisch geiht he aewer ni wedder hen, de Kiwitt hett ehm to dull argert, he geiht na’t Holt. Do sitt dar ’n Kreih op ’n Boom, de karkt in een Gang to: »All swart, all swart, all swart!«

»Nu ward’t ni daegen!« röppt de Scheper. »Dat weern doch veer witt un blots een swatt, kannst du ni kieken oder ick?«

»Du – du, du – du!« röppt dunn de Kuckuck.

Do verfehrt sick de Scheper so dägern, he geiht glieks wedder to Hus und tällt nochmal na. As he dunn todägen tokieken deit, staht sin fief Schap achter’t Schur. »Süh, Kiwitt, Kreih un Kuckuck«, säggt he, »heff ick ni recht hadd? Dat sünd doch veer witt un een swatt!«

Wie Frau Abel sich ein Ei holte

Vor langer Zeit, als es im Land noch viele Wölfe gab, wohnte in Stakendorf, das bei Schönberg an der Kieler Bucht liegt, eine alte Frau, die hieß Abel.

Um die Wölfe zu fangen, wurden tiefe Gruben ausgehoben und darüber eine Wippe gelegt. Zur Witterung für den Wolf sperrte man eine Gans oder ein Huhn in einen Korb, und dieser wurde zugedeckt und auf die Wippe gestellt. Ein jeder im Dorf mußte, sobald die Reihe an ihm war, ein Tier als Köder geben.

Als Frau Abel dran war, trug der Knecht eine Gans zur Grube und setzte sie in den Krob auf der Wippe. Frau Abel war aber recht geizig, und ihr fiel ein, daß die Gans noch ein Ei bei sich haben könnte. Es ließ ihr keine Ruhe. Obgleich es schon dunkelte, lief sie hinaus in den Wald. Sie langte nach der Gans, dabei senkte sich die Wippe, die Frau rutschte hinab und fiel in die Grube.

Da war es finster und kalt. Frau Abel jammerte und schrie, so laut sie konnte, niemand hörte sie. Ihr blieb nichts weiter übrig, als sich eng in eine Ecke zu drücken und auszuharren. Zitterten ihr auch alle Glieder vor Furcht und bitterer Kälte und klapperten die Zähne, es war ihr einerlei – wenn nur kein Wolf kam! Fast zu Tode erschrak sie, als ihr gegen Mitternacht etwas von oben herab gerade in den Schoß plumpste: das Ei ihrer Gans, das durch den alten, schadhaften Korb gefallen war.

Im Morgengrauen schlich ein Wolf heran, der die Gans gewittert hatte. Vorsichtig strich er um die Grube. Frau Abel sah mit Schrecken die grünen Lichter seiner Augen, die zu ihr herabfunkelten.

Da tappte der Wolf auf die Wippe und streckte seine Pfote nach der Gans aus, die im Korb wild mit den Flügeln schlug. Auch diesmal gab das Brett nach, und im Nu war der Wolf bei Frau Abel in der Grube. Hatte er von dem jähen Fall einen Schreck bekommen oder vorher eine gute Mahlzeit gehalten, er setzte sich ruhig in die andere Ecke, Frau Abel gegenüber, und blickte sie, die vor Angst fast von Sinnen war, mit seinen grünschillernden Lichtern unverwandt an.

Endlich war es vollends hell geworden, da kam der Knecht, um nach Fang und Köder zu sehen. Ach, wie erschrak er, als er in die Grube sah! Er machte der Frau nur stumm ein Zeichen und rannte zurück ins Dorf, um Hilfe zu holen.

Mit Stricken und Leitern kamen mehrere Männer gelaufen. Nun rief der Knecht: »Frau, wenn es glücken soll, so macht nur die Röcke los und laßt sie dem Wolf, wenn's sein muß!«

Ihre Hände waren steif und starr, aber das Gänseei durfte sie trotzdem nicht loslassen. Sie hatte viel Mühe, die Röcke aufzubinden. Wie gut, daß es ihr endlich gelang, denn als man sie hochzog, reckte sich der Wolf, heulte zornig und sprang zu. Seine scharfen Zähne zerfetzten die weiten Röcke, aus denen Frau Abel gerade noch schlüpfen konnte.

Sie kam mit dem Schrecken davon, mit heiler Haut und wohlbehalten, und nicht nur sie, auch ihre Gans und sogar das Ei, sie hielt es bis zum guten Ende fest in ihrer Hand.

Die stolze Frau von Verwellen

Auf der Kolberger Heide an der Kieler Bucht lag vor langen Jahren ein großes Gut, der Verwellenhof. Darauf wohnte Frau von Verwellen, eine über die Maßen stolze und hochmütige Herrin. Die Leute, die bei ihr Hofdienste zu leisten hatten, trieb sie hart und grausam zur Arbeit an. Ebenso war sie bekannt dafür, daß sie allezeit ihren Reichtum, der ihr schier unerschöpflich schien, mit hochfahrenden Reden im Mund führte.

Einmal machte sie in vornehmer Gesellschaft eine Lustfahrt aufs Meer hinaus. Plötzlich zog sie ihren kostbaren Ring vom Finger und hielt ihn hoch, daß ihre Gäste im Boot sahen, wie die Edelsteine in der Sonne glitzerten und funkelten. Dann warf sie ihn in die See und sprach leichthin: »So unmöglich ich den Ring wiedererhalten werde, so unmöglich werde ich je Not leiden.«

Doch kaum war eine Woche vergangen, da kam ein Fischer mit einem großen Dorsch aufs Schloß. Am gleichen Tag noch wurde der Fisch zubereitet und auf einer mächtigen Silberplatte zur gedeckten Tafel gebracht. Beim Zerlegen fand sich in seinem Bauch der Ring.

Erstaunt und nachdenklich hielt die Herrin das glänzende Kleinod in der Hand, das auf seltsame Weise zu ihr zurückgekehrt war. Sollte das bedeuten, daß ihr Unheil bevorstand? Ach was, ihren Reichtum konnte ihr niemand nehmen! Schnell schob sie den wertvollen Ring auf den Finger und trug ihn wieder wie zuvor. Schon bald dachte sie nicht mehr daran, was für eine Bewandtnis es mit ihm hatte.

Eines Nachts wälzte sich eine gewaltige Flut heran und verschlang die ganze Kolberger Heide. Die Frau kam mit dem

Leben davon, doch hatte sie all ihr Hab und Gut verloren und war so arm geworden, daß sie betteln gehen mußte.

Dies soll im Jahre 1625 geschehen sein, als die See weit ins Land vordrang. Bis heute liegt die Kolberger Heide mit dem Verwellenhof überflutet in der Meeresbucht bei dem Dorf Holm.

Der Goldkeller bei Laboe

In einem Hügel bei Laboe an der Kieler Förde soll einst ein Goldkeller verborgen gewesen sein. Immer am Ostermorgen tat sich am Abhang eine Spalte auf, so daß man gerade hineinschlüpfen konnte.

Um diese Stunde kam einmal eine Fischersfrau, die ihr Kind auf dem Arm trug, dort vorbei. Durch die Öffnung sah sie es glitzern und funkeln, und neugierig ging sie hinein. Ihr Kind setzte sie an einen Tisch. Drei rotbackige Äpfel lagen darauf. Das Kind langte danach und krähte vor Vergnügen.

Rasch griff die Mutter in die Haufen von Gold- und Silbermünzen und füllte, soviel sie konnte, in ihre Schürze. Ohne sich zu besinnen, stürzte sie hinaus, um den Reichtum zu bergen.

Kaum war sie draußen, da schloß sich der Berg. Vor Schreck blieb sie stehen und schlug die Hände über dem Kopf zusammen, und all die kostbaren Münzen rollten und sprangen davon. Wie hatte sie nur ihr Kind vergessen können!

Laut jammernd und klagend, lief sie am Hügel hin und her, doch umsonst, der Eingang war nirgends mehr zu sehen. Hier und da blinkten die Münzen im Gras. Ach, was nützte ihr jetzt Gold und Silber, da sie ihr Kind nicht mehr hatte!

Der Berg blieb verschlossen, bis der nächste Ostermorgen herankam. Schon zeitig eilte die Fischersfrau zum Hügel. Es war, wie sie das ganze Jahr gehofft hatte: Der Spalt stand offen. Auch die Schätze glänzten wieder, doch die Frau lief achtlos vorbei. Da, ihr Kind saß immer noch am Tisch, munter mit den Äpfeln spielend, als hätte sie es eben erst verlassen, und streckte ihr lächelnd die Arme entgegen. Mit einem freudigen Aufschrei riß sie es an sich und wandte sich hastig zum Ausgang.

Vom hellen Sonnenschein geblendet, schloß sie die Augen. Als sie dann nach dem Kind sah, bemerkte sie mit Schrecken: Es war tot. Unter den ersten Sonnenstrahlen war es vergangen wie eine welke Blume.

Dummhans un de grote Ries

Vör väle Johre wer in enen groten endlosen Woold en grote Ries, de wer so ungeslacht un harr en Hart von Steen. Den Riesen hör dat Holt to. Wenn nu winterdags de armen Lüde kemen un wullen sick en bäten Sprock sammeln, so kem he gliek an un sä, he würr se as en Steen kört un kleen riewen, wenn se nich maken, dat se foortkemen.

Nu wahn da ook en Bur in de Neg, dat wer en starken Mann, un he harr ook twe Sähns, de weren noch starker; darup verleet he sick. He harr awers noch enen drütten Sähn, von den sprök he sien Dag nich grot; dat güng to Hus ümmer Dummhans hier, Dummhans dar, de weer to gor nicks to gebruken.

Nu wer dat mal en harden Winter, un de Fürung würr all. Da güng de Bur in groter Not na den Riesen sien Woold un wull sick Sprock söken. Da kem stracks de grote Käärl an un frag: »Wat wullt du kleene Eerdworm hier?«

»Ick wull mi en bäten Sprock söken«, sä de Bur.

Da sä de Ries: »Fatst du enen Splitter an, so riew ick di as en Steen kört un kleen!«

Da würr de Bur bang un leep weg. So beestig harr he sick em nich dacht. As he nu an Hus kem, ganz witt vör Schreck, da wull de öldste Sähn dat mal versöken, wo sick mit dem Riesen spräken leet. Dat güng em awers nich bäter as den Vader, he würr ook bang un leep weg. Da güng de tweete Sähn hen, de kreeg noch weniger wat. Se weren alle bang vör dat Kört- un Kleenriewen.

Da sä Dummhans: »Wenn gi nich wöllt, so will ick hen!« Da säen sien beiden Bröder: »Wenn du klok weerst, güngst du to Bett bie de Kalwer, da dien Lager is.« Hans wull awers hin na den Riesen un sä: »Wo gi nich dörchkamt, do ick dat villicht.« Da wullen de Bröder em enen utwischen, awers de Vader sä: »Lat em, dat säggt he so in sien Dummheit.«

Hans güng weg, un as he nu en Enden henkummt, so fünn he da annen Weg en Löwinkennest (Lerchennest), un de Löwink set up de Eier. Hans nehm den Löwink ganz liesen up, stek em in de Dasch: »Wer weet, wo dat god för is!« säggt he. Nu güng he werrer en aardige Streck, da fünn he en Stück Kes, in Papier bedreiht. He nimmt dat up un stek dat in de Dasch: »Wer weet, wo dat god för is!« säggt he un güng wieder. Da fünn he da en olle Kohut liggen: »Wer weet, wo dat god för is!« säggt he un binnt sick de Kohut vor, dat se em bet an de Kneen güng.

Nu kem he in den Woold. Da bemött em de grote Ries, de säggt: »Wat wullt du kleene Eerdworm hier?«

»Häff ick di all fragt, du grote Ries?«

»Du büst en drieste Jung, ick will mi en Dracht Fürholt halen«, säggt de Ries.

»Dat will ick ook«, säggt Hans.

»Hör mal«, antwoort em da de Ries, »du Kleene, nu will ick di en Kunst vertellen, un wenn du mi dat nich na don kannst, so will ick di as en Steen kört un kleen riewen: Ick riet den groten Boom dal up de Eer, seh to, wat du dat na don kannst!« Tohand fat de Ries den Boom an de Telgen un bög em dal an de Eer. Da fat Dummhans bi de Telgen an, de Ries leet los, de Boom swääpt up, un Hans springt oewer de Telgen hen. Darup frag he: »Kannst du dat ook, du grote Ries, un ower de Telgen springen?« Dat kunn de awers nich.

»Nu wöllt wi noch en Wett anslan«, sä de Ries. »Nu wöllt wi mal sehn, wer tom högsten smieten kann.«

Da nehm de Ries en groten Steen, den smeet he so hog, man kunn en so äben noch sehn, awers naast füll de Steen werrer dal. Nu sull Dummhans smieten. Da nimmt he sienen Löwink ut de Dasch un smeet den in de Luft. De Löwink steeg so hog, dat he gor nich mehr to sehn is.

»Sühst du, du grote Ries«, säggt Hans, »ick heff den Steen in de Luft fast smäten, he kummt gor nich werrer dal.«

Da wer de grote Ries all werrer to kort kamen. Awers he säggt: »Nu wöllt wi sehn, wer tom besten kniepen kann!« He nehm en Steen von de Eer up un kneep em to luder Mähl. Da sull Hans da ook bie. He lang in de Dasch un kreeg sien Stück Kes herut, dat kneep he so, dat dat Water herutlöppt. Da is he den Riesen all werrer oewer.

Da säggt de Ries: »Ick kann di bruken. Du sallst bi mi bliewen un kannst mien Knecht warren. Nu kumm mit na mien Quarteer.« Un damit ritt he noch eerst sick en groten Boom to Füerholt ut de Eer un säggt to Hans, up welken Enden he anfaten wull. Hans sä: »Bi de Telgen.« Da nimmt de Ries den Boom up de Nack un geiht föran, un Hans sett sick in de Telgen un leet sick na Hus drägen.

As se nu in de Huhl kamt, wo de Ries wahn, so is da en olle Fru, de hätt en ganz Pärd to Für. Denn de Riesen pleggen in de olle Tieden nicks to äten as Pärfleesch. Datomal weren hier de lütten wilden Pärde innen Landen, de grepen se mit een Hand un verspiesen se tom Frühstück.

Nu leggt de Ries den Boom bie't Für un gift Hans en grote Stang inne Hand, dat wer en ganzen Eschenboom. Damit sull he dat Für staken, bet dat Äten gor wer. Hans kunn awers de Stang nich hanteeren, da würr de Ries en bäten verdreetlich, un as dat nu ant Äten güng, säggt he: »Nu wöllt wi sehn, wer tom meisten äten kann, denn sast du dat Lewen behollen.«

Da eet sick Hans eerst satt. Naast awers füll he allens, wat he äten sull, achter sien Kohut. De gote Ries säggt: »Büstu noch nich bald satt, du kleene Eerdworm? Ick grote Ries kann nich mehr äten.« Da nimmt Hans dat Meß un säggt: »Ick will nun eerst van faeren werrer anfangen. Seh du grote Ries to, wat du deist!« Un so snitt he sick de Kohut up, dat all dat Äten werrer herutlöppt, un da füng he van frischen werrer an. Da denkt de grote Ries, dat kannst du ook don, un snitt sick dat Lief up un is dot.

So denkt de oll Riesenmoder: »Wat fangst du nu mit den

lütten Eerdworm an?« Se wiest em in en Bettstatt herin, da sall he liggen, un wenn he slöppt, will se em mit de Äcks hauen, dat se em man los ward. As Dummhans in de Nach dat nu mark, legg he da en swarten Pott hen, wo sien Kopp wäsen wer, un kröp sülwen unner't Bett hen. De Riesenmoder kummt un sleit mit de Äcks up't Bett, dat dat kracht. »De Brägenpann is entwei. Gottlof, dat he dot is!« säggt se. Nu güng se ook to Bett. Da stünn Hans werrer up un söch all de Scharwen van den Putt uten Bett, naast legg he sick werrer dal.

Morgens stiggt he up un säggt goden Morgen to ähr. De Riesenmoder verwunnert sick un meent, dat se em dodslagen hätt. Se fragt em: »Hätt he ook god slapen?«

»Ja«, säggt he, »heel god. Man güstern awend, as ick äben to Bett wer, steek mi en Floh an den Kopp.«

Nu woll de oll Riesenmoder nicks mehr mit em to don häbben un gef em Geld nog, dat he man werrer wegreisen soll to siene Öllern, un se kunnen so väl Sprock sick halen, as se wullen.

Nu güng Hans to Hus un vertällt, wo dat em gahn wer, un sä to siene Bröder: »Nu kaent gi hengahn un Sprock halen, so väl as gi wöllt!« Un van de Tied af wer he nich mehr de Dummhans.

Die Windknoten

An der Schlei, jener schmalen Förde, die sich als Ausläufer der Ostsee von Kappeln bis Schleswig vierzig Kilometer weit ins Land hineinzieht, an der Schlei also, in dem Dorf Sieseby, lebte eine Frau, die in dem Ruf stand, den Wind drehen zu können. Deshalb legten die Schleswiger Heringsfischer oft dort an und holten sich bei ihr Rat. Das taten sie auch, als sie wieder einmal nach Schleswig zurücksegeln wollten und ihnen steifer Westwind gerade ins Gesicht blies. Für ein Gericht Fische sagte ihnen die Frau Hilfe zu, worauf die Fischer ihr alles anboten, was sie hatten: Heringe, Brassen, Barsche und Hechte. Die Frau war's zufrieden und reichte ihnen ein Tuch mit drei Knoten. Wollten sie günstigen Wind, sollten sie nur den ersten Knoten öffnen, und war Eile geboten, dazu den zweiten, den dritten aber nimmer, vor allem nicht, wenn sie noch auf dem Wasser waren.

Die Fischer setzten die Segel, die sogleich im Westwind knallten. Kaum hatte der Älteste der Gilde jedoch den ersten Knoten gelöst, strich ein sanfter Ostwind heran, und sie machten Fahrt auf Schleswig zu. Er öffnete noch den zweiten Knoten. Da trieb sie der Sturm wild vor sich her, daß sie alle Kräfte aufbieten mußten und mit knapper Not die Engen der Schlei passierten. So schnell wie noch nie langten sie vor Schleswig an.

Dort endlich zwickte sie die Neugier, was der dritte Knoten wohl bringen würde. Als sie ihn gelöst hatten, tobte ein furchtbarer Orkan heran, daß etliche Fischkutter auf der Stelle kenterten und die Männer eilig ins Wasser sprangen, um ihr Leben zu retten.

Die Burg an der Schlei

An der Schlei stand früher eine feste Burg. Dort hauste der Raubritter Weser mit seiner Schwester, der schönen Margret. Oft wurde um ihre Hand angehalten, aber sie ließ den Bruder nicht allein. Obwohl sie das Räuberleben verabscheute, gab sie die Hoffnung nicht auf, ihren Bruder eines Tages noch davon abbringen zu können, und darum wollte sie ihn um keinen Preis verlassen. Er trieb es nachgerade schlimm genug, dann aber wäre er unter seinen Spießgesellen vollends verroht.

Immer wieder machte sie ihrem Bruder Vorhaltungen, redete ihm ins Gewissen, wollte ihn zu einem anständigen, ehrlichen Leben bekehren. Sie grämte und härmte sich, als alles nichts half, und fand bald keine ruhige Stunde mehr. Einzig ihr schöner Garten am Abhang zur Schlei spendete ihr Trost. Sie pflegte und hegte ihn und freute sich am Grünen und Blühen.

Einmal kam ein Boot nahe ans Ufer, und ein Mann rief zu ihr herauf: »Seht nur, wie Eure Burg schwankt! Sie ruht nur auf den beiden Felsen, da, gerade vor Euch. Weichen sie einmal zur Seite, so stürzt die Burg in die Tiefe.« Schon stieß er ab und ruderte davon.

Nachdenklich betrachtete Margret den Hügel, auf dem sich die Burg erhob, und als sie mit der Schaufel einiges Erdreich beiseite geräumt hatte, stieß sie auf die beiden Felspfeiler, genau wie es der Fremde gesagt hatte. Sie trugen die Felsblöcke, auf denen die Mauern der Burg errichtet waren.

Am Abend saß der Ritter Weser wieder mit allerlei finsteren Kumpanen beim Zechen. Wie schon oft, trat Margret ein und versuchte sie zur Umkehr zu bewegen, vor allem ihren

Bruder. Die Zecher hörten sie gelassen an, und Margret wurde eifriger, doch begannen sie, sich über sie lustig zu machen. Als ihr vor Kummer die Tränen kamen, versetzte ihr der Bruder eine Maulschelle und stieß sie hinaus.

Nun war jegliches Mitgefühl in ihr erloschen. Die Worte des Fremden fielen ihr ein, und sie war entschlossen, dem Räubergesindel den Garaus zu machen. Ihr war es bitterer Ernst, sollte es auch ihr eigenes Leben kosten.

Einen Knecht hieß sie, einen schweren Hebebaum aufzunehmen und ihr zu folgen. Dann zwängten sie ihn gemeinsam in eine Spalte zwischen den Felsen und stemmten sich mit aller Kraft dagegen. Schon bald rückte der Pfeiler ein Stück zur Seite, dann noch ein Stück, worauf die Blöcke ins Rutschen gerieten und alles, was sie trugen, mit sich hinabrissen. So stürzte der ganze Hügel mit der Burg in die Schlei. Margret und der Knecht wurden von den Trümmern erschlagen.

In der Bucht der Schlei, in der die Burg versunken war, machten die Fischer seitdem reichen Fang und beschlossen, sich am Strand anzusiedeln. Dort ist das Dorf Weseby entstanden.

Der Hirschbrunnen

In alter Zeit gab es in der Umgebung von Schleswig große Wälder, die sich meilenweit landeinwärts zogen. Am Friedrichsberg lag mitten im Holz eine Quelle mit vortrefflichem Wasser. Da sie schier unerschöpflich war, ließen sich in der Nähe Hirten und Jäger nieder, und das Dorf Friedrichsberg entstand. Als eines Tages die Quelle doch versiegte, waren die Leute untröstlich und wußten keinen Rat.

Da machte sich einer der Jäger auf und streifte durch den Wald, immer auf der Suche nach Wasser. Er geriet aber so weit, daß er, als die Nacht hereinbrach, nicht mehr wußte, wo er sich befand.

Plötzlich blitzte im Mondschein etwas zwischen den Stämmen hell auf. Er pirschte sich näher heran. Es war das Geweih eines stattlichen Hirsches. Schon legte der Jäger den Bogen an und spannte die Sehne. Aber dann brachte er es doch nicht übers Herz, das edle Tier zu töten, und schob den Pfeil wieder in den Köcher. Bald darauf gelangte er glücklich ins Dorf zurück.

Am nächsten Morgen gab die Quelle Wasser wie eh und je, und die Freude darüber war noch viel größer, denn daneben lag ein goldenes Geweih.

Für den Erlös des Goldes wurde eine feste Mauer um die Quelle gezogen, die nun den Namen Hirschbrunnen erhielt. Dort sprudelt die Quelle bis zum heutigen Tag, und wer in Friedrichsberg einen frischen, kühlen Trunk tun will, der holt ihn sich aus dem Hirschbrunnen.

Skeaf und Skild

In alter Zeit, als noch wenige Menschen im Land zwischen Ostsee und Nordsee lebten, trieb einmal ein Schiff ohne Bemannung, ohne Steuer und Ruder die Schlei herauf, in dem ein kleiner, eben geborener Knabe lag, nackt und schlafend, mit dem Kopf auf einem Bund Stroh, und um ihn her Waffen aller Art und kostbares Geschmeide.

Niemand konnte sich erklären, wer der Knabe war und woher er kam, doch nahm man ihn auf, pflegte und erzog ihn, bis er zu einem starken und schönen Jüngling herangewachsen war. Das Rätsel seiner Herkunft freilich konnte auch fernerhin niemand lösen, am wenigsten er selbst. Da manche sogar des Glaubens waren, ein Gott habe ihn gesandt – und das waren nicht wenige –, wählte das Volk der Angeln ihn zu seinem ersten König und nannte ihn Skeaf oder Schoof, weil man ihn ruhend auf einem Schoof, einem Bund Stroh, damals im Schilf gefunden hatte.

Skeaf wohnte in dem Ort Schleswig und herrschte lange Zeit über das Volk der Angeln. Sein Sohn und Nachfolger hieß Skild, das bedeutet Schild, und dessen Sohn war Beowulf, später in den Ostseeländern ein berühmter Held.

Vom Skild nun wird berichtet, daß er in hohem Alter, als er sein Ende nahen fühlte, der wunderbaren Ankunft seines Vaters Skeaf auf der Schlei gedachte und danach bestimmte: Wo sein Vater die erste Fahrt in seinem Leben getan habe, ebendort wolle er, Skild, einmal seine letzte Fahrt antreten. Also geschah es, als er hingeschieden war. Man brachte seinen Leichnam an das Ufer der Schlei, wo ein Schiff zur Ausfahrt bereitstand, legte den toten König hinein, mit dem Kopf zum Mast, und rüstete alles aus mit Schätzen, Waffen, Kriegsgewändern, wie einst das Schiff, das Skeaf ans Land getragen hatte. Hoch an den Mast band man ein goldenes Banner als königliches Zeichen.

Dann überließ man das Schiff steuerlos den Fluten, die es alsbald davontrugen, die Schlei hinab zur Ostsee, und nie mehr wurde ein Zeichen von ihm gefunden.

Der Möwenberg

Vor der Stadt Schleswig erhebt sich auf einer kleinen Insel im westlichen Teil der Schlei der Möwenberg. Viele Tausende von Möwen bevölkern ihn. Die Sage aber will wissen, daß dort vor vielen Jahren ein Schloß gestanden hat. Ein reicher Junker wohnte darin, der seine Untertanen hart bedrückte und peinigte. Zur Strafe versank das Schloß eines Tages, und alle Bewohner wurden in Möwen verwandelt.

Im Erdboden liegen noch Reste alter Mauern. Auch den Schatz des Schloßherrn hat man dort vermutet, denn blaue Flämmchen und flackernde Lichter sollen ihn zu nächtlicher Stunde angezeigt haben. Deshalb machten sich hin und wieder Schatzgräber auf die Suche, doch haben sie noch nichts zutage gebracht.

Einmal verbreitete sich des Nachts vom Möwenberg her ein so heller gelber Schein, daß ein Mann, der das Schleiufer heraufkam, voller Staunen und Neugier sogleich darauf zuging. In seinem Eifer bemerkte er nicht, daß er sich nach wenigen Schritten schon auf dem Wasser befand, jedoch trockenen Fußes, da es unter ihm fest war wie eine Eisdecke. Immer heller leuchtete ihm der Schein entgegen. Endlich stand er im Hof eines Schlosses, das er nie gesehen hatte, vor einer schönen gelben Blume, wie er sie auch zuvor nie sah, denn von ihr ging das wundersame Leuchten aus, ganz, als hätten tausend Kerzen ihren milden, ruhigen Schein vereint. Wie in einem Zauberbann befangen, ging der Mann auf die Blume zu und brach sie ab, und unvermindert dauerte ihr Leuchten fort.

Nun wollte er das Schloß betreten, doch eine Tür wie die andere zeigte sich verschlossen und verriegelt. Er ließ keine aus und lief ums ganze Schloß. Als er aber, um genauer sehen zu können, die leuchtende Blume dicht vor ein Türschloß hielt, sprang es auf. Nun öffneten sich ihm alle Türen, alle Gemächer durchschritt er, ein jedes immer prächtiger als das vorige, bis er zum letzten sogar ein köstliches Mahl angerichtet fand. Er setzte sich nieder und aß und trank nach Herzenslust.

Wie er sich erhob und gehen wollte, rief ihm eine Stimme warnend zu: »Vergiß das Beste nicht!« Er ließ seinen Blick über die noch immer reich gedeckte Tafel schweifen. Da sah er einen großen, schweren Silberbecher, über und über mit kunstvollem Zierat bedeckt.

Schon rief es von neuem: »Vergiß das Beste nicht!« Er nahm den Becher und wandte sich zur Tür.

Wieder mahnte die Stimme: »Vergiß das Beste nicht!« Noch einmal blickte er in den Saal, doch der Becher schien ihm das wertvollste Stück.

So verließ er das Schloß und ging über das Wasser zur Stadt zurück. Schwacher Mondschein wies ihm die Richtung, da hinter ihm nun alles in Dunkelheit lag.

Am Morgen war von dem Schloß auf dem Möwenberg nichts mehr zu sehen, aber der Becher war noch da. Ihn behielt der Mann bis an sein Lebensende. Dann soll das kostbare Gefäß in die Silberkammer von Schloß Gottorf und später nach Kopenhagen gebracht worden sein.

Die schwarze Greet

Einst herrschte Königin Margarete über die drei nordischen Reiche. Um Dänemark vor Angriffen zu schützen, ließ sie das Dannewerk, die alte Wallanlage zwischen Schleswig und der Treene, erhöhen und befestigen, weshalb man den Teil bei Haddeby seitdem Margaretenwall nannte. Mit vielen Städten in Schleswig-Holstein und an der Elbe lag die Königin in Fehde, und sie befahl, die Elbe mit langen Pfählen und schweren Eisenketten zu sperren, damit die Schiffe weder heraus noch hinein konnten. Ebenso verschloß sie die Flensburger Förde und den Kieler Hafen, während sie in der Schleimündung mit Steinen beladene Schiffe versenken ließ.

In ihrer Machtgier richtete sie noch mancherlei Unheil an, weshalb ihr prophezeit wurde, sie, die stolze Königin dreier Reiche, werde in ihrer Todesstunde nicht einmal so viel Land unter den Füßen haben, daß sie darauf in Ruhe sterben könne.

Einmal kam sie nach Flensburg, um sich nach blutigem Streit und nach der Hinrichtung aller mutigen Männer der Stadt, die sich ihren Weisungen widersetzt hatten, zu wiederholtem Mal huldigen zu lassen. Am dritten Tag begab sie sich wieder an Bord und trat die Heimfahrt nach Kopenhagen an.

Das Schiff hatte kaum den Hafen verlassen, als sich der Tag verdüsterte und ein entsetzliches Unwetter über der Förde niederging. Margarete ordnete an, bei Glücksburg zu landen, doch das Schiff gehorchte dem Steuer nicht mehr und brach unter dem wütenden Anprall der Wogen auseinander. Die Seeleute klammerten sich an ein Wrackstück und erreichten das Land, während die Königin elend ertrank.

Im Volk lebte sie noch lange weiter als die »schwarze

Greet«. Man hat sie am Dannewerk gesehen, wo ihre Schätze verborgen liegen sollen. Auf einem Rappenhengst jagte sie dahin, gefolgt von einem gespenstischen Heer dunkler Gestalten. Sie ließ nicht zu, daß am Wall Feldfrüchte angebaut wurden. Als man dort Kartoffeln legte, preschte sie zornig herbei. Schreiend liefen die Leute auseinander. Nachher fanden sie statt der Kartoffeln faustgroße Kieselsteine weit verstreut umherliegen.

Zwei arme Fischer vom Schleswiger Holm hatten einmal die ganze Nacht gearbeitet und nichts fangen können. Als sie traurig mit leeren Netzen heimfuhren, kam von der anderen Seite der Schlei, wo bei Haddeby der Margaretenwall beginnt, in dunklem Gewand, reich geschmückt mit Perlen und Diamanten, die schwarze Greet übers Wasser auf sie zu und sprach: »Guter Fang ist euch gewiß, wenn ihr die Netze noch einmal auslegt, doch müßt ihr dann den besten Fisch wieder ins Wasser werfen, vergeßt es nicht!«

Sie versprachen es, und – o Wunder! – diesmal gelang ihnen ein reichlicher Fang. Der Kahn vermochte den silbernen Segen kaum zu fassen. Einen großen Brassen hatte sie dabei, mit Goldmünzen statt Schuppen und mit Flossen von Smaragd, seine Nase war mit schimmernden Perlen dicht besetzt, und Diamanten funkelten und glitzerten in seinen Augen.

»Da ist der beste Fisch!« rief der eine Fischer und ergriff ihn. Doch der andere fiel ihm in den Arm, verbarg das prächtige Tier vor den Blicken der schwarzen Greet unter dem Berg von Fischen und ruderte mit ganzer Kraft, um das Ufer zu erreichen.

Nur zögernd tat sein Gefährte mit, denn allmählich nahmen die Fische im Boot einen sonderbaren Glanz an. Der eine Goldfisch färbte sie nun alle golden, und dabei wurde der Kahn immer schwerer, bis er schließlich sank und den einen Fischer mit hinabzog. Der andere kam mit dem Leben davon und berichtete den Holmer Fischern von dem seltsamen Fischzug mit der schwarzen Greet.

Der Könsee

Unweit der Stadt Schleswig, bei Niederselk, erhebt sich in der Landschaft ein mächtiges Hünengrab, Könsee genannt. Vor langer Zeit regierte hierzulande ein König. Er war gegen die Bauern hart und grausam, forderte hohe Abgaben von ihnen, und wenn sie diese nicht leisten konnten, ließ er ihnen das letzte Brot wegnehmen und verjagte sie schließlich von Haus und Hof.

Unerträglich wurde die Not. Als Jammern und Klagen nicht half, erhoben sich die Bauern gegen ihn. Es gelang ihnen, den König zu fangen. Zur Strafe für seine Untaten mauerten sie ihn bis an die Brust in schwere Steinblöcke ein und hängten dicht vor ihm ein Brot auf.

Als er schon am Verhungern war, streckte er die Zunge aus, so weit er konnte. Da er das Brot gerade berühren konnte, leckte er ein großes Loch hinein.

Das Brot vor Augen, mußte er eines qualvollen Hungertodes sterben. Über seiner Leiche schütteten die Bauern den gewaltigen Hügel auf.

Der Bauer in Böklund

Auf Schloß Gottorf, dem größten der vielen Schlösser im Land Schleswig-Holstein, saß vor vielen Jahren ein Markgraf. Von einem Bauern in Böklund hatte er sich ausbedungen, daß er ihn regelmäßig mit Korn, Butter und Fisch versorge.

Einmal kommt der Bauer aufs Schloß, und der Markgraf sitzt gerade bei Tisch. Er läßt den Bauern eintreten, und er muß bei ihm an der Tafel sitzen. Er zeigt ihm all das Silberzeug und läßt die Musikanten spielen. Der Bauer kann essen, soviel er will, und vom Wein trinken, soviel er mag.

Nun gut, denkt der Bauer, sieht und hört sich alles an und ißt und trinkt, sagt aber nichts. Als sie mit der Mahlzeit fertig sind, fragt ihn der Markgraf, ob er sich denn nicht wundere.

»Ja, Herr Markgraf«, sagt der Bauer, »de Tafel is veel Geld wert, un de Wien un dat Eten sünd god un dür nog. Awer, Herr Markgraf«, setzt er bedächtig hinzu, »ick tru mi doch to, em un sin ganzen Hofstaat so to bewirten, dat min Tafel noch mehr wert is, un ick will em en Musik maken, dat de Herr Markgraf seggen schall, se is noch beter as sin.«

Da möchte der Markgraf doch wissen, wie der Bauer das anfangen will. Eines Tages reitet er mit seinem Hofstaat nach Böklund hinaus. Sieh da, der Bauer hat zwei Reihen Weizensäcke, alle stramm voll, auf seine große Diele setzen lassen und Bretter darauf gelegt, das waren die Tische. Er hat das ganze Dorf eingeladen und hat Essen kochen lassen, so viel und so gut, wie die Bauern es nur kochen können. Als der Markgraf sich satt gegessen hat und sehr zufrieden ist, fängt der Bauer an zu rechen. Sie finden, daß die zwei Reihen Kornsäcke ebenso teuer sind wie die silberne Tafel. Das Essen für das ganze Dorf ist sogar mehr wert gewesen als das des Markgrafen für seinen Hofstaat. »Dat lat ick gelln«, sagt der Markgraf, »awer wo blifft de Musik?« Da läßt der Bauer alle seine Pferde auf den Hof, dann die Ochsen, dann die Kühe, dann die Schweine und die Schafe, dann die Gänse und die Enten und die Hühner und jagt am Ende die Hunde dazwischen. Wenn viele Tiere zusammen sind, ist das nicht still. Das schlägt sich und beißt sich und macht einen bannigen Lärm.

Der Markgraf mußte auch das noch zugeben, daß diese Musik viel mehr wert sei als seine ganze Hofmusik.

Der Wassermann und der Bär

In Steinholz lebte ein Müller, der hatte das Unglück, daß ihm alle sieben Jahre seine Mühle am Deich abbrannte, immer am selben Tag, und dann kamen alle Leute um, die in der Mühle waren.

Einmal sprach dort ein Müllergesell vor, der wollte gern Arbeit haben. Da sagte der Müller, er könne ihm keine Arbeit geben, in zwei Tagen seien gerade wieder die sieben Jahre herum, daß seine Mühle abgebrannt sei, und sie müßten wieder mit dem schrecklichen Feuer rechnen.

Der Müllergesell gab zur Antwort, er solle ihm die Mühle schenken, wenn sie diesmal nicht abbrenne.

»Topp«, sagte der Müller erfreut, »dat könnt wi versöken, ick will se di schenken, un min Dochter sallst darto hebben!« Als die Nacht herankam, blieb der Müllergesell allein in die Mühle und machte Fenster und Türen fest zu. Schlag zehn klopfte es an die Tür. Der Müllergesell rief aber: »Hier wart hüt nüms inlaten!«

»Ach, lät he mi man in!« ließ es sich von draußen vernehmen.

Also machte er auf und ließ den späten Gast herein. Als er ein Licht anzündete, stand ein Fremder vor ihm, der hatte einen großen Bären bei sich. Der Mann machte es sich alsbald am Tisch bequem und gab ein drolliges Stücklein nach dem anderen zum besten, kein Wunder, daß die Zeit schnell verging.

Die Uhr schlug zwölf. Da erschien mit einemmal der Wassermann in der Mühle. Er warf zwei große Fische auf den Tisch, die sollten sie kochen, denn er wollte sie verspeisen. Sie stellten sie aufs Feuer, und als sie gar waren, sprach der Mann mit

dem Bären: »Nu mutt ick minen Gesellen da ok mit to nödigen!« Bei diesen Worten nahm er dem Bären den Maulkorb ab, und das Tier ließ sich am Tisch nieder.

Das aber wollte der Wassermann nicht zugeben. Er fing gleich an, sich mit ihm zu kratzen und zu beißen, bis der Bär rasend wurde und der Wassermann blutend aus dem Fenster springen mußte.

Die Mühle brannte in dieser Nacht nicht ab. Der Müllergesell erhielt sie, wie es abgemacht war, und er freite auch die Müllerstochter.

Als nun wieder sieben Jahre vergangen waren, ging der junge Müller abends noch am Deich spazieren. Da steckte der Wassermann den Kopf aus dem Wasser und fragte: »Hest du de grote Katt noch, de vör söwen Johr bi de weer?« Der Müller antwortete: »Ja, de liggt ünnern Awen un hett söwen Junge.«

Darauf sagte der Wassermann: »So will ick in minen ganzen Läwen nich werrerkamen!«

Der Bauer und der Pastor

Ein Bauer in Angeln traf einmal den Pastor auf der Straße. Der Bauer war mit seinem Wagen unterwegs und lud den Pastor ein mitzufahren.

Als sie zusammen losfuhren, bekam der Pastor Lust, den Bauern ein bißchen aufzuziehen, denn er meinte, mit seinem Wissen sei es nicht weit her. Deshalb schlug er ihm vor, sie sollten sich gegenseitig eine Frage stellen. Der Bauer war einverstanden. Sie setzten beide zehn Taler, und der Pastor sollte anfangen. Da er glaubte, es sei ein ganz dummer Bauer, der da neben ihm saß, wollte er ihm keine gar zu schwierige Frage vorlegen und sagte: »Wat heter Jesu Mudder?«

»De heter Maria«, antwortete der Bauer ohne langes Besinnen und steckte die ersten zehn Taler ein. Nun war er an der Reihe, den Pastor zu fragen, und sprach: »Wat heter mien Mudder?«

Das wußte der Pastor beim besten Willen nicht zu sagen, und der Bauer konnte schmunzelnd auch noch die anderen zehn Taler einstreichen.

Vun'n Eten un Drinken

Dar is mal en Angeliter Knecht wesen, de hett immer all de Grütt upeten. Dor fragt de Buur em, warüm he immer all de Grütt upeet. De Knecht see, he much so geern de Deern liden, de dor ünner weer. Fröer harrn se ja buntes Geschirr. Dor köfft de Buur en nie Fatt, dor weer de Deuwel ünner in. Dor eet de Knecht wedder de Grütt up. Warüm he denn nu de Grütt upeet? – Ja, seggt de Knecht, de Deuwel günner he nix.

Bi en anner Buur geew dat immer flaue Kost. Nu schullen de Lüüd denn ja Holt sagen. Dat ging denn man langsam; de Saag see immer: »Kantüffeln un Grütt! Kantüffeln un Grütt!« Bi de Naver aver geew dat betere Kost; door saagten de Lüüd ok immer frisch weg, un dor see de Saag: »Speck un Fleesch! Speck un Fleesch!«

Dor weer mal en Jung, de waner up de Geest un schull na Angeln un dor bi en Buur denen. Sien Vadder bröchder em hen un kreeg bi de Gelegenheit Kaffee un Twiback vörsett. As he et nu vun Huus ut gewoont weer, leet he sick en paarmal nödigen, bet he tolang, un denn ging he wedder afstee. Awer vörher vermaan he sien Söön, de schull sick man örnlich un maneerlich upföern, dat de Lüüd em nich för en dumme Jung ut de Torfgegend verkopen deen. De Jung neem sick dat ok bannig an, denn allens weer em teemlich fremd mang de Angeliter Buurn.

De anner Dag, glieks morgens bi de Kaffe, heet dat: »Hier, Jung, hool dien Taß up!« Awer de dachter an dat, wat sien Vadder em seggt harr, un mener, he müß sick en beten nödigen laten. So seggt he: »Ach nee, nee, danke!« Awer dat kümmt anners. »Denn nich, dumme Jung!« seggt de Deern, un he mutt ohne Kaffee to Feld. To Fröstück un to Middag geit em dat jüß ebenso. Aver bi't Vesper un abends bi't Grüttfatt, dor lött he sick nich erst nödigen, dor itt he för twe.

Na en Tietlang kümmt sien Vadder un will seen, wodennig sien Jung sick maakt. Se sind gerade bi de Kaffee, un de Westerbuur warrt denn ja ok wat anbaden. As en Mensch, de weet, wat sick höört, seggt he eerst so quantswies: »Ach nee, nee, velen Dank ok!« Awer dor röppt sien Söön öwer de Disch: »Vadder, lang to! Hier warrt blots eenmal nödigt!«

Du lüggst!

Klaas, Hein und Krischan harrn in de Kroog en gröttere Zech maakt. Se maken ut, dat de betalen schall, de bi'n Vertellen toerst seggt: »Du lüggst!«

Hein fangt an: »Ick heff dit Jaar en bannige Mars mit mien Röben, de sind ganz utverschaamt groot wussen. Mit de Hänne kann man se gar nich up de Waag laden. Toeerst hebben wi se lang en Mistfleek uprollt, awer dorbi broken ja all de Mistfleek twei. Nu heff ick mi vun de Holtknacker de Wippkist leent. Dat geit fein. Ja, wi groot se sind, dat könnt ji hierut seen: Wi rollten wekken vun de gröttsten Röb en na de Schwienhoff rin. Dor weer en Röōv mang, de weer so groot, dat wi bi de Hoff en paar Steen ut dat Door ruthaun mussen, sunst harrn wi se nich dörchkregen. – Dor gung en Söög vun fiefhunnert Pfund, de schull Farkens hebben. Enes Morgens kümmt mien Söön un seggt to mi: ›Vadder, unse grote Söög is all en paar Daag weg.‹ Ick gung mit em na de Schwienhoff hen. Lang hebben wi söcht, un wo menen ji, hebben wi dat ole Deert funnen? In de groot Rööv! Dor harr se sick infreten un harr de Rööv uthöölt un leeg nu binnen in mit twölf Farkens!«

»Junge, Junge, dat weer en grote Rööv!« seen de beide annern. Nu weer Klaas an de Reeg. »Vergangen Jaar weer ick in de Türki, dor heff ick en Koolkopp seen, de weer so groot, dat ünner sien Bläder en Regiment Soldaten schuurn kunn.«

»Oha!« seggt Hein.

»Dat is noch nix«, meent Krischan, »ick weer vergangen Jaar ja ok jüst in de Türki. Dor seeg ick en kuppern Ketel, de weer so groot, dat dor wintig Kupperschmitten inseten to arbeiden, un keen kunn de anner hören, so wiet weern de vunanner weg.«

»Du lüggst!« seggt Klaas.

»Na«, seggt Krischan, »denn betaal man, du Döösbattel. Dat weer doch de Ketel, in de dien Koolkopp schull kaakt warrn.«

Der Schuh im Stein

Bei Röest in Angeln lag früher ein großer Stein mit der Fußspur eines Mannes. Er erinnerte daran, daß in dieser Gegend einst ein Graf wohnte, der harten und unbeherrschten Wesens war und den Bauern mit seinen häufigen Jagden bösen Schaden zufügte. Aber was kümmerte das ihn. Er ritt mit seinem Gefolge immer quer durch Wiesen und Korn und ließ erst davon ab, als ihm eine Strafe zuteil wurde, die er nie mehr vergaß.

Einmal wieder unterwegs auf der Jagd, mußte er anhalten, weil sich das Zaumzeug gelockert hatte. Gerade bei jenem großen Stein war es, wo er abstieg. Wie er den Fuß daraufsetzte, hielt der Stein ihn fest, und ob der Graf gleich vor Jagdgier brannte, mußte er doch stehen bleiben in dem steinernen Schuh bis nach Sonnenuntergang.

Auch im Dingholz, ungefähr auf halber Strecke zwischen Flensburg und Kappeln, steht ein Stein, der als Abdruck einen Schuh zeigt, aber einen Frauenschuh, lang, spitz und mit hohem Absatz, wie man ihn in früheren Zeiten trug. Einst sollte ein Leibeigener auf einem Gut im östlichen Angeln für ein geringes Vergehen ins Halseisen gelegt werden. Seine Frau trat vor den Gutsherrn hin und flehte ihn an, ihren Mann zu schonen und die Strafe zu mildern, aber der Junker gab nicht nach. Endlich versetzte er voll Hohn, sie solle einmal die Hälfte des Weges von Flensburg nach Kappeln abmessen und genau bezeichnen. Gelinge ihr das, bevor die Sonne unterging, wolle er sich's überlegen.

Natürlich glaubte er selber nicht daran, und es schien auch ganz unmöglich. Aber die Frau versuchte es in ihrer Verzweiflung dennoch, um ihren Mann vor der Strafe zu bewahren.

Eilends machte sie sich auf den Weg nach Flensburg. Doch schon bald, sie hatte gerade erst das Dingholz erreicht, setzte sie sich nieder, um auszuruhen.

Als sie sich wieder erheben wollte, saß ihr Schuh fest in einem Stein, der am Wegrand lag. Wie eine Erleuchtung kam ihr der Gedanke, dies könne die Hälfte des Weges sein. Tatsächlich, es war genau richtig. Sie hatte ihrem Mann doch noch helfen können.

Später ist dieser Stein aufgestellt und mit Gebüsch eingefaßt worden.

Die Grönnerkeel

Die Grönnerkeel war ein alter steinerner Brunnen, der früher auf dem Hafermarkt zu Flensburg stand. Sein klares, reines Wasser ergoß sich aus vier Hähnen in ein großes Becken und versorgte einen guten Teil der Stadt.

Noch aus einem anderen Grund zeigten sich die Flensburger jederzeit um die Grönnerkeel besorgt, wußten sie doch alle um die alte Prophezeiung, die besagte, ihre Stadt, einst aus dem Wasser entstanden – Flensburg ist ganz und gar auf reichem Quellgrund errichtet –, werde dereinst wieder im Wasser versinken. An einem Sonntagmorgen werde ein riesiges schwarzes Schwein wildschnaubend durch die Straßen rennen bis an die Grönnerkeel. Dort werde es die Schnauze in den Boden stecken und rings um den Brunnen Steine und Erdreich herauswühlen. Dann sei die Stunde des Untergangs nahe, denn seien die Steine erst einmal gelöst, springe das Wasser, das sich in langen Jahren unter der Stadt gestaut habe, in unvorstellbar starkem Schwall empor und werde zu einem gewaltigen Strom anwachsen, der sich mit reißender Schnelle nach allen Seiten durch die Straßen ergießen und die ganze Stadt begraben werde.

Daher haben die Flensburger mit banger Sorge darauf geachtet, daß nie ein Schwein in ihren Straßen wühlte. Vor etlichen Jahren ließen sie die Grönnerkeel mit einem schweren Plattenstein verschließen, vor allem aus Furcht, der Brunnen könnte ihnen zum Verderben gereichen, wenn das wilde schwarze Schwein eines Tages doch noch käme.

Die Duborg

In alten Zeiten erhob sich im Nordwesten über Flensburg ein Schloß, die Duborg. Dort hauste einmal ein wegen seiner Härte und Grausamkeit berüchtigter Ritter. Eines Nachts tat sich die Erde auf, und das Schloß versank samt allen Bewohnern.

Heute sind an dieser Stelle nur noch wenige Mauerreste zu sehen. In mancher Neujahrsnacht jedoch, wenn es von der nahen Marienkirche zwölf geschlagen hatte, soll die Duborg wiedererstanden sein, mit allen Mauern und Toren, und der Ritter erschien mit seinen Knappen, ritt langsam und feierlich um den ganzen Schloßwall und endlich zum Tor hinein. Hatte der letzte den Eingang passiert, so schlug es eins, und alles versank.

Auch von Schätzen hat man erzählt, die tief drunten liegen und nicht gehoben werden können, denn zwölf weiße Jungfrauen bewachen sie, jede eine Stunde lang. Nur in der Neujahrsnacht kommen die Wächterinnen, in ihre langen weißen Schleier gehüllt, und reihten sich ein in den Zug um die Burg. Nun standen in unruhiger Zeit einmal zwei Soldaten am Schloßwall auf Posten. Stunde um Stunde verging, alles blieb still. Da wurde dem einen die Zeit lang, und er ging in die Stadt. Dem anderen näherte sich, als er ganz allein dort stand und ins Dunkel starrte, eine große weiße Frauengestalt und redete ihn an: »Hört einmal zu, lieber Mann. Ich bin ein armer, verwünschter Geist, der nun schon viele Jahre umherwandelt und nirgends Ruhe finden kann, auch im Grab nicht. Aber ich weiß, unter diesen alten Mauern liegt ein Schatz. Ich weiß auch, nur drei Menschen auf der ganzen Welt sind imstande, ihn zu heben. Ich weiß sogar, daß Ihr einer von diesen dreien seid.«

Der Soldat hatte das kaum vernommen, als er halb ungläubig, halb ungeduldig fragte: »Nun sagt, was ist zu tun?«

»Seid nur morgen um Mitternacht wieder hier und merkt dann genau auf das, was ich befehle!« Damit verschwand die weiße Gestalt.

Inzwischen war der andere Soldat aus der Stadt zurückgekehrt und hatte, hinter einem Gebüsch verborgen, das Gespräch zwischen seinem Kameraden und der weißen Frau mit angehört. Am nächsten Abend hielt er sich dort wieder verborgen, als sie Schlag zwölf erschien, doch bemerkte sie sogleich den Lauscher und bedeutete dem Soldaten, der sich vorsorglich mit Hacke und Spaten versehen hatte, er möge sich am darauffolgenden Abend noch einmal einfinden. Daher hatte der andere vergeblich auf der Lauer gelegen und ging verdrossen nach Hause.

Am nächsten Tag war er krank. Da ließ er seinen Kameraden zu sich ans Bett holen und sagte ihm frank und frei, was er wußte und daß es für ihn, seinen Freund, am besten sei, er ließe sich auf solchen Spuk nicht mehr ein.

Der andere brummte nur etwas Unverständliches und war dennoch um Mitternacht am Schloßwall. Die weiße Frau wies ihm diesmal genau die Stelle und fügte hinzu: »Habt Ihr den Schatz gehoben, gehört die erste Hälfte Euch, die zweite aber zu gleichen Teilen der Kirche und den Armen.«

»Was sagt Ihr da?« rief der Soldat. »Soll ich denn nicht das Ganze haben?«

Ein lautes, jämmerliches Stöhnen erscholl, und wo eben noch die weiße Frau gestanden hatte, zuckte eine blaue Flamme auf und verging. Der Soldat war auf einmal todmüde und schleppte sich mit großer Mühe in die Stadt zurück. Am nächsten Morgen lag er krank und matt danieder und verschied am dritten Tag.

Davon hörte der andere Soldat, der alsbald seinem Herzen Luft machte. Schließlich ging das Reden von dem traurigen Schicksal seines Kameraden landauf, landab und kam auch einem armen Stundenten zu Ohren. Der glaubte nun, wenn sich Soldaten aufs Schatzheben nicht verstünden, so werde er es schon richtig anfangen und sein Glück machen.

Den ganzen Tag über war er auf der Walze, bis er gegen Abend in Flensburg eintraf. Wie er sich vorgenommen hatte, begegnete er um Mitternacht am Schloßwall der weißen Frau und brachte ohne Umschweife sein Begehren vor. Aber sie eröffnete ihm, er gehöre nicht zu den drei Menschen, die allein den Schatz heben und sie selbst dabei erlösen könnten, doch sollten sein Mut und sein guter Wille nicht ohne Lohn bleiben.

Das verheißene Glück ließ nicht lange auf sich warten. Als der Student bald wieder einmal am Wall der Duborg vorüberging und mitleidigen Herzens der Unglücklichen gedachte, stolperte er und schlug lang hin, der Länge lang aufs Pflaster. Schaden hatte er sich nicht getan, nur die Nase hart gestoßen, und wie er näher hinsah, lag ein schwerer Batzen Geld in einem Beutel dicht vor ihm. Da war er so schnell auf den Beinen wie noch nie in seinem Leben, griff zu und wanderte vergnügt davon.

Doktor Faust und der Niß

Die Nissen, kleine, quicklebendige Männlein, sollen früher in Winkeln und Balkenlöchern der Häuser gewohnt haben. Wer ihnen ab und zu einen kleinen Teller Grütze mit Butter vorsetzte, dem waren sie gut Freund und gingen ihm hilfreich zur Hand. Wer es aber nicht gut mit ihnen meinte und sie hungern ließ, dem geriet alles daneben, bis er in Armut und Not war.

Das hatte selbst ein so kundiger Mann wie Doktor Faust schon erfahren. Als er einmal über See fahren wollte, nahm er darum einen Niß an Bord. Er hatte sich ein Schiff ganz aus Glas gebaut, denn auf der Erde kannte er alle Wissenschaft und hatte alles genau studiert; nun galt es, das Meer zu ergründen und ihm seine Geheimnisse zu entlocken.

Der Niß mußte steuern und den gläsernen Schiffskasten sorgsam vor jeglicher Klippe bewahren. Sobald der Befehl erging, mußte er ihn auch untertauchen, bis auf den Meeresgrund. Doktor Faust wollte alle Tiefen und Untiefen kennenlernen, besonders die guten Fahrwasser. Dann zeichnete er alles, wie er es durch die Glaswand sah, auf große Bogen, ganz sauber und fein. Somit hatte er die Seekarten erfunden, denn bis dahin gab es keine, und Kapitäne und Steuerleute gebrauchen sie auch heute noch.

Einmal näherte sich das gläserne Schiff der Fährstelle, wo die Flensburger Förde nach Südwesten umbiegt und den Eingang zum Hafen freigibt. Plötzlich war das Wasser nur noch einen Faden tief, und Doktor Faust, der das schöne Schiff schon krachen sah, schrie seinem Helfer zu: »Hol, Niß!« Der Niß hielt eisern fest. Im selben Augenblick stand es schon, und keine Klippe wurde ihm gefährlich.

Der laute Schreckensruf war aber bis zu einigen Seeleuten am Strand gedrungen. Seitdem nannten sie die Überfahrt an dieser Stelle die »Hol-Niß-Fähre«, und »Holnis« heißt nun auch das Dorf am Strand und sogar die ganze Halbinsel, die sich bald hinter Glücksburg ein gutes Stück in die Flensburger Förde hinein erstreckt.

Schlangenkönig

Auf einer Insel in der Ostsee, die vor Dänemark liegt, hatte Schlangenkönig sein Schloß. Es gab auf dieser Insel einen See, in dem wieder eine kleine Insel lag, und dort, unter einem Hügel, war das Schloß in die Erde gebaut. Wer über den See blickte, sah nur den Hügel, so geschickt war es verborgen.

Es war ein prächtiges Schloß, mit herrlichem Schimmer und Glanz überall. Seine Wände waren von Kristall und mit Gold und Silber reich verziert. Schlangenkönig wohnte darin, ein verzauberter Prinz, und wartete auf seine Erlösung.

Warum war er aber in eine Schlange verwandelt worden? Die Leute erzählten, er sei ein wunderschöner Prinz gewesen, doch über die Maßen eitel und hochmütig. Viele Prinzessinnen hatten ihn geliebt und sich ihn zum Gemahl gewünscht, weil seine Jugend und Schönheit ihnen das Herz gefangennahm. Der Prinz in seinem Wankelmut war nur darauf aus, immer neue Liebesabenteuer zu erleben. Weil er viele Mädchen verlassen und betrogen hatte, war er am Ende verwandelt worden. Nun sollte er an sich spüren, wie es ist, nirgends und bei niemandem treue Liebe zu finden. Als Schlange mußte er auf der Erde umherkriechen, bis es ihm gelang, ein unschuldiges Mädchen an sich zu locken, das ihn küßte, ohne sich zu grausen.

Bei der Verwandlung hatte der Prinz sein schönes Gewand, einen grün und gelb gestreiften seidenen Rock, behalten und war zu einer auffallend glänzenden, gelb und grün gestreiften Schlange mit einem goldenen Krönlein auf dem Kopf geworden. Nur immer zischeln und pfeifen konnte er als Schlange, doch an einigen Tagen im Jahr durfte er auch singen. Dann sang er mit so lieblicher Stimme, daß ihm niemand widerstehen konnte. Damit hatte er schon manches junge Ding verlockt, ihm in sein Schloß zu folgen. Aber noch keine hatte ihn küssen wollen, wenn er sich ihr als glatte, kalte Schlange um den Leib ringelte. Vor Entsetzen hatten sich bisher alle Mädchen gesträubt und seinen Versprechungen nicht geglaubt. Die er jedoch einmal mit dem süßen Gesang in sein Schloß gelockt hatte, kamen nicht mehr zurück. Sie mußten bleiben, bis er eine fand, die ihn küßte. Diese sollte Königin werden, dann waren sie alle erlöst.

Nicht weit von dem See mit Schlangenkönigs Schloß auf der Insel lag ein Dorf. Bis an den See erstreckten sich die Wiesen und Weiden, wo die größeren Kinder aus dem Dorf Kühe hüteten. Unter diesen Kindern waren zwei, ein Mädchen, das hieß Margarete, und ein Junge namens Jakob, die waren immer zusammen. Wenn sie am See auf der Wiese saßen, wo die Kühe weideten, hatten sie Schlangenkönig oft von weitem gesehen, denn er war bunt und schön wie keine andere Schlange, und seine goldene Krone funkelte in der Sonne, daß es eine Pracht war. Kam er durch den See geschwommen und ringelte sich im Gras umher und an den Büschen und Bäumen hinauf, hatten die Kinder ihre Freude an der schönen Schlange. Nahe kamen sie ihr nicht, denn zuinnerst spürten sie ein Grausen vor ihr. Noch nie hatten die Kinder den Gesang gehört, denn Schlangenkönig sang ja nur an manchen Tagen, um ein Mädchen damit zu betören.

Manches Jahr war in kindlichem Spiel dahingegangen. Margarete war vierzehn und Jakob sechzehn Jahre alt geworden. Sie waren nun beinahe erwachsen und liebten sich innig, doch waren sie noch unschuldig wie Kinder.

Eines Tages saßen sie wieder zusammen unter einem Baum, und die Kühe weideten auf der Wiese am See. Die beiden waren beim schönsten Geschichtenerzählen, als ein Junge mit der Nachricht kam, Jakob müsse geschwind nach Hause. Er verabschiedete sich von Margarete und sagte ihr, sie möge, bis er zurück sei, auch auf seine Kühe achtgeben, und wenn

Schlangenkönig käme, sollte sie gleich die Herde weiter zu den anderen Hirten treiben. »Bleibe nicht allein, Margarete«, bat er, »Schlangenkönig hat es auf junge Mädchen abgesehen! Der Unhold soll eine so liebliche Stimme haben, daß er dich mit seinem Gesang verlocken könnte, ihm zu folgen.«

»Ach, das glaube ich nicht«, sagte Margarete, »der kann ja nicht einmal sprechen. Ich bleibe hier, ganz gewiß.«

Kaum war Jakob fort, da kam Schlangenkönig hurtig durch den See geschwommen. Oft hatte er Jakob und Margarete belauscht. Sie hatten ihn nicht bemerkt, weil sie sich viel zu erzählen hatten. Endlich sah er Margarete allein. In seinen anmutigen Bewegungen und Wendungen ringelte er sich an sie heran und richtete seinen Kopf mit dem goldenen Krönlein vor ihr auf.

Margarete war wie gebannt und schaute ihn mit großen Augen an. So nahe hatte sie die schöne Schlange in dem hellen Glanz ihrer grün und gelb gestreiften Haut noch nie gesehen.

Da kroch Schlangenkönig auf den Baum, unter dem das Mädchen saß. Er schaukelte sich in den Zweigen und fing mit einer süßen Stimme an zu singen, viel süßer als eine Nachtigall. Margarete konnte sich nicht von der Stelle rühren, sie mußte ihm lauschen und war wie verzaubert. Es war das Lied, mit dem Schlangenkönig schon manches junge Mädchen in sein Schloß gelockt hatte:

»Komm, schönes Jungfräulein,
schlafe bei mir!
Ich hab ein Goldringelein,
das schenk ich dir.
Ich habe ein Goldkämmerlein,
das ist für dich.
Ich habe ein Goldwiegelein,
drin wieg ich dich.

Komm, schönes Jungfräulein,
schlafe bei mir!
Süßen und kühlen Wein

trinkst du bei mir.
Zucker heißt hier das Brot,
Fleisch Marzipan,
Äpfelchen rosenrot
beißet dein Zahn.

Komm, schönes Jungfräulein,
schlafe bei mir!
Dienerinnen hübsch und fein
warten der Tür,
Kammerfraun ohne Zahl
stehen am Bett,
das in dem goldnen Saal
hochzeitlich steht.

Komm, schönes Jungfräulein,
schlafe bei mir!
Zieh in mein Schloß mit ein,
treu bin ich dir.
Heißa, wie fliegt zum Tanz
lustig der Strich!
Du trägst den Hochzeitskranz,
Bräut'gam bin ich.«

Immer wieder sang Schlangenkönig sein betörendes Lied. Endlich kam er vom Baum herunter, ringelte sich nahe dem Mädchen und sang ganz leise: »Komm mit, komm mit!«

Margarete stand auf und ging mit. Alles hatte sie vergessen, was Jakob ihr vom Schlangenkönig erzählt hatte. Sie konnte nicht anders, sie mußte mitgehen.

Schlangenkönig ringelte sich vor ihr her, den erhobenen Kopf mit dem goldenen Krönlein ihr zugewandt, und sang noch immer sein »Komm mit, komm mit!«

Am Ufer des Sees besann sich Margarete wieder. Sie erschrak und schrie laut: »Jakob, Jakob hilf!« Aber es war zu spät, Schlangenkönig hatte schon Gewalt über sie gewonnen. Er umschlang sie und schwamm mit ihr durch den See.

Margarete war wie von Sinnen vor Angst. Als sie nach einer Weile wieder zu sich kam, fand sie sich auf der kleinen Insel in Schlangenkönigs Schloß. Das war so prächtig, daß sie geblendet war von all dem Glanz. Junge Mädchen in weißen Kleidern erschienen und führten sie in ein goldenes Kämmerlein. Sie brachten ihr wundervolle Kleider und schmückten sie mit Gold und Edelsteinen. Zuletzt setzten sie ihr eine goldfunkelnde Krone auf, denn sie sollte ja Schlangenkönigs Braut sein.

Dies taten die weißgekleideten Mädchen ohne ein Wort und mit trauriger Miene, waren sie doch selbst einmal von Schlangenkönig hierher gelockt worden, aber alle hatten ihn abgewiesen und mußten dafür nun in seinem Schloß dienen.

Margarete war es wie ein Traum, und sie ließ alles geschehen. Als die Dienerinnen sie endlich verließen, legte sie sich müde in das seidenweiche Bett, um zu schlafen. Nicht lange, und es wisperte an der Tür. Sie tat sich auf, Schlangenkönig kam hereingekrochen, richtete sich vor dem Bett und begann zu zischeln und zu lispeln: »Willkommen, Margaretchen, meine Braut, nimm mich nun in deine Arme und küsse mich! Dann bin ich erlöst, und du bist meine Königin.«

Laut schrie Margarete auf, als er ihr nahe kam und sie seine glatte, feuchtkalte Haut fühlte. Nie und nimmer würde sie ihn lieben können! »Fort, du buntes Scheusal!« rief sie. »Ich will keinen anderen Bräutigam als Jakob.« Schlangenkönig mußte weichen und kroch davon.

Als es Tag wurde, ging Margarete vor das Schloß. Eine hohe kristallene Mauer umgab es. Sie konnte nicht hinüberschauen zum See und zur Wiese, und sie sehnte sich nach ihrem Gefährten. Ach, warum hatte sie ihm nicht geglaubt, als er sie vor Schlangenkönig warnte! Nun vergoß sie bittere Tränen.

Am Abend führten sie die weißgekleideten Mädchen wieder ins Goldkämmerlein. Als sie schlafen wollte, kam Schlangenkönig abermals an ihr Bett und umschmeichelte sie mit schönen Worten: Sie solle ihn liebhaben und küssen, dann sei sie seine Königin. Aber Margarete stieß ihn weinend fort. Das geschah auch am dritten Abend. Margarete blieb dem Jakob treu und dachte nur an ihn. Wie gern wollte sie wieder auf der Wiese bei ihm sitzen und die Kühe hüten und den garstigen Schlangenkönig nicht mehr sehen!

Am nächsten Morgen bekam sie ein weißes Kleid und war nun Dienerin wie die anderen Mädchen im Schloß.

Bald nachdem Margarete von Schlangenkönig entführt worden war, kam Jakob auf die Wiese zurück. Die Kühe weideten, aber das Mädchen fand er nicht. Er suchte überall, bis die anderen Hirten ihm sagten, sie hätten es aus der Ferne rufen und schreien hören.

Da trat Jakob an den See und blickte traurig zur kleinen Insel hinüber. Laut rief er: »Bleib mir treu, Margaretchen, werde nicht Schlangenkönigs Braut!«

Zwei Jahre gingen dahin, und Jakob dachte nur immer darüber nach, wie er Margarete helfen könnte, und fand doch keinen Weg. In seinem Gram fragte er einmal einen alten Schäfer, was er wohl tun könnte, um das Mädchen aus der Macht des Schlangenkönigs zu befreien. Der Alte sagte ihm, er solle sich im Wald einen Stock von Kreuzdorn schneiden und damit mutig auf Schlangenkönig losgehen. Dann werde er sehen, daß der Zauberbann gebrochen würde.

Jakob ging eilends in den Wald, fand auch bald einen Kreuzdornstrauch und schnitt sich einen derben Stock. Dann wartete er auf der Wiese am See. Wieder kam Schlagenkönig herübergeschwommen und ringelte sich auf der Wiese dahin. Sogleich nahm Jakob seinen Kreuzdornstock fest in beide Hände und fuhr auf ihn los.

Schlangenkönig stieg vor Zorn in die Höhe und zischte. Seine goldene Krone sprühte Funken, denn es war noch nie geschehen, daß jemand auf ihn losging.

Jakob wich nicht von der Stelle. Er rief: »Komm nur her, mir ist nicht bange vor dir!« Als sich Schlangenkönig wütend an ihm hochringeln wollte, berührte ihn Jakob nur leise mit dem Dornenstock, und siehe da, Schlangenkönig krümmte und wand sich um den Stock herum, Jakob schwang ihn dreimal durch die Luft, und Schlangenkönig saß daran fest wie angewachsen.

Der Stock ist gut, dachte Jakob, der alte Schäfer hatte ihm recht geraten. »Nun bist du in meiner Macht«, sagte er zu Schlangenkönig. »Willst du Margarete freigeben, dann bist du wieder frei.« Schlangenkönig schüttelte den Kopf. »Nun, magst du daran hängenbleiben, solange du willst!« Jakob stieß den Stock mit der Schlange fest in die Erde, und es sah sonderbar genug aus.

Am anderen Morgen kam Jakob wieder und fragte: »Nun, willst du mir Margarete wiedergeben?« Auch diesmal schüttelte Schlangenkönig den Kopf. Da wurde Jakob böse. Er ging in den Wald und schnitt sich einen neuen Stock. Damit schlug er Schlangenkönig kräftig auf den bunten Rock. Der zischte wohl und krümmte sich vor Schmerzen, doch blieb er bei seinem Nein. Warte nur, Bürschchen, einmal wirst du schon mürbe werden, dachte Jakob und ging seines Weges.

Am dritten Tag hing Schlangenkönig ganz matt und verschmachtet da. Seine schöne gelb und grün gestreifte Haut war welk und stumpf, und sein Krönlein funkelte nicht mehr.

Als Jakob wieder fragte, ob er Margarete endlich freilassen wolle, nickte er ganz wenig mit dem Kopf. Vor Freude sprang Jakob in die Höhe, aber noch traute er ihm nicht. »Schwöre auf der Stelle, daß du mir Margarete wiedergibst, und nicke dreimal mit dem Kopf, dann erst kannst du loskommen!« Schlangenkönig tat, was Jakob verlangte.

Da zog Jakob den Kreuzdornstock aus dem Boden, schwang ihn wieder dreimal durch die Luft, und schon glitt Schlangenkönig herab. Es dauerte eine Weile, bis seine Glieder wieder geschmeidig waren, dann kroch er vor Jakob hin, richtete sich auf und senkte den Kopf wie ein gehorsames Tier, das willig die Befehle seines Herrn erwartet.

Jakob verstand sogleich und bedeutete ihm, er wolle auf die Insel, in sein Reich, das bisher kein Mensch betreten hatte. Am Ufer des Sees schwang sich Jakob auf den Rücken der großen Schlange und wurde sausend durchs Wasser getragen. Drüben öffnete sich das Tor in der kristallenen Mauer. Jakob betrat das prächtige Schloß. Auch er mußte vor all dem funkelnden Glanz die Augen schließen, und als er sie wieder öffnete, kam ihm eine Schar junger, weißgekleideter Mädchen entgegen, mitten darin Margarete. Weinend und lachend vor Glück rief sie: »Jakob, mein lieber Jakob, kommst du endlich!« Jakob schloß sie fest in seine Arme.

Den jungen Mädchen verkündete er dann, daß sie erlöst seien, denn Schlangenkönig habe keine Macht mehr über sie. Da war großer Jubel, und alle dankten Jakob, daß er sie befreit hatte.

Schlangenkönig lag eng zusammengeringelt und blinzelte traurig zu all der Freude. Jakob trat auf ihn zu und gebot, indem er seinen Kreuzdornstock schwang: »Führe uns über den See!« Demütig kroch Schlangenkönig voran, unversehens spannte sich eine spinnwebfeine Brücke zur Wiese hinüber. Noch einmal funkelten Schlangenkönigs Augen voller List, denn er hoffte, keiner würde es wagen, auf dieser hauchdünnen Brücke über das Wasser zu gehen.

Doch Jakob schritt voran, in einer Hand seinen Stock, mit der anderen führte er Margarete. Kaum hatte er den Fuß auf die Brücke gesetzt, da war sie so fest, daß ihm die weißgekleideten Mädchen ohne Zögern folgten und sicher ans Ufer gelangten. Glücklich standen sie dort und blickten noch einmal zur kleinen Insel hinüber. Verschwunden war die Brücke, von drüben hörten sie noch ein Wimmern und Seufzen. Das war Schlangenkönig, der um sein verlorenes Glück weinte, da keines der schönen jungen Mädchen ihn erlöst hatte.

Jakob feierte mit seiner Margarete bald eine lustige Hochzeit, und die weißgekleideten Mädchen waren ihre Brautjungfern. Er zog mit seiner jungen Frau weiter ins Land hinein, denn die Nachbarschaft der Insel, wo Schlangenkönig hauste, war ihm verleidet. Noch viele Jahre lebte er mit den Seinen glücklich und in Frieden.

Von den Fischen in der Ostsee

Einmal kamen die Fische auf den Gedanken, sich einen König zu wählen. »Dor is gor keen Ordnung«, so meinten sie, »alle schwemmen se, as se willen, un de groten schlahn nah de lütten mit de Schwänz, dat sei wiet wegfohren, orre rennen se äwer un verschlucken se sogar.« König sollte also sein, wer am schnellsten schwimmen und in der Not den Schwachen zu Hilfe eilen konnte.

Der Hecht, der gern König werden wollte, stellte alle Fische ordentlich in Reih und Glied auf. Die Steinbutte aber sprach: »Ick will irst noch hengahn un mi ne witte Schört vörbinn.«

Sie dachte nämlich, wenn sie König würde, sei es nicht schicklich, sich nackt und bloß zu zeigen. Aber so schnell ging das nicht, denn sie war schrecklich aufgeregt. Als sie zurückkam, war der Wettkampf schon vorbei, und der Barsch sagte zu ihr: »De Hiring is König!« Da strich sie ihre schöne weiße Schürze glatt und schrie empört mit schiefem Mund: »Wat, de nackte, spackte Hiring?« Währenddem krähte der Hahn, da bekam sie den Mund nicht mehr gerade.

An einem schönen Frühlingstag begegneten sich einmal Flunder und Hering. Der eine Fisch wollte zum Strand, der andere kam vor dort. »Hier, Platz gemacht!« rief der Hering, als sie sich näher kamen. Er bildete sich nicht wenig ein, seitdem er König aller Fische geworden war. Die Flunder sah den Hering groß an und fragte erst einmal: »Wat büst denn du för een?« – »Ich bin der Hering!« versetzte der in forschem Ton. – »Wur is't mäglich!« sprach die Flunder und zog verächtlich ihr Maul ganz schief. »Is de Hiring denn ok'n Fisch?« Als sie die letzten Worte sagte, sprang der Wind um, da blieb ihr das Maul schief stehen. So ist es bis heute geblieben, bei der Flunder, bei der Steinbutte und überhaupt bei allen Schollen.

Den Hornfisch, einen sonderbaren Gesellen mit langem Schnabel und grasgrünen Gräten, mochten die Wustrower Fischer nicht besonders gern und riefen ihm darum zu:

»Huurnfisch, du Piperjahn,
wißt du Düwel na Dierhagen gahn!«

War er dann den Dierhagenern ins Netz gegangen, warfen auch die ihn wieder ins Meer zurück mit den Worten:

»Ih, du oller Slapperjahn,
kannst du nich na Graal un Müritz hengahn?«

Doch weder die Fischer in Graal noch die in Müritz machten sich viel aus dem Hornfisch. Sie schickten ihn weiter nach Warnemünde. Den Klaashans kam er gerade recht, und sie sangen:

»Huurnfisch, du Snaterjahn,
mit dinen langen Snabel,
mit dien grönen Graden,
di will ick mi braden!«

Die Tiere auf der Seereise durch das Kattegat

Früher waren die Matrosen auf den Segelschiffen oft monatelang unterwegs, da die Fahrtdauer von günstigem Wind abhing. Dann war der Seemann dankbar für jede Abwechslung, und mit gutem Recht hieß es von ihm, er sei sehr tierlieb. Gern wurden Hunde und Katzen mit aufs Schiff genommen. Fast immer waren Schweine an Bord, die dann geschlachtet wurden, damit es auch auf hoher See einmal frisches Fleisch gab. Sogar Hühner und Enten wurden in einem Verschlag an Bord gehalten.

Ein Wolgaster Schoner war einmal auf der Rückreise von England im Kattegat in rauhes, stürmisches Wetter geraten. Hoch gingen die Wellen, und viel Wasser schlug in das Schiff. Die Mannschaft hatte mit dem Segelwerk und an den Pumpen alle Hände voll zu tun. Nicht umsonst sagte man:

»Dat Kattegat, dat Kattegat,
dat makt so manchen Schipper natt!«

Auch den Enten und Hühnern in ihrem Verschlag an Deck schien das Wetter recht unangenehm zu sein. Laut gaben sie dem Unwillen in ihrer Sprache Ausdruck. Die Hühner flatterten ängstlich und gackerten: »Wat, wat, wat bedüüüd't dat? Wat, wat, wat bedüüüd't dat?« Und die Enten? Kaum daß sie sich auf den Beinen halten konnten, watschelten sie doch hin und her und schnatterten aufgeregt: »Natt, natt, natt, natt is dat Water! Natt, natt, natt, natt is dat Water!« Das Schwein auf dem Achterdeck grunzte ungehalten in einem fort: »Luuv, luuv!« Es hatte ganz recht, sollte der Rudergänger doch anluven, damit sie mehr Fahrt machten! Auf einmal gelang es dem Hahn, sich zwischen lockeren Latten hindurchzuzwängen. Er flog in die Masten und immer höher bis auf die Spitze des Hauptmastes. Als er dort Umschau hielt, krähte er laut: »Ick seh Helsinggüür, ick seh Helsingüür!«

Das war eine frohe Botschaft für die Tiere und besonders für die Mannschaft, denn sobald das Schiff die Höhe von Helsingör erreicht hat, kommt es in ruhigeres Fahrwasser, und die Gefahr ist wieder einmal vorüber.

Vom Klabautermann

Vom Klabautermann sagten die Seeleute, er sei ein kleiner Kerl gewesen in Reiterstiefeln, rotem Rock und roter Hose, mit großem feuerrotem Kopf, weißem Bart, grünen Zähnen und spitzem Hut.

Solange er gut Freund war mit der Mannschaft, ging das Schiff nicht unter, und jede Fahrt gelang aufs beste. Wo er konnte, machte er sich nützlich. Alles, was am Tag zerbrach, zimmerte er nachts wieder zurecht. Auch nahm er den Matrosen manche schwere Arbeit ab, an der Ankerwinde, an den Pumpen, beim Befestigen der Taue und beim Einholen der Segel.

Dafür brauchte ihn der Koch nur ein wenig mit Speise und Trank zu versorgen, dann war er schon zufrieden und blieb dem Schiff weiter treu. Überhaupt ging er von sich aus nur von Bord, wenn er wußte, es werde nie mehr einen Hafen erreichen. Ehe er sich aus dem Staub machte, gab er noch seinem besten Freund Bescheid. Das war gewöhnlich der Schiffszimmermann, damit der sich ebenfalls rechtzeitig in Sicherheit brachte.

Ein Schiffer wollte dem Klabautermann aus Dankbarkeit einmal etwas Besonderes zukommen lassen. Da er gesehen hatte, daß sein roter Anzug schon recht abgetragen und schäbig war, ließ er im nächsten Hafen einen neuen machen, der sehr hübsch aussah. Den legte er ihm hin.

Am anderen Morgen, sie wollten gerade in See stechen, stand der kleine Kerl vor ihm und sagte traurig: »Ihr habt es sicher gut gemeint mit dem neuen Anzug, und doch war es verkehrt, denn nun habt Ihr mich damit abgelohnt und ausgezahlt, und ich kann nicht länger bei Euch bleiben.« Er winkte noch, dann war er fort, und an Bord ging bald alles drunter und drüber.

So nützlich und hilfreich er sonst war, hatte man ihn einmal verärgert, neckte und zwickte er die Matrosen und gab ihnen heftige Ohrfeigen, daß sie kopfüber purzelten. Auch warf er des Nachts mit Brennholz und Rundhölzern umher und pochte hart an die Schiffswand, daß alles entsetzt aus dem Schlaf fuhr – kurzum, er machte einen fürchterlichen Lärm, weshalb er ja Klabautermann hieß.

Trafen aber zwei Klabautermänner auf einem Schiff zusammen, fuhren sie wie tollwütige Katzen aufeinander los, kratzten und bissen, schlugen und prügelten sich, bis einer den kürzeren zog und das Feld räumte. Nun waren einmal drei auf einem Schiff, das von Rostock nach Amsterdam unterwegs war. Als es Helsingör passiert hatte, ging allnächtlich ein Spektakel los, daß die Besatzung kaum noch Ruhe fand, doch konnte sie bei Tag keiner aufstöbern, bis die drei kleinen roten Kerle selber vor den Kapitän hintraten und sagten, so gehe es nicht länger, zwei müßten von Bord, und er solle entscheiden, wen er behalten wolle.

Der Kapitän bedachte sich und fragte sie nach ihrer Arbeit auf dem Schiff. Da sprach der erste: »Der Großmast ist angebrochen im Aufsatzloch an Deck, den habe ich gehalten, daß er nicht umfiel.« Darauf der zweite: »Der Steven ist angebrochen, den habe ich gehalten, damit er nicht verlorenging.« Endlich der dritte: »Das Ruder ist gebrochen, das habe ich gehalten, sonst hätten wir es auch nicht mehr.«

Der Kapitän sagte: »Mitten auf der See kann ich keinen vom Schiff weisen. Wartet, bis wir an Land sind, dann kommt wieder und holt euch Bescheid, wer bleiben kann. Jetzt vertragt euch, laßt euch zu essen geben und geht wieder an eure Arbeit.« Sie trollten sich, und nachts war alles still.

In Amsterdam ging der Schiffer gleich ins Trockendock und ließ sein Fahrzeug untersuchen. Es verhielt sich wirklich so: Großmast, Steven und Ruder waren gebrochen. Am Abend kamen die drei Kleinen und fragten, wen er nun behalten wolle. »Den, der das Ruder gehalten hat«, sagte der Kapitän. »Er hatte bei dem Sturm die schwerste Arbeit und soll bleiben, die andern beiden können gehen.«

Da sagten die beiden: »So können wir aber nicht frei werden, ohne Dank und Lohn.« Auf die Frage des Schiffers, was er ihnen geben könne, wünschte sich jeder einen neuen roten Anzug, und als sie den bekamen, gingen sie davon.

Das Riesenschiff

Einst befuhr ein riesiges Schiff die Meere, von dem manche sagten, es sei ein englisches Schiff gewesen, während andere berichteten, ein Nordlandkönig habe es bauen lassen. Wie dem auch sei, es hatte unzählige Masten und Segel, und die Seeleute an Bord zählten nach Tausenden. Hoch zu Roß saß der Kapitän, er ritt auf dem Verdeck umher und erteilte bald hier, bald dort seine Befehle. Wollte er einmal auf dem ganzen Schiff nach dem Rechten sehen, so kam er erst nach einer Woche wieder zum Hauptmast zurück.

Nun aber die Matrosen: Nur junge durften in die Takelage klettern, und ergraut an Bart und Haaren, kamen sie nach Jahren wieder herab, denn die Maste waren von schwindelnder Höhe und schienen gar bis in den Himmel zu reichen, manche sagten, fast bis an den Mond. In den Mastkörben und in den Blöcken des Tauwerks waren Herbergen und auch Gasthöfe mit Tanzsälen eingerichtet. Dort hielten die Matrosen Einkehr und hatten somit weder Not noch Langeweile auf dem Weg zu den Toppen und wieder herunter.

Als das Riesenschiff aus dem Weltmeer auf die Nordsee zuhielt, geriet es zwischen England und dem Festland in den Kanal und blieb infolge seiner Breite stecken. Was nun? Jedoch der Kapitän wußte sich zu helfen: Er ließ die Backbordseite dick mit weißer Seife bestreichen, davon hatten sie genug. Bei der nächsten Brise glitt das Schiff hindurch, wenn sich dabei die Seife auch am Ufer von Dover wieder abscheuerte, weshalb die Klippen dort bis heute in weißer Farbe leuchten.

Flott segelte das Riesenschiff über die Nordsee und wollte durch Skagerrak und Kattegat in die Ostsee hinein. Doch in der Meerenge zwischen Helsingör und Helsingborg saß es wieder fest, diesmal aber derartig, daß selbst der Kapitän keinen Rat mehr wußte.

Endlich meldeten sich zwei Matrosen, mit Namen Fockschoot und Kabeljau, beide an Bord als die stärksten Männer bekannt. Sie versprachen, ihr Möglichstes zu tun, wenn der Kapitän ihnen freie Hand ließe. Das sagte er gern zu. Sie gingen an Land, der eine an die dänische Küste, der andere an die schwedische, setzten zu gleicher Zeit ihre Handspaken, kurze, starke Hebel, an die Bordwand und wrakten – stießen, schoben und quetschten – langsam den Koloß hindurch.

So gelangte das Riesenschiff schließlich doch noch in die Ostsee. Da geschah ein neues Unglück: Mitten in einem schlimmen Unwetter saß es abermals fest. Um es wieder flott zu bekommen, blieb dem Kapitän nichts anderes übrig, als sämtlichen Ballast über Bord zu werfen. Es ist kaum zu glauben, aber daraus ist die Insel Bornholm entstanden. Aus dem letzten Rest, den die Matrosen zusammenfegten, wurde auch noch etwas, die kleine Insel Christiansö, die heute ein starkes Leuchtfeuer hat. Sie liegt zwar ein Stück nordöstlich von Bornholm in der See, aber man muß bedenken, daß das Riesenschiff schon wieder Fahrt machte. Wohin es gesegelt ist und was weiter mit ihm geschah, davon hat kein Mensch mehr berichtet.

Der fliegende Holländer

»Es war ein Tag wie jeder andere, ein wenig dunstig über der See, doch es ist ja nur ganz selten vollkommen klar. Wir waren noch bei den Booten, suchten das Gerät zusammen, sortierten Fische, der Fang war mäßig ausgefallen, wie gesagt, ein Tag wie jeder andere.

Plötzlich, als ich aufsah, war ein Schiff da, ein fremdes großes Segelschiff von der alten Art, wie es einem jetzt kaum mehr vor die Augen kommt. Über und über hatte es Segel gesetzt, bis hoch hinauf. Seltsam genug, das ganze Schiff war grau, Masten, Segel, Rumpf, alles grau in grau, und kam schnell näher. Niemand war an Bord zu sehen, lautlos flog es heran. Ich wollte rufen – Himmel, es mußte doch schon aufbrummen in unserer seichten Bucht! –, da drehte der fremde Segler mit einem Schlag bei und war verschwunden.

Ein Spuk? Ein Trugbild? Eine Spiegelung? Doch ich hatte von dem großen grauen Schiff jedes Segel, jede Einzelheit gesehen. Meine Kameraden waren in ihre Arbeit vertieft und hatten nichts bemerkt von alledem. Ein paar lachten mich dann aus, andere murmelten etwas vom fliegenden Holländer ...«

So oder ähnlich konnte man es früher hören aus dem Mund alter Fischer am Ostseestrand. Fahrensleute wußten von Begegnungen mit dem Geisterschiff auf hoher See zu berichten, und wie sie danach in schweren Sturm gerieten und gerade noch den Bestimmungsort erreichten oder, wenn's schlimmer kam, sogar das Schiff verloren.

Wie verhält es sich nun wirklich mit dem fliegenden Holländer, der sich auch in der Ostsee gezeigt haben soll? Die ältesten Spuren der Überlieferung führen zu dem Portugiesen

Bartolomeo Diaz, der im Jahre 1488 als erster das Kap der Guten Hoffnung umsegelte. Zwar siegte er im Kampf gegen heftigste Stürme, doch unterlag er bald darauf seiner bis aufs äußerste geschundenen Mannschaft, die ihn zur Rückkehr zwang. Diaz fand zwölf Jahre danach als Begleiter des Cabral auf dessen Fahrt nach Indien gerade am Kap der Guten Hoffnung, der Stätte seiner Entdeckung, den Tod. Von Vasco da Gama wird berichtet, daß er bei seiner ersten Kapumsegelung vor murrender und meuternder Mannschaft hervorgestoßen habe: »Mag kommen, was Gott will, nach Protugal kehren wir nicht um!«

In mündlichen Seemannsserzählungen gingen diese Motive später auf holländische Schiffskapitäne über, als von deren kühnen Fahrten überall die Rede war, und im Laufe der Zeit bildete sich die Sagengestalt des fliegenden Holländers heraus. Am häufigsten wurde Barend Fokke damit in Verbindung gebracht, der zu Beginn des 17. Jahrhunderts lebte, ein ungewöhnlich großer und starker Kapitän, kühn und unternehmend bis zur Waghalsigkeit. Wenn er auf seinen Fahrten jedem Wetter trotzte, dann konnte er das nur, weil er rücksichtslos war gegen sich selbst und das Schiff und brutal gegen seine Mannschaft. Sogar im tollsten Sturm wurde nie ein Segel gerefft. Wären auf anderen Schiffen die Masten unter dem furchtbaren Druck längst gebrochen oder über Bord gegangen – Barend Fokke hatte damit gerechnet und sie mit schweren Eisenstangen verstärken lassen. Deshalb hielten sie stand.

Keiner konnte fahren wie er, und daher ist es durchaus verständlich, daß er im Laufe der Zeit zur sagenumwobenen Gestalt wurde. Einmal soll er mit all seiner Kraft am Ende gewesen sein, als er am Kap der Guten Hoffung kreuzte. Er wollte es von Osten her umsegeln, aber wochenlanger Weststurm warf ihn immer wieder zurück, worauf er schwor, er werde das Kap bezwingen, und sollte sich der Teufel selber ihm entgegenstellen und er bis in alle Ewigkeit zum Segeln verdammt sein.

Es mag dann wohl mit ihm auch so gekommen sein. Nie gab er Antwort auf einen Ruf, wenn ihm ein Schiff begegnete, und wollte er einmal an Land, blies ihm der Sturm erbarmungslos entgegen, daß er von dannen flog, wieder hinaus auf die weite See. Daher hat man ihn, der nie und nirgends Ruhe finden kann, den fliegenden Holländer genannt.

Nachbemerkung

Die vorliegende Sammlung vereint erstmals eine größere Zahl von Sagen und Märchen des deutschen Ostseegebietes, wenngleich ihr zwei Versuche ähnlicher Art voraufgingen. Die »Ostseesagen und Erzählungen in Wort und Bild« von Anna und Clara Vogel (Berlin 1901) umfassen jedoch nur vierzig Beiträge, die entsprechend dem Zeitgeschmack um die Jahrhundertwende belletristisch ausgestaltet sind; die »Sagen und Märchen der Ostsee« von Karl Willnitz (Berlin 1932) enthalten lediglich dreizehn Volksüberlieferungen von Rügen, Usedom und Wollin.

Am Anfang unserer Ausgabe steht mit »Vineta« eine der berümtesten Ostseesagen, wie im allgemeinen Wert darauf gelegt wurde, daß jeder Küstenstrich mit den bekanntesten und heute noch interessierenden Stoffen vertreten ist. Eine Ausnahme bildet die Insel Rügen, deren wichtigste volkskundliche Überlieferung in neuer Bearbeitung gesondert herausgegeben wurden (Albert Burkhardt, »Sagen und Märchen der Insel Rügen«, Berlin 1957). Übernommen wurden daraus die Sagen vom Königstuhl und einige Störtebeker-Sagen, während die übrigen Rügenbeiträge dieses Bandes eine Nachlese zu jener Ausgabe darstellen.

Bestimmend für die Anordnung der Sagen und Märchen war der Verlauf der Ostseeküste von Usedom über Rügen, Stralsund, Barth, Darß und Fischland, Rostock, Wismar, Lübeck, Fehmarn, Wagrien, Probstei, Dänisch Wohld, die Schlei mit Schleswig bis nach Angeln mit Flensburg, doch dürfen die Begriffe »Küste« und »Strand« nicht zu eng gefaßt werden; auch Sagen aus anschließenden Landstrichen wie der Kühlung und der Holsteinischen Schweiz wurden aufgenommen.

Dieses geographische Prinzip ermöglicht nicht nur eine thematisch abwechslungsreiche Gestaltung, es wird dem Leser dadurch auch erleichtert, die Sage mit der Vorstellung oder sogar mit der unmittelbaren Anschauung der Landschaft zu verbinden, was für ein tieferes Verständnis von Aussage und Stimmungsgehalt der Volksüberlieferungen nicht ohne Bedeutung ist. So sind bei den Erzählungen aus den alten Hansestädten historische und gesellschaftliche Zusammenhänge erhalten geblieben, die bei einer Anordnung nach Motiven verloren gegangen wären. Nur an zwei Stellen erschienen themengebundene Längsschnitte durch das gesamte Küstengebiet angebracht (»Ökelnamen am Ostseestrand« und »Auf Störtebekers Spuren«). Es wurde auf diese Weise möglich, die zahlreichen verstreuten Stoffe zusammenzufassen.

Die bedeutendsten Forscher und Sammler auf volkskundlichem Gebiet waren für Mecklenburg Karl Bartsch und Richard Wossidlo, für Pommern Alfred Haas und für Schleswig-Holstein Karl Müllenhoff. Sie verarbeiteten das Material ihrer Vorgänger und fügten eine große Zahl weiterer Sagen hinzu, die sie und ihre Mitarbeiter unmittelbar aus mündlichen Überlieferungen gewannen und meist auch in der Sprache des Volkes wiedergaben, was vor allem für Wossidlo gilt. Waren sie auf gedruckte Quellen wie Chroniken und Legenden angewiesen, so gaben sie den Stoffen die ihrem einfachen Inhalt gemäße einfache Gestalt, ein Grundsatz, der auch bei der Bearbeitung der vorliegenden Sagen und Märchen richtungweisend war.

Müllenhoff (1818–1884) und Bartsch (1832–1888), Germanisten von Rang, traten mit kritischen Textausgaben alt- und mittelhochdeutscher Heldenlieder und Epen hervor. Einige der 650 Sagen in Müllenhoffs schon 1845 erschienener Sammlung tragen die Vermerke »Durch Herrn Advokat Storm« oder »Mündlich durch Mommsen«. Während Theodor Storm Sagen aus der Husumer Gegend beisteuerte, stammen von Theodor Mommsen, der damals noch Student war, unter anderem die in unserer Auswahl enthaltenen Beiträge

»Doktor Faust und der Niß« sowie der Röest betreffende Teil von »Der Schuh im Stein«. – Karl Bartsch lehrte von 1858 bis 1871 als Professor der deutschen und romanischen Philologie in Rostock, gründete dort das erste germanistische Seminar an einer deutschen Universität und erließ 1867 gemeinsam mit dem Schweriner Altertumsforscher G. C. F. Lisch einen Aufruf zur Sammlung von Sagen, Märchen und Bräuchen in Mecklenburg. Das Ergebnis legte er zwölf Jahre später vor, eine stattliche zweibändige Sammlung, der er eine Namensliste von 150 Mitarbeitern voranstellte, von Lehrern, Pastoren, Tagelöhnern, Gutsbesitzern, Gymnasiasten und Seminaristen.

Richard Wossidlo (1859–1939) und Alfred Haas (1860–1950) waren Lehrer und Philologen. Haas veröffentlichte Sagensammlungen von Pommern, Rügen, Greifswald, Grimmen und Usedom-Wollin, Wossidlo unter anderem die »Mecklenburgischen Sagen«, die »Mecklenburgischen Volksüberlieferungen« und die volkskundliche Monographie des Seemannslebens »Reise, Quartier, in Gottesnaam!«. Aus dem Bestand seines Archivs, das fast zwei Millionen Zettel gesammelten Volksgutes umfaßt, darunter 50000 Sagen, wurden bisher vier Bände herausgegeben: »Kreuzbube Knud« (Mecklenburgische Märchen, Berlin 1955), »Mecklenburger erzählen« (Märchen und Schwänke, Berlin 1957), »Herr und Knecht« (Antifeudale Sagen, Berlin 1960) und »Volksschwänke aus Mecklenburg« (Berlin 1963). Charakteristisch für Wossidlos Art der Sagendarbietung ist die thematisch weitgehend feingegliederte Zusammenstellung von zahlreichen, oft nur in geringfügigen Einzelheiten voneinander abweichenden Fassungen. Mehr noch als die anderen Sagenforscher befragte er einfache Menschen, Landarbeiter und Handwerker, und gerade unter ihnen fanden sich mitunter wahre Meister der Erzählkunst.

Etwa zehn Beiträge der vorliegenden Sammlung können als ausgesprochene Märchen gelten, wie »Vogel Fenus«, »Das Land Morgenstern« und »Die drei Hunde«. Das zuletzt genannte ist zwar einer Ausgabe schleswig-holsteinischer Märchen entnommen, wurde deren Herausgeber jedoch von einem aus Mecklenburg stammenden Kuhhirten neu erzählt und deshalb hier zu den mecklenburgischen Texten gestellt.

Die den »Märchen und Jugenderinnerungen« Ernst Moritz Arndts (1769–1860) entstammenden Beiträge erweisen sich dagegen – ihre deutliche Ortsgebundenheit ist kennzeichnend dafür – fast durchweg als Sagen, ausgenommen der »Schlangenkönig«. Arndt erlebte in jungen Jahren das Elend der leibeigenen Bauern und Landarbeiter. Was er mit eigenen Augen sah und was ihm Knechte und Schäfer in seiner Heimat Rügen und später in Löbnitz bei Barth erzählten, das prägte sich ihm unauslöschlich ein, und er konnte es noch nach Jahrzehnten niederschreiben, vieles davon im heimischen Platt, wie die Geschichte von den spukenden Bauern bei Langenhanshagen, eine noch heute ergreifende soziale Anklage. Manche Volkserzählungen versah er, getreu seiner tief poetischen Natur, mit Gedichten oder schmückte sie mit phantastischen Zügen, weshalb Kürzungen geboten schienen, um den volkskundlichen Kern freizulegen.

Bei der soeben erwähnten Sage »De spökenden Buren« wie auch bei vierzehn weiteren Beträgen wurde – um das an der Ostseeküste gesprochene Platt einzubeziehen – von einer Übertragung ins Hochdeutsche abgesehen.

Dank des Sammeleifers der genannten Volkskundler sind heute von der Ostseeküste mehrere tausend Sagen bekannt, allein von der Insel Rügen etwa fünfhundert, und diese in größerer, kleinerer und kleinster Form und mit zahlreichen Varianten, so daß unsere Ausgabe bei weitem nicht vollständig ist. Das ausführliche Quellenverzeichnis möchte aber dem volkskundlich interessierten Leser, der sich mit dem Stoffgebiet näher vertraut zu machen wünscht, eine Hilfe sein.

A. B.

Quellenverzeichnis

1. Adler, Fritz: Aus Stralsunds Geschichte. – Stralsund 1937
2. Ahrens, Adolf und Rudolf: Die Heide, das Kleinod der Stadt Rostock. – Rostock 1919
3. Arndt, Ernst Moritz: Märchen und Jugenderinnerungen. 2 Bände. – München und Leipzig 1913
4. Barnewitz, Friedrich: Geschichte des Hafenortes Warnemünde. – Rostock 1919
5. Bartsch, Karl: Sagen, Märchen und Gebräuche aus Mecklenburg. 2 Bände. – Wien 1879–80
6. Beckmann, Paul: Klabautermann. – Norddeutscher Leuchtturm, Beilage der Norddeutschen Zeitung, Schwerin, vom 7. März 1959
7. Benkert, Josef Albert: Das Meer ist tausend Wunder voll. 2. Auflage. – Berlin 1944
8. Bernitt, Hans: Zur Geschichte der Stadt Rostock. – Rostock 1956
9. Bollnow, Otto: Volkssagen aus dem Kreise Anklam. 2. Auflage. – Anklam 1939
10. Bosse, Heinrich: Aus dem Sagenschatz der Ueckermünder Heide. – Unser Pommerland, Stettin. Jahrgang 19 (1934), Heft 7/8
11. Burkhardt, Albert: Sagen und Märchen der Insel Rügen. – Berlin 1957
12. Deecke, Ernst: Lübische Geschichte und Sagen. – Lübeck 1852
13. Düffer, August: Plattdütsche Sagen un Döntjes ut Lübeck. 2 Bände. – Lübeck 1924–25
14. Ebermann, Oskar: Sagen der Technik. – Leipzig 1931
15. Engert, Rolf: Die Sage vom Fliegenden Holländer. – Meereskunde, Band 15, Berlin 1927

16. Findeisen, Hans: Die Volkssagen der Insel Hiddensee. – In: Hiddensee. Ein Heimatbuch, herausgegeben von Ernst Garduhn. – Stettin 1924
17. Fleck, Wilhelmine: Die Wulflams. – Stuttgart 1928
18. Frahm, Ludwig: Norddeutsche Sagen. – Leipzig und Altona 1890
19. Freyberg, Ed. Hellm.: Pommersche Sagen. – Pasewalk 1838
20. Garduhn, Ernst: Ein Streifzug durch die Geschichte und Wirtschaft Damgartens. – Festschrift zu den Jubiläen der Kreisstadt Ribnitz-Damgarten. – Ribnitz-Damgarten 1958
21. Gerling, Reinhold: Mecklenburgs Sagenschatz. – Oranienburg 1904
22. Ginnow, Karlheinz: Greifswald, die Stadt am Bodden. – Rostock 1956
23. Griese, Hannes: Die Seefahrt von Ribnitz und Damgarten in früheren Jahrhunderten. – Festschrift zu den Jubiläen der Kreisstadt Ribnitz-Damgarten. – Ribnitz-Damgarten 1958
24. Haas, Alfred: Burgwälle und Hünengräber der Insel Rügen in der Volkssage. – Stettin 1925
25. Haas, Alfred: Glockensagen im pommerschen Volksmunde. – Stettin 1919
26. Haas, Alfred: Pommersche Sagen. – Berlin-Friedenau 1912
27. Haas, Alfred: Rügensche Sagen. 4. Auflage. Stettin 1912. – 8. Auflage. Bergen 1935
28. Haas, Alfred: Sagen des Kreises Grimmen. – Greifswald 1925
29. Haas, Alfred: Schnurren, Schwänke und Erzählungen von der Insel Rügen. – Greifswald 1899
30. Haas, Alfred: Stubbenkammer, Herthaburg und Herthasee in Geschichte und Sage. 3. Auflage. – Stettin 1928
31. Haas, Alfred: Usedom-Wolliner Sagen. 2. Auflage. – Stettin 1924
32. Haas, Alfred, und Fritz Worm: Die Halbinsel Mönchgut und ihre Bewohner. – Stettin 1909
33. Herer, Kurt: »Auch hab ich der Gesellen viel.« Über Störtebeker und seine Schlupfwinkel um Rostock und auf Rügen. – Ostsee-Zeitung, Rostock, vom 23. Juli 1960
34. Holtfreter, Paul: Historia der Stadt tom Strela Sunde 1209–1325. – Grimmen 1931

35. Jahn, Ulrich: Volkssagen aus Pommern und Rügen. – Stettin 1886
36. Kosegarten, Ludwig Theobul: Poesieen. – Leipzig 1798
37. Krause, Ludwig: Die Rostocker Heide im Spiegel ihrer Orts-, Forst- und Flurnamen. – Rostock 1926
38. Kuba: Klaus Störtebeker. Dramatische Ballade. – Leipzig 1959
39. Kuhn, Adalbert, und Wilhelm Schwartz: Norddeutsche Sagen. – Leipzig 1848
40. Lappe, Karl: Pommer-Buch. – Stralsund 1820
41. Lenz, Karl: Die Wüstungen der Insel Rügen. – Remagen 1958
42. Mackensen, Lutz: Hanseatische Sagen. – Leipzig 1928
43. Mancke, M.: Sagen und Erzählungen aus Pommerns Vergangenheit. – Swinemünde 1908
44. Meyer, Gustav Friedrich: Tiermärchen, sammelt in Sleswig-Holsteen. – Garding 1918
45. Meyer, Gustav Friedrich: Schleswig-Holsteinische Sagen. – Jena 1929
46. Meyer-Scharffenberg, Fritz: Wismar, die Insel Poel und der Klützer Winkel. – Rostock 1965
47. Meyer-Scharffenberg, Fritz: Zwischen Strom und Haff. – Rostock 1958
48. Miethe, Käthe: Das Fischland. 2. Auflage. – Rostock 1950
49. Müllenhoff, Karl: Sagen, Märchen und Lieder der Herzogtümer Schleswig, Holstein und Lauenburg. – Kiel 1845
50. Niederhöffer, Albert: Mecklenburgs Volkssagen. 4 Bände. – Leipzig 1858–62
51. Paul, Herm.: Usedom-Wolliner Sagenkranz. – Swinemünde 1912
52. Pechel, Ada: Geschichten und Sagen der Heimat. – Kröpelin und Bad Doberan 1929
53. Ranke, Kurt: Schleswig-Holsteinische Märchen. Band I. – Kiel 1955
54. Roggentin, Ruth: Die Wunder-Eiche. – Schwerin 1959
55. Runge, Philipp Otto: Hinterlassene Schriften. 1. Teil. – Hamburg 1840

56. Schmidt, Herbert: Sagen und andere Bilder von Rügen. 2. Auflage. – Bergen 1931
57. Schreiber, Heinrich: Die Sagen der Kühlung. – Mecklenburgische Monatshefte, Rostock. Jahrgang 7 (1931), Heft 6
58. Schroeder, Edmund: Mein Mecklenburger Land. – Schwerin 1957
59. Segebrecht, Friedrich Wilhelm: Die Insel Hiddensee. – Liegnitz 1912
60. Selk, Paul: Volksschwänke und Anekdoten aus Angeln. – Hamburg 1949
61. Specht, Fritz: Plattdeutsch. – München 1934
62. Stralsund. Ein heimatkundliches Lesebuch für unsere Schüler. – Stralsund 1959
63. Temme, J. D. H.: Die Volkssagen von Pommern und Rügen. – Berlin 1840
64. Theil, Hans Joachim: Klaus Störtebeker in der deutschen Volkssage. – Kuba: Klaus Störtebeker. Dramatische Ballade. Anhang. – Leipzig 1959
65. Thieme, Karl: Die versunkene Stadt Vineta und andere Sagen. – Swinemünde 1925
66. Treichel, Fritz: Der Stein »mit der Hand«. – Norddeutscher Leuchtturm, Beilage der Norddeutschen Zeitung, Schwerin, vom 14. Februar 1959
67. T., H.: Der Bürgermeister verriet seine Stadt. – Norddeutscher Leuchtturm, Beilage der Norddeutschen Zeitung, Schwerin, vom 30. Oktober 1954
68. Uhsemann, Ernst: Stralsunds Sieg über Wallenstein. – Stralsund 1928
69. Vogel, Anna und Clara: Ostseesagen und Erzählungen. – Berlin 1901
70. Wackenroder, Ernst Heinrich: Altes und Neues Rügen. 2. Auflage. – Stralsund 1732
71. Wagner, Richard: Bilder aus der mecklenburgischen Geschichte und Sagenwelt. 5. Auflage. – Berlin 1910
72. Wiedemann, Ernst: Rügens Sagenwelt. – Wolfgang Rudolph und Ernst Wiedemann: Unser Rügen. – Putbus 1956
73. Wiegandt, Max: Wismar, Stadt und Hafen. – Schwerin 1955

74. Wiepert, Peter: Fehmarnscher Wegweiser. – Ostseebad Burg auf Fehmarn 1953
75. Wille, Hermann Heinz: Die Insel Usedom. 2. Auflage. – Rostock 1954
76. Willnitz, Karl: Sagen und Märchen der Ostsee. – Berlin 1932
77. Wisser, Wilhelm: Plattdeutsche Volksmärchen. – Jena 1914
78. Witt, Klaus: Kleine Barther Bier-Ballade. – Von der Düne. Pommersche Dichtung. Band 2. – Stettin 1940
79. Wobbe, Otto: Klocken un Klingeln. – Greifswald 1933
80. Worm, Fritz: Mönchgauder Spaukgeschichten. – Greifswald 1898
81. Wossidlo, Richard: Mecklenburgische Sagen. 2 Bände. Rostock 1939
82. Wossidlo, Richard: Reise, Quartier, in Gottesnaam! 4. Auflage. – Rostock 1952
83. Wossidlo, Richard: Die Tiere im Munde des Volkes. – Wismar 1899
84. Wossidlo, Richard: Aus dem Lande Fritz Reuters. – Leipzig 1910
85. Wossidlo, Richard: Der Trommelschläger von Wismar. – Natur und Heimat, Leipzig, Jahrgang 1960, Heft 6
86. Wossidlo, Richard: Watt uns Grotvatter vertellt. – Ostsee-Zeitung, Rostock, vom 8. Januar 1954
87. Wossidlo, Richard, und Gottfried Henßen: Mecklenburger erzählen. – Berlin 1957
88. Wossidlo, Richard, und Siegfried Neumann: Volksschwänke aus Mecklenburg. – Berlin 1963
89. Wossidlo, Richard, und Hermann Teuchert: Mecklenburgisches Wörterbuch, Band III. – Berlin und Neumünster 1958
90. Würtz, Hans: Schleswig-Holsteinische Sagen. – Berlin-Schöneberg 1926
91. Zöllner, Johann Friedrich: Reise durch Pommern nach der Insel Rügen. – Berlin 1797

Inhaltsverzeichnis

(Die Zahlen in den Klammern verweisen auf die Quellen)